新时期课堂教学变革与实践：
课堂教学改革成果集

淳安县教育局编

天津出版传媒集团

天津人民出版社

图书在版编目（CIP）数据

新时期课堂教学变革与实践 : 课堂教学改革成果集 /
淳安县教育局编 . -- 天津 : 天津人民出版社 , 2025. 3.
　　ISBN 978-7-201-20993-7

　　Ⅰ . G632.421

　　中国国家版本馆 CIP 数据核字第 2025TP8698 号

新时期课堂教学变革与实践：课堂教学改革成果集
XINSHIQI KETANG JIAOXUE BIANGE YU SHIJIAN: KETANG JIAOXUE GAIGE CHENGGUOJI

出　　　版　天津人民出版社
出 版 人　刘锦泉
地　　　址　天津市和平区西康路 35 号康岳大厦
邮政编码　300051
邮购电话　（022）23332469
电子信箱　reader@tjrmcbs.com

责任编辑　郭晓雪
装帧设计　朝夕文化

印　　　刷　武汉鑫佳捷印务有限公司
经　　　销　新华书店
开　　　本　710 毫米 ×1000 毫米　1/16
印　　　张　19.625
字　　　数　314 千字
版次印次　2025 年 3 月第 1 版　　2025 年 3 月第 1 次印刷
定　　　价　88.00 元

编委会

主　编：吴利平

副主编：王　堃　方玉全

编　委：汪约军　方　明　张金彪　肖　冰

　　　　胡　洋　章荣华　毛新华　黄红顺

　　　　徐新生　方祝明　仇夜生

序 言

习近平总书记强调，"一个人遇到好老师是人生的幸运，一个学校拥有好老师是学校的光荣，一个民族源源不断涌现出一批又一批好老师则是民族的希望。"

教师强则教育强，教育强则国家强。有高质量的教师，才有高质量的教育，高素质的教师队伍是实现教育高质量发展的保障，是办好人民满意教育的基石。教书育人，扎实的知识功底是基础。作为教师，知识更新要跟上时代的步伐，要紧扣时代脉搏，学习新知识、新技术、新理论，在自己的学科领域精耕细作、精雕细琢，坚持不懈、久久为功。

淳安自古尊师重教，崇尚耕读传家。但随着生源的急剧萎缩和人才的加速流动，淳安教育，对照社会的需求和家长的期盼，淳安的教育需要发愤图强、合力攻坚，需要自我修炼、努力攀登。为此，我们积极推进"县中崛起师资培育计划"，涵养高尚师德，更新育人理念，锤炼关键能力，培育新时期德艺双馨的高中教师队伍，助力淳安教育高质量可持续发展。

本次高中教师专业研修中，安排了"专家讲座、课堂实践、课题研究、教学沙龙、教育考察"等系列活动，不仅有效开拓了教师视野，洗礼了教学思想，更重要的是通过研训激发了教师的自我教育，解放了教育教学的想象力，建立了新的课堂规则与主张。这本集子就是"县中崛起师资培育计划"的成果，是高中骨干教师聚焦新课标、践行新理念、共研新教学的探索和实践，老师们的这些研究成果让我们看到了素养导向教育其独到的体系与价值。

围绕核心素养定目标是课堂教学的第一步。新旧教学的分水岭是目标定位问题，明确所教学科课程的核心素养内涵并以此编写教学目标是新课标、新教学的首要任务。如果教学目标不清晰，其他教学要素就会失去教学的正确方向和依据，深化课程教学改革也将无从谈起。这一切需要教师从读懂学科核心素养开始，挖掘每堂课所蕴含的"关键能力、必备品格与正确价值观"，准确把握每一个素养关键词所蕴含的指向，懂得素养要在知识运用中成长起来的规律。

强调课程内容结构是素养课堂表明的态度。学科知识内容的选择、组织和呈现状况是决定知识能否转化为素养的关键。强化知识的结构化、整合化，防止知识的孤立化、片面化，是知识转化为核心素养的基本要求。教师在教学组织中，要从知识点教学走向大概念教学，立足知识统整，推进大单元教学、大主题教学、大问题教学，关注教学评一致性，关心教学要素的一体化融会贯通，以内容统整促发学生个体对所学知识建立整体性理解。

凸显学科实践特质是素养课堂的重要走向。学科实践是撬动育人方式变革的支点，是激活知识、培养学生创新精神和实践能力的主要路径。素养导向的课堂，教学方式从"坐而论道"走向学科实践，是一场引领学生基于真实问题解决的学习过程，是通过"做"倒逼学生发现、使用和创新知识的进阶过程，是一种促发学生持续性探究实践，充满活力的高质量教学过程。因此，教学中应多以具体情境问题为原型，架构适宜学生年龄特征的真实任务。

聚焦学科思维的发展是素养课堂的核心所在。深化课堂教学改革，其亘古不变的定律是聚焦思维发展。"双新"课程改革推进以来，更加强调了学科思维培育的重要性。素养课堂所关注的关键能力指的正是学生思维的发展问题，新课堂不仅要把学生思维品质培养好，助力学生思维有灵活性、深刻性、独创性、敏捷性、系统性，还要关注思维层级的培育，既要关注低阶思维的培养，还要关注高阶思维的发展。这就需要对教与学关系的根本性问题做出调整，实现由以教为主向以学为主的转变，给予课堂学习更多具象的工具支撑，让课堂成为思维的海洋。

历经一年多时间的努力，新课堂画像已经初步勾勒，"坚持素养导向、强化学科实践、推进综合学习、落实思维教学"等新教学理念已逐步在一线教师课堂落地生根，秉持新理念的骨干教师将引领学校教育教学改革创新，助推淳安教育高质量发展。

　　淳安新课改的研究成果能够编印付梓，深感欣慰。我将本书推荐给大家，和大家一起分享淳安高中新课堂教学经验，同时也希望全县教育工作者都能积极参与到教育教学研讨中来，遵循学生的认知规律和成长逻辑，在教育教学中适时调整策略方法，激发学生的思维活力，引导帮助其全面发展。

　　　　　　　　　　　　　　　淳安县教育局党委书记、局长：胡炳君

　　　　　　　　　　　　　　　2024 年 6 月 25 日

目　录

一、立足核心素养目标设计教学

> 新课程以"核心素养"表述育人目标，是一场立德树人的学科宣言行动，唯有我们的课堂从理解知识迈向运用知识，引领学生在经历运用知识解决问题的过程中创造出观念与思想，素养才能自然生成。

二、基于大单元教学建构整体理解

> 帮助学生建构有组织的学习经验，建构对知识的整体理解是素养课堂的重要表征，大单元教学是实现个体形成大观念或大概念的重要载体。

三、运用真实情境促发持续性探究

> 让学生在真实的任务情境中获得和应用知识，是实现知识、情境和学习者经验相互作用的催化剂，是推动学生克服学习惰性，持续开展体验、探究的催化剂。

四、在学科实践中聚焦思维发展

> 新课程强调学生的学习应"像学科专家一样"思考和行动，先做后思，先思后做，边思边做都将成为未来课堂学生学习的常态。

五、在可见支撑中破解学习困境

学习是一场消耗能量、不断破解困境的过程。加强问题导航、评价跟进、学迹追寻等举措、工具的运用，能有效帮助学生走出困境，鞭策持续前行，助力素养生成。

六、加强教学要素的一体化融合

明确目标与教、学、评之间的应有关系，洞悉教师、学生与文本之间的主体关系，把握关键能力、必备品格、正确价值观之间的交融关系，是保障教师教学的关键技术。

一、立足核心素养目标设计教学

新课程以"核心素养"表述育人目标，是一场立德树人的学科宣言行动，唯有我们的课堂从理解知识迈向运用知识，引领学生在经历运用知识解决问题的过程中创造出观念与思想，素养才能自然生成。

基于核心素养的高中历史课堂教学实践探索

浙江省淳安中学　方　群

摘　要：基于核心素养分析高中历史课堂教学是新时代教育改革的重要诉求，鉴于此，本文从课标要求做指导、学为中心是关键、教材取舍为载体，深入阐述了基于核心素养的高中历史课堂教学的核心理念，并在此基础上分析了基于核心素养的高中历史课堂教学的实施路径。主要包括通过创设情境、聚焦时空来培养学生的唯物史观；通过援引史料、聚焦实证来引导学生学会历史解释；通过深化认识、聚焦价值来涵育学生的家国情怀；通过教学一体化和聚焦评价来提升学生的核心素养。本研究旨在为高中历史教学改革提供理论支持和实践指导，以期通过基于核心素养的课堂教学，更好地培养学生的历史素养和综合能力。

关键词：核心素养；高中历史；课堂教学；实践探索

《普通高中历史课程标准（2017版）》指出，历史学科核心素养主要包括唯物史观、时空观念、史料实证、历史解释和家国情怀等方面。是学生通过学科学习而形成的正确价值观、必备品格和关键能力。学科核心素养融入历史课堂教学，历史课堂教学培育学科核心素养，推进教学育人目标的实现具有实践意义。

一、基于核心素养的高中历史课堂教学的价值意义

（一）加速教学改革，推进素养课堂构建

随着新课改的不断开展和深入，我们越来越深刻地认识到关注学生的学习过程、提高学生的核心素养是教学研究的核心工作。这种转变不仅标志着

教育理念的更新，也推动了教学方法的革新。传统的高中历史课堂教学往往侧重于教师的讲授，忽视了学生的主体地位，导致学生的主动学习和深度思考受到限制，无法有效培养学生的思维能力和构架知识框架体系，难以真正落实学科核心素养的培育。构建基于核心素养的高中历史课堂教学，教师深入理解和把握新课标、新教材和新高考的变化和要求，找到有效的教学突破点，将核心素养的培养作为教学设计的核心，贯穿于整个教学内容之中。这样的教学设计不仅有助于学生深入理解和掌握学科知识，更重要的是在过程中能够培养和提高学生的历史思维能力、批判性分析能力以及综合应用能力等素养。基于核心素养的历史课堂教学打造的是素养课堂，成就的是核心素养的提升。

（二）落实育人目标，促进学生全面发展

普通高中历史课程标准（2017版）指出，学科核心素养是学科育人价值的集中体现，是坚持落实立德树人的根本任务。根据育人目标，设计以核心素养培养为核心的课堂教学模式所打造的素养课堂，学生不仅能够学到知识，还能够学会如何学习、如何思考、如何合作以及如何创新。以核心素养为指导开展的高中历史课堂教学，旨在通过培养学生的核心素养来促进学生的全面发展。这样的课堂教学不仅符合新课标的要求，也符合社会对人才培养的需求。吴伟教授的《历史学科能力与历史素养》中指出，历史学科素养是通过日常教化和自我积累而获得的历史知识、能力、意识以及情感的有机构成和综合反映。它的表现形式是，历史素养能够从历史和历史学的角度发现问题、思考问题及解决问题的、富有个性的心理品质。从中不难领会学科核心素养指导下的课堂教学活动，教师教学的核心在于培育全面发展的人。

二、基于核心素养的高中历史课堂教学的核心理念

推进基于核心素养的高中历史课堂教学改革，构建素养课堂，落实育人目标，促进学生全面发展的课堂教学过程，需要核心理念的指导。本文侧重课标要求、学为中心、教材取舍三个方面的具体阐述。

（一）课标要求：核心素养的目标指导

普通高中历史课程标准（2017版）的基本理念指出："课程结构的设计、课程内容的选择、课程的实施等，都要始终贯穿发展学生历史学科核心素养这一任务。"历史学科五大核心素养是历史课程的目标，是具体的课时目标设计和课堂教学实施的指向标。2020年的《中国高考评价体系》中也明确，"核心价值、学科素养、关键能力和必备知识"为考查内容。这从一个侧面反映出课标要求对核心素养的培养具有指导意义。教师在教学过程中，首先要深度解读课程标准。明确课程目标、内容要求和教学建议，确保教学设计的实施与课程标准相一致。其次要贯彻课程目标。在教学中，教师要始终贯彻课程标准的目标要求，培养学生的历史学科核心素养贯穿于整个教学过程。

另外，还要根据实际需要。在具体的课堂教学实施中，需要结合教科书、教学学情、特别是学科核心素养角度来设计，使课堂教学实施具有可操作性。素养背景下的教学目标，不能以五个核心素养为根据分列五点，而应以所要解决的历史问题为依托，立足学生的认知水平，根据教师的专业水平判断，问题解决过程中可以表现哪几个核心素养、什么水平的核心素养。如《古代的生产工具与劳作》一课，在认真研读课程标准、内容要求和教学建议的基础上，将核心素养的培育作为教学设计的核心，并将落实核心素养的培育来推进课堂教学。第一，通过时空坐标图，帮助学生构架立体知识体系，使书本核心内容成为有内在联系的知识网，强化时空观史学素养；第二，通过工具图片的展示和归纳生产工具的演进历程和特点，认识古代生产工具的进步对农业和手工业生产的促进作用，领会劳动对工具发展的作用和劳动人民的生产经验推进生产工具的革新，理解劳动人民对历史的推动作用。并结合当今我国关键核心技术创新时事热点，增强技术创新责任担当的家国情怀史学素养；第三，通过引入史料进行问题探究，认识生产工具的变革对生产方式的推动作用，理解唯物史观中生产力决定生产关系的基本原理。培养学生史论结合、论从史出的史学素养；第四，通过提炼信息、绘画示意图、写语段等培养学生的思维拓展、体系构建能力，进一步涵育学生的史料实证、唯物史观、历史解释等史学素养。

（二）学为中心：核心素养的培育关键

在当前的教育大背景下，学为中心的教育理念愈发凸显其重要性，对于核心素养的培育具有举足轻重的作用。那么，如何在课堂教学中体现这种以学为中心的核心素养培育呢？

首先，必须明确学生的主体地位。在核心素养的引领下，我们的课堂教学应当致力于强化学生的主体性，确保他们成为学习的真正主体和中心。在这个过程中，教师的角色应当转变为学生学习的组织者、引导者、解疑者和鼓励者，学生则要从被动接受者的角色转变为知识的主动建构者，积极参与到学习活动中来。

其次，教学应当符合学生的学情。教学目标的设定应基于对学生学情的深入分析，充分考虑学生的已有知识和能力水平，确保目标符合学生的最近发展区。同时，教学活动的开展应能够激发学生的学习兴趣，激发他们的探究欲望，使学习真正在课堂上发生，而不仅仅是教师的灌输和学生的被动接受。

最后，教学应紧密围绕学生的素养培育展开。在课程标准的指导下，核心素养的培育应当成为我们教学的重要目标。通过丰富多样的教学手段和方法，引导学生积极参与、主动探索，培养他们的自主学习、自主探究、自主发展和自主成就的能力，最终实现学生的全面发展。《宋明理学》作为一节很多学生觉得较为困难的学习内容，其复杂性往往使学生在学习过程中感到迷茫。为了有效化解这一难题，需要采取一系列措施来充分发挥学生的主体性，使之化难为易。在课前，教师鼓励学生进行自主学习，引导他们梳理基础知识，构建清晰、简洁的知识框架，以便对宋明理学的核心知识有一个初步的了解。这一步骤不仅有助于学生形成自己的知识体系，还能为后续的学习打下坚实的基础。其次，鼓励学生提出疑难问题。学生在自学过程中，难免会遇到一些难以理解的问题，这些问题往往是他们深入理解宋明理学的关键。因此，鼓励学生将这些疑问记录下来，作为课堂上深入探讨的素材。在课堂上，教师以学生提出的问题为切入点，进行疑难点的突破。例如，针对"什么是理学？""理学为什么称新儒学？""'新'在哪里？""理学与心学的关系？"以及"程朱理学与陆王心学的相同与不同点？"等问题，教师引导学生进行深入探讨，通过互动交流和思维碰撞，共同解决问题。这种以学生提出的问题为导向的课堂教学方式，不仅体现了学生的主体地位，也符合学生的学习需要。学生在解决自己提出的问题的过程中，不仅能够深入理解宋明理学的核心概念，还能提升自己的学习能力，培养核心素养。

（三）教材取舍：核心素养的养成载体

聂幼犁先生曾说，"中学历史课程之难，难在大变革的时代，面临众多大跨越的甚至颠覆性的史学研究成果，在'教什么'的问题上，必然比其他学科的教师承担更多的义务……难在它所涉及的事实距今之遥远，无法完整、真实地重现……难在现实生活中能直接提供或促进学生建构、反思和鼎新的机会，比其他学科要少得多。"在历史核心素养培养的课堂教学中，对于教材内容的精心选择与取舍显得尤为重要。这一过程应当紧密结合历史核心素养的具体要求，以确保教材内容能够全面、深入地体现这些核心要求，从而为学生的全面发展奠定坚实的基础。

在教材内容的选择上，我们应遵循以下三个原则：第一，合理性原则。要求审慎选择和处理教学内容，确保所选主题和案例与核心素养的培养目标紧密相关。这样的选择不仅有助于突出教学重点，更能有效培养学生的历史学科核心素养和关键能力。第二，关联性原则。强调在内容取舍时，要关注不同历史事件、人物之间的内在联系。通过揭示历史事件之间的因果关系以及历史人物在历史进程中的重要作用和影响，能够帮助学生构建完整、连贯的历史知识体系，从而更深入地理解历史。第三，实践性原则。指导教师在选择教材内容时，要充分考虑其对学生核心素养培养的实际效果。这些内容应能够激发学生的学习兴趣，引导他们主动探究、积极思辨，提高解决问题的实践能力和创新精神。通过这样的教学实践，我们能够更有效地实现核心素养的培养目标。

三、基于核心素养的高中历史课堂教学的实施路径

核心素养的培养贯穿于整个教学过程中，教师通过创设情境、援引史料、深化认识、合作探究等方式可以有效地培养学生的核心素养。

（一）创设情境，聚焦时空，培养唯物史观

任何历史都是在特定的、具体的实践和空间条件下发生的，只有在特定的时空框架当中，才可能对史事有准确的理解。因此，历史教学要创设教学情境帮助学生感知具体的时空特征，可拉长实践的维度，也可扩大空间的范围，并将教学内容与建构的时空相关联，引导学生在不同的时空框架下理解和解释历史史事。在此过程中培育学生深层次的时空思维，帮助学生理解历史表象背后的深层因果关系，解释历史认识，接近历史真实。具体实践中，主要遵循四个环节：首先，在课前阶段指导学生自主学习，引导他们运用时空坐标图，将原本零散的知识点串联成紧密相连的知识体系。其次，通过投影展示部分学生的时空架构图，进行点评交流，旨在培养学生的整体观和时空观，让他们学会从更高的视角审视历史。随后进入指导构建阶段。教师引导学生明确架构的角度，合理布局纵向与横向的内容，确保时空图能够全面反映知识体系及其内在联系。在这个过程中，我们特别注重时间、空间、事件及演变等多维要素的融合，力求构建一个完整、清晰的坐标体系。这一构建过程不仅是对知识的梳理和理解，更是对学生思维构架能力的有力锻炼。最后，指导学生如何读取知识构架图中的信息，探寻其中的规律，进一步理解知识体系间的逻辑关系，从而把握历史发展的趋势和进步的根源。在这一过程中，学生将形成对历史事件的全面、客观认识，同时培养出批判性思维和独立思考的能力，最终培育唯物史观。

（二）援引史料，聚焦实证，学会历史解释

史料作为历史研究的基石，对重构历史脉络和揭示历史规律具有至关重要的作用。通过对史料的深入剖析、对比和解读，能够还原历史事件的真相，并理解其背后的深层逻辑。在培养学生历史探究能力的过程中，史料实证显得尤为重要。这一素养要求学生具备搜集、整理和分析史料的能力，以验证历史观点的正确性。教师应重视史料教学的应用，指导学生如何有效地查找、辨别和使用史料，从而培养他们的史料实证能力。此外，通过史料实证，学生还能够提升历史思维和批判性思维能力，学会对历史事件进行客观、辩证的评价，并从中汲取情感和价值观的启示，做出历史解释，这个过程正是学生学习能力、思辨能力、探究能力和价值观等核心素养的培养过程。教师要帮助学生学会分析史料，提炼史料中反映的历史问题。立足于史料本身，能够有所延伸与拓展，通过深入思考提出独到见解。在具体的教学实践中，我们首先需要精心筛选史料。所选史料必须确保真实性和价值性，同时要指导学生学会筛选与甄别不同种类史料（例如文献史料、考古史料、口述史料等）的真伪及其价值。此外，还应教导学生如何分析各类史料在历史研究中的互补作用与局限性，以及如何利用这些史料构建完整的历史叙事。以《中华文明的起源和早期国家》一课的探究活动为例，我们选用了文献史料和二里头遗址图作为研究材料，并设计了一系列探究问题。例如，探讨夏朝的文献记载和二里头遗址所属的史料类型，评估它们的真实性与可靠性，并深入分析为何考古学家倾向于认为二里头遗址可能与夏文化紧密相关。同时，我们还讨论了龙山文化、陶寺遗址是否已展现出国家初始形态的特征，并对比同时期的红山文化、良渚文化，探讨它们是否同样具备国家初始形态的迹象。通过这些深入探究，学生不仅学会了如何甄别史料的真伪，还能运用可靠的史料去探寻历史的真实面貌。

其次，我们运用精心挑选的史料开展实证探究活动。在这一过程中，强调实证的客观性和可验证性。教师在实施教学时，应根据教学设计指导学生通过比较法、归纳法等多种方法，对史料进行深入分析和探究，以确保得出准确的结论。例如，在《东汉牛耕图画像石拓片》的史料运用环节，教师首先向学生展示图片，并布置相关学习任务，引导学生从史料实证的角度提取信息。随后，教师补充额外史料，帮助学生更全面地理解图片内容。通过分组讨论和教师适当引导，学生从图片中成功归纳出关于铁犁牛耕发展、生产力进步、小农经济特征以及东汉石刻绘画艺术风格等多方面信息。这一过程不仅培养了学生的知识运用能力，还通过变换角度理解巩固所学内容，有效提升了学生的史料实证能力和史学素养。在完成学习任务后，教师及时总结史料实证的方法，并进行具体指导。这一流程包括回顾史料实证的概念、引导学生观察图片、提出问题引发思考、添加辅助信息帮助学生理解图片、回顾所学知识并调动思维、确定思考角度、提取有效信息、组织答案并作答、师生共同点评补充以及展示最终答案进行巩固。通过这种方式，学生更加明确史料实证题要求的是实证而非演绎，必须全面审视史料，进行理性分析和科学作答。

（三）深化认识，聚焦价值，涵育家国情怀

家国情怀素养作为历史学科情感教育的核心组成部分，其重要性不言而喻。它要求学生通过系统的历史学习，深化对国家和民族的认同感与归属感，形成正确科学的历史观和价值观。在历史教学中，深入探究历史事件、人物及其背后的思想内涵，不仅有助于学生构建完整、立体的历史知识体系，更能引导学生从中汲取智慧，培育深厚的家国情怀。《普通高中历史课程标准（2017 版）》明确提出了"弘扬以爱国主义为核心的民族精神和以改革创新为核心的时代精神"的要求。面对历史的多元性和复杂性，教师在教学中肩负着引导学生形成正确历史观和价值观的重任。为实现这一教育目标，教师在教学实践中应遵循以下原则：首先，强调体验性。通过组织丰富多样的教学活动，让学生主动参与、亲身体验，仿佛穿越时空，与历史上的伟人对话，感受他们的智慧与情怀。例如，在《古代的生产工具与劳作》的教学中，教师展示习总书记关于科技发展与国家强盛的讲话，并引导学生有感情地诵读，从而体会人类历史上工具发展的重要性，激发对当代科技进步的自豪感和责任感。其次，注意适度性。在教学过程中，教师应根据教学内容和学生实际，灵活选择教学方法和手段，把握教育时机，避免过度渲染和说教。要让学生在轻松愉悦的氛围中自然领悟家国情怀的真谛。

（四）教学一体，聚焦评价，提升核心素养

教学评价应该重点指向学科核心素养的相关维度，要能够依据核心素养为导向设计的教学目标，合理设计评价标准及相关的细则，使得整个教学评价能够达成教学评的一致性。教学目标和评价目标具有一致性，整个教学评价要以细化了核心素养的学业质量标准为参照和基准，教师要确立"为学生核心素养发展而评价"的理念，进行多元化评价，评价内容要全面覆盖历史学科核心素养的五个方面。教学评价不仅关注学生的学习效果，更侧重于学生在学习过程中核心素养的形成和发展。历史核心素养的培养，作为教学评价的核心内容之一，为教学提供了明确的评价标准和评价内容。因此，在教学过程中，教师应积极引导学生发展历史核心素养，并通过教学评价来全面

评估学生的核心素养发展状况。

为了精准指导学生的学习方向并提升他们的核心素养，教学评价应采用多元化的方式衡量学生的学习成效。这不仅仅是对知识掌握程度的检验，更是对学生思维能力、创新能力、批判性思维以及团队协作等能力的全面评估。教学评一体的模式强调学生的主体地位，通过互动式、合作式的学习活动，激发学生的学习兴趣，培养他们的自主学习能力，为他们的全面发展奠定坚实基础。在教学实践过程中，评价方式应多元化，包括学生自评、小组互评和教师点评等。学生自评鼓励学生进行自我小结，找出自己的不足，从而进行自我提升；小组互评则让学生之间互相评价，写出评语和修改建议，促进彼此的提高；教师点评则通过写评语，指出问题，同时结合鼓励和指导，为学生提供具体的反馈。评价内容应涵盖多个方面，例如针对作品的评价，评估作品是否符合历史要素，是否体现了历史发展的演变形式；针对小组合作的评价，应关注学生的学习方式和能力以及学生的自觉性、主动性，在小组这个团队里所起的作用和所做的贡献。以《罗马人的法律》这一课为例，教师要求学生将罗马法用时间轴的形式画出来，个人完成或小组讨论均可。完成后，让学生上讲台展示并讲述自己的作品。整个流程包括：个人或小组根据确定的内容和主题构建图形，进行个人或小组展示，代表展示发言。在展示过程中，开展自评和互评活动，最后由教师进行点评总结。通过这种方式，学生不仅能够理清罗马法的演变过程，还能从形式和适用范围两个角度分清罗马法的类型和反映的时段。这不仅强化了学生的图形创建能力，还锻炼了他们解读和讲述历史图表的能力。

基于核心素养下小说阅读教学的高效性策略探究

——以《祝福》教学为例

浙江省淳安县第二中学　卢仲芳

摘　要：随着新课改的深化，培育学生核心素养已成为教学改革的重要方向。在《语文课程标准（2017年版2020年修订）》学习任务群五中提到教师应"运用专题阅读、比较阅读等方式，创设阅读情景，激发学生的阅读兴趣"，在高中语文教学中，小说教学的地位举足轻重，本文对高中语文小说阅读教学的高效性策略进行探讨，以人物形象的探究为抓手，提出锤炼文本细节、巧设教学情境、拓展理论知识、群文比较阅读、创新表达方式等策略，激发学生阅读兴趣，提高课堂阅读效率，强化思维训练，提升语文核心素养。

关键词：小说阅读；教学策略；核心素养

一、前言

《普通高中语文课程标准（实验）》指出："（学生应）能阅读理论类、实用类、文学类等多种文本。根据不同的阅读目的，针对不同的阅读材料，灵活运用精读、略读、浏览、速读等阅读方法，提高阅读效率。"学习任务群五也明确提出要"引导学生阅读古今中外诗歌、散文、小说、剧本等不同体裁的优秀文学作品，使学生在感受形象、品味语言、体验情感的过程中提升文学欣赏能力。"随着新课改的持续深化，以新课标为导向进行教育教学轻负高效化，构建智慧课堂，提升学生核心素养，势在必行。小说教学在高中语文教学中占有重要地位，而小说教学要落到实处，势必要将人物形象探究到位。据此，笔者结合高中语文小说阅读教学的具体实践，就小说阅读教学中的人物形象探究如何实现高效性做一探讨。

二、教学策略：促使阅读趋向高效

"轻负高效"的语文课堂是理想的课堂生态，但需要明确的是轻负不等于没有"负"，没有任务，而是应精简任务，明确任务。高效则建立在有效的前提和基础上。所谓高效，是学生能自发自觉地完成学习任务，在相对时间内对文本有高质量的解读。在一节轻负高效的小说阅读教学课堂中，教师应充分激发学生的学习兴趣，给学生以抓手，并能以点带面，开展群文阅读或整本书阅读的教学。促使小说阅读趋向轻负高效，笔者以为有如下策略：

（一）锤炼文本细节，品读主要人物

1.教学构想

细节，是表现人物、环境、事件等对象的蕴含作者用意的细枝末节，是小说情节的基本构成单位。如《百合花》中通讯员枪筒里的树枝，《孔乙己》里那件又破又脏的长衫等等。细节描写是分析人物形象的重要切入口，锤炼细节要求学生在与文本的对话中进行思辨，在思辨中进行深度的分析与合理的论证，有助于提高小说阅读教学的高效性。比如《祝福》一课，简单粗浅阅读之下，我们当然能看到一个深受封建礼教压迫的祥林嫂，可是这样的人物形象在小说中并不鲜见，这样源自"刻板印象"的评价也还不够踏实，为了帮助学生更快地实现从品读细节到提炼人物形象的跨越，笔者做了一个示例。

2.学习任务设计

祥林嫂收支账单中的一页

初到鲁家的工钱：每月五百文

婆婆从鲁家支走的工钱：一千七百五十文

婆婆卖我的价格：八十千

小舅子娶亲的费用：五十千

捐门槛的价钱：十二千

【活动】（1）条分缕析，根据账单理清祥林嫂的人生轨迹。

（2）见微知著，依据物价谈谈祥林嫂的现实处境。

3. 教学思考

在依据物价，为祥林嫂"算账"的过程中，她身边的人物也一个个浮出水面，我们可以清清楚楚地看到那施加在祥林嫂身上的"伤痕"是如何一笔一笔添上去的。事实上，小说中这类细节不少，因此，要以"账单"为线索，串起祥林嫂在鲁镇的人生轨迹，再让学生自主寻找反复出现的细节进行品读，让主要人物的形象立体起来，小说阅读的教学才会落到实处。

（二）巧设教学情境，分析次要人物

1. 教学构想

教学情境是基于教师对教材的理解创设出的符合学情、适合文本的教学氛围或场景。"情"是主观的，"境"是客观的，教学情境也是主客观统一的，其本质是生动的生活事件，既有与教学内容相应的问题，也有贴近学生生活、生命的主观元素。文学说到底是"人学"，一部好的小说，其中的人物塑造绝对不是单一扁平的，《祝福》中除了祥林嫂以外，对鲁四老爷、柳妈等次要人物形象的探究也非常重要。为了将这些人物串在一起探究，笔者想起了前两年火爆全网的综艺《明星大侦探》，在它的带动下，一项新的桌游——"剧本杀"在年轻人中间开始流行。因此，笔者在《祝福》一课中以"剧本杀"这一侦探类游戏为依托，以"是谁杀了祥林嫂"（心理上的压垮）为话题创设学习情境。希望借助这一新颖且妥帖的情境激发学生的兴趣，帮助学生准确深入地解读《祝福》中的人物群像，在品鉴"主要人物"的同时，关注到"次要人物"的作用，培养辩证思维，最后促进文本价值、教学价值的生成。

2. 学习任务设计

【剧本介绍】

剧本名称："祝福"前夜

剧本类型：民国轶事

剧本人物："我"、鲁四老爷、四婶、婆婆、柳妈

剧本时长：40分钟

【剧情介绍】

辛亥革命后，"我"回乡过年，虽说故乡，然而已没有家，只得寄寓在四叔家，百无聊赖之际打算离开，可就在"我"准备离乡的前一天，意外得知祥林嫂竟"老"了……此刻，与祥林嫂相交过的人物——浮出水面，老监生鲁四老爷、四婶、精明强干的婆婆、善女人柳妈……到底谁是压死祥林嫂的最后一根稻草？

【人物剧本】（注：以柳妈为例，其他人物剧本由学生择定角色后自主整理）

人物 A（柳妈）：我是鲁四老爷家的长工，姓柳，人家叫我柳妈，我向来吃素，不杀生，所以，准备"祝福"期间，我只洗器皿，祥林嫂无事可干，在我旁边念叨那些重复了很多遍的话，我是信来世的，看祥林嫂这个样子，便给她出了个主意，让她去土地庙里捐门槛赎罪。

【规则说明】 人物剧本在陈述与死者相关信息时，不能撒谎但可以选择性地绕过对自己不利的信息。

【任务设定】（1）尽力隐去对自己不利的信息，找到对自己有利的证据。

（2）细读文本，寻找线索，确定凶手。

【自我称述】（注：课堂分小组角色扮演）

【疑点剖析】（注：共享线索，剖析疑点，指认凶手）

【案件票投】

【结案陈词】

3. 教学思考

提到鲁迅先生的文章，很多同学的第一反应便是把所有的"罪"都推向"吃人"的封建礼教，既知其然便没耐心再去究其所以然。在这堂课之前，我们似乎默认了祥林嫂是被"封建势力"逼死的，但经过一堂课对时间、线索的剖析和"辩论"，同学们发现"封建势力"其实也包含了好几股力量，倒如以鲁四老爷为首的懦弱的封建礼教的守护者，以柳妈为代表的深受礼教压迫却又为其助力的小人物。相较于鲁四老爷，或许这些深受其害又无知地依其伤人的"柳妈"们更让祥林嫂"崩溃"。

（三）拓展理论知识，传承优秀文化

1. 教学构想

提高文本阅读的效率除了要对文本细节进行品读，还需要注意理论知识的延伸拓展，依据学生的实际水平恰到好处地嵌入背景、概念、评论等资料，在更广阔的背景下加深其对文本的理解。从锤炼细节到创设情境，从祥林嫂到四婶、柳妈，《祝福》探究至此，已经把主次要人物都导引出场了，而在这些人物事件中，我们不难发现，鲁迅在本文中主要向我们展现的是一群底层女性形象，我们将镜头拉远，看到的是站在祥林嫂身边的无数个中国封建社会下的女性生存状况。文学需要由个性到普遍性的解读，因此，笔者由"女"字出发，以此窥探鲁四老爷重视祭祀、轻视祥林嫂的原因。

2. 学习任务设计

【说文解字】"女"字在甲骨文和金文中的写法展示的是女子两手交叉于胸前、屈膝跪坐的姿态，有"屈而自处，活画其柔顺而服从"之意。

【活动】品读文章中能体现这层含义的片段。

3. 教学思考

理论的拓展也讲究一个"不愤不启、不悱不发"，讲究时机，恰到好处，并非越多越好，先给予学生探究的欲望和兴趣，再适时点拨，可能会有事半功倍的效果。

（四）群文比较阅读，聚焦人物共性

1. 教学构想

文学是对人的思考探究的学问，对人物形象的刻画是每个小说都无法避开的议题，以此为突破口，将有共性鉴赏价值的文本放在一起，进行对比阅读，既可以深化学生对单篇文章的理解，也可以帮助学生建立更为全面的认知体系。群文阅读在统编版新教材中的作用已逐渐显露，它将具有可比性的作品编排于同一单元，又在每个单元中设置多个助读项目。这些项目对老师的课堂教学起着重要的导向作用，大大减轻了教师在"群文"选择中的工作量，但是单元导向并不是单选题，围绕的话题和目标不同，我们所选择的文本也可以是不同的。《祝福》这一单元的学习任务中，设置了两个群文阅读的问题点：一是要求学生"认真阅读本单元小说，结合具体内容分析社会环境对人物命运的影响"；二是要求学生阅读本单元五篇小说"选择两个人物，分析他们的语言，说说其中表现了什么样的性格特征"。考虑到本单元文本既设置了中外小说，又穿插了古代和现当代小说，这类跨度较大的群文放在一起探究，对于普通高中的学生来说难度偏大，因此，笔者以"鲁迅笔下的小人物"为话题，选择了鲁迅的另外两篇小说——《孔乙己》《阿Q正传》进行比较阅读，旨在通过对祥林嫂、孔乙己和阿Q这三个底层人物形象的分析，让学生深刻地体会到旧中国百姓的苦难，感受他们深陷其中无法摆脱、可恶又可怜的境遇。

2.学习任务设计

人　物	祥林嫂	孔乙己	阿Q
人物简介			
形象特征			
人生轨迹			
人物结局			
感悟体验			

【活动】梳理信息，完成表格，整理结论

3.教学思考

人物	祥林嫂	孔乙己	阿Q
人物简介	鲁四老爷家的长工（底层妇女）	底层知识分子	未庄的短工（底层百姓）
形象特征	1.初到鲁镇：头上扎着白头绳，乌裙，蓝夹袄，月白背心，年纪大约二十六七，脸色青黄，但两颊却还是红的 2.再到鲁镇：她仍然头上扎着白头绳，乌裙，蓝夹袄，月白背心，脸色青黄，只是两颊上已经消失了血色，顺着眼，眼角上带些泪痕，眼光也没有先前那样精神了 3.后来：脸上瘦削不堪，黄中带黑，消尽了先前悲哀的神色，木刻似的；只有那眼珠间或一轮，还可以表示她是一个活物	1.形象：他身材很高大；青白脸色，皱纹间时常夹些伤痕；一部乱蓬蓬的花白的胡子。穿的虽然是长衫，可是又脏又破，似乎十多年没有补，也没有洗。后来他脸上黑而且瘦，已经不成样子；穿一件破夹袄，盘着两腿，下面垫一个蒲包，用草绳在肩上挂住。2.特征：好喝懒做，满脑子"之乎者也"	1.形象："颇有几处不知于何时的癞疮疤""黄辫子" 2.特征：精神胜利法

人物	祥林嫂	孔乙己	阿Q
人生轨迹	在路四老爷家做工，安分有力——被婆家绑去嫁人——死了男人和儿子——回鲁四老爷家做工，手脚不复伶俐——被赶出鲁四老爷家——老了	读过书但没有进学——写得一手好字，替别人抄书——几次三番连人带书失踪——无人叫他抄书失去收入——偷窃——被打	"先前阔""真能做"，在未庄做短工——因"恋爱悲剧"被辞退，无人雇用离开未庄——偷盗"发财"回未庄——欲投革命党——被赵老太爷诬陷抢劫——被枪毙
人物结局	死在"祝福"前夜	大约是死了	游街枪毙
感悟体验	这三个人物是有共性的，他们都处于社会底层，是封建社会的受害者也是封建社会的一分子，他们试图融入一个地方，却都摆脱不了被抛弃的命运。无数个他们饱受着病态社会的折磨，而病态社会也正是由无数个他们构成。他们既可怜又可恨，夹在社会的缝隙中，无处依托，最终只能走向死亡		

群文阅读事实上对教师提出了更高的专业要求：教师首先要对文本有自己独到的见解与发现，才能找到合适的切入口引导学生"再发现"。另外，在本次备课过程中，笔者也意识到群文阅读很容易出现扫描式、散点式、浅表化的阅读现象，共读几篇文章时学生往往无法抓住重心，以至流于形式，因此，群文阅读的落脚点一定要明确，选择一处"穷追猛打"，引导学习走向深入。

（五）创新表达方式，跨越媒介隔阂

1. 教学构想

传统的教学过程中，课程的结束往往是教师的一段总结收束，那么，总结要不要做？当然要做！但是总结由谁来做，总结的形式是否局限于点评……这些问题应该是值得商榷的。《语文课程标准》的课程目标中提到了"美的表达与创造"，希望学生具有创新意识，能够表现和创造自己心中的美好形象。正所谓静态地观赏反思，不如动起来做一个项目，为了使学生更好地参与到文本中，更好地参与到当代文化生活中来，教师应不遗余力为学生搭建良好的展示平台。小说的故事性强，结构紧凑，相对来说，可创新的空间更大，早在1956年，《祝福》就由夏衍担任编剧、桑弧担任导演改编成了电影，然而电影片头只有文字说明，略显单调，因此，笔者在总结《祝福》这一课中环境与人物形象塑造的关系时，结合当下流行的短视频软件，设计了一次活动任务。

2. 活动任务设计

【任务】为《祝福》拍摄一个片头，熟读文本以下片段，尝试将其改写成一个影视脚本，并拍成1分钟左右的短片。

（1）旧历的年底毕竟最像年底，村镇上不必说，就在天空中也显出将到新年的气象来。灰白色的沉重的晚云中间时时发出闪光，接着一声钝响，是送灶的爆竹；近处燃放的可就更强烈了，震耳的大音还没有息，空气里已经散满了幽微的火药香。

（2）天色愈阴暗了，下午竟下起雪来，雪花大的有梅花那么大，满天飞舞，夹着烟霭和忙碌的气色。我回到四叔的书房里时，瓦楞上已经雪白，房里也映得较光明，极分明的显出壁上挂着的朱拓的大"寿"字，陈抟老祖写的，一边的对联已经脱落，松松的卷了放在长桌上，一边的还在，道是"事理通达心气和平"。

【要求】

（1）人员安排：导演、摄制、剪辑、编剧、配音、后勤

（2）活动安排：A. 确定整体格调　　　　B. 创作影视脚本

　　　　　　　　C. 准备相关道具　　　　D. 拍摄视频短片

　　　　　　　　E. 后期剪辑制作　　　　F. 抖音平台发布

　　　　　　　　G. 评定作品成绩

【脚本模板】

镜号	时长	画面文字说明	景别	镜头运动	特效	音乐	旁白
1							
2							
3							

【衡量标准】

（1）技术：制作效果

（2）艺术："情景（镜）交融"

（3）阐释：清晰、准确、灵敏

【点评参考】

抖音点赞评论量

3. 教学思考

镜号	时长	画面文字说明	景别	镜头运动	特效	音乐	旁白
1	5秒	从远山拍到夕阳落尽后的天空	远景	仰拍、推	无	《祝福》插曲	
2	6秒	最后一丝亮光映照下的雪景	中近景	推	用喷水枪制造雨线效果	《祝福》插曲	
3	8秒	地上枯叶随风打卷四散飘落	特写	推	用喷水枪制造雨线效果	《祝福》插曲、"鞭炮声"	
4	21秒	从堂前进入，屋内被烛光照亮，供桌正上方是一个大大的"寿"字，旁边是一副对联，上联脱落大半，依稀可见"德行"二字，下联是"事理通达心气平和"，供桌上是一对香烛和一个香炉，烛光跳动，余烟缭绕	长镜头	跟拍拉、升摇推	无	《祝福》插曲	年关将近，日色渐暗，我在这一夜回到了故乡鲁镇
5	3秒	画面渐黑，音乐余响	远景	无	定格后渐黑	《祝福》插曲	无

以上是自己在设计这个活动时的一个尝试。尝试的过程中有一些思考：第一，整体氛围主题的把握，即使是一分钟的视频也会有很多分镜头，而这些分镜头的基调应该是一致的；第二，当下没有的景物或者找不到的道具是否可以寻求替代物？笔者以为在保持基调一致的前提下，还是应该可以加入一些

创新的表达方式，而这正可以考查学生对文本的理解程度以及创新能力。能将《祝福》中热闹与凄苦这一组对比表达清楚，视频制作就算成功了。

三、结论

综上所述，要想实现小说阅读教学的高效性，首先应找好抓手，而"人物形象"作为一篇小说的核心，为我们有条理地解读文本提供了帮助。其次，我们需意识到，当下的"高效"与传统教学中的"成效"是不同的。随着新课改的深化，每个一线的语文教师设计的每个环节都应紧扣学生语文核心素养的培育，尤其要促进学生思维品质的提升，推动学生对美的创造与表达。而灵活运用锤炼文本细节、巧设教学情境、拓展理论知识、群文比较阅读、创新表达方式等策略，有助于激发学生阅读兴趣，提高课堂阅读效率，强化思维训练，从而提升语文核心素养。

学科核心素养指引的文言文翻译教学新视角

浙江省淳安县威坪中学　张金彪

摘　要：文言文教学是高中语文教学的重要组成部分，对核心素养的形成有重要作用。以核心素养为指引，教学实践中用新的视角来凝视文言文翻译教学，发挥文言文翻译教学在培育学生语文学科核心素养独特的作用。

关键词：文言文翻译；核心素养；语言建构；思维提升；审美鉴赏；文化传承

文言文教学是中学阶段的重要组成部分。新课改以来，国家统编高中语文必修和选择性必修教材中每册都安排了文言文学习单元，延续了对文言文教学重视的传统。新的阶段，如何充分用好文言文内容培育学生的学科核心素养，是需要面对的新课题。

在日常文言教学中，常存在两种教学取向。一种是常规教学取向，即按照具体的体裁入手来教学，通常按照一篇课文来开展教学，一般从文字（疏通）、文章（结构）、文学（手法）、文化四个层面开展。一种是按照高考题型取向（常常是高三高考复习教学阶段），按照近年的高考试题来引领教学，即考什么，就教什么练什么；一般按照断句、实词理解、虚词运用、翻译以及内容理解层面开展。不论哪一种教学取向，对于绝大多数中学生来讲，文意疏通，即文本理解与翻译，都是文言文学习必不可少的一个阶段，是开展其他方面学习的一个前提。

在以往的日常教学中，我们常常把文言文的意义疏通（翻译）作为教学的一个过渡阶段，发挥着一个中介作用；翻译的存在是服务于其他教学的，或者是服务于考试解题的。教学中要么提供翻译文，要么让学生自主翻译，要么在教师指导下翻译，通常没有把文言翻译作为教学的核心内容来认识与开展。以现行人教版高中语文教材为例，必修与选修五本教材中文言文或者单列或者和现代文混列，"单元研习任务"中没有安排具体的"文言翻译"任务，只在文言文虚词（选择性必修上册第 2 单元）、文言句式（选择性必修中册第 3 单元）、文言文词义活用（选择性必修下册第 3 单元）略有安排。但对于一线的语文教师来说，大家都深有感触，绝大多数高中生还不能准确理解文言文，能够做到准确翻译（"信"），更谈不上"达"与"雅"，因此我们常常还会在翻译教学方面下更多的工夫。

笔者认为，文言文翻译是语言文字运用的一种常见实践活动，很好地诠释了语言文字运用的过程、结果和素养。翻译的过程，是一个综合的过程，它真实展示学生语言文字运用的过程，直观呈现学生语言文字运用的能力。新课改以来，我们倡导教学方式的变革，倡导情境化的教学，倡导启发式、探究式教学，我们注重语文核心素养的培育；而文言文翻译教学，就是一个个具体的语言运用的实践情境，翻译的过程就是一个个具体的语文实践活动，翻译的教学方式正需要启发式、探究式教学，其过程与结果正是培养和丰富了学生语文学科核心素养。因此需要用新的视角来看待文言翻译教学，并使之成为学生语文核心素养形成的重要教学抓手。

一、摒弃机械记忆的教学方式，把文言文翻译的教学过程，具体为一种具体情境化下的思维训练活动过程。

如"夫君子之行，静以修身，俭以养德。非淡泊无以明志，非宁静无以致远。（诸葛亮《诫子书》）"中"俭"字如何解释呢？

众多的文言文翻译书，包括部分教材都把"俭"字解释为"节俭"；但也有人主张译为"约束"。

怎样解释更为合理呢？这就需要结合上下文情境来展开。

按照文言行文的特点，这里"静"和"俭"相对，"修身"和"养德"相对，"淡泊"和"宁静"相对，"明志"和"致远"相对。如果说"静""修身""致远"构成一个渐进的逻辑链，那么"俭""养德""明志"就可以按照这个逻辑链来理解。而"俭"通过"淡泊"来解释，即不追名逐利，把名利看得很淡，"俭"与"明志"相关。因此前文的"养德"就更关乎"志向"，即内心的理想、目标，显然与"节俭"或"勤俭"之类的品德修养不在一个层次。

　　而如果按照"约束"来理解，即"约束自我，不被喜好、财物、名声等束缚"，就能"淡泊"，能够倡导、坚守内心的理想，能"明志"。这样逻辑就顺畅了。因此，按照具体的情境来理解，"俭"就更适合解释为"约束"。这样的翻译思维过程，不离开具体的情境，是具体情境下思维活动的过程，正是新课程理念所大力倡导的。

二、把文言文翻译的教学过程，具体为语言建构和运用能力培养的活动过程。

　　王宁教授在谈及语言建构与运用时指出，"在语文课程中，为了提高语言建构能力，就要安排数量足够又能切实操作的语文实践活动，让学生通过自我实践来学习和积累。……"文言文翻译教学中存在着大量类似的实践，教学中可充分运用。

　　如教学中可以引领学生掌握汉字造字的规律，通晓汉字的象形、指事、会意、形声等造字规律，并在具体的翻译实践中运用这些规律，形成能力和素养。

　　如"引壶觞以自酌，眄庭柯以怡颜"中的"眄"字，"农人告余以春及，将有事于西畴"中的"畴"字，"生而眇者不识日"中的"眇"字，"平民虽平价不能籴"者"籴"字，这些字如何解释?

　　在教学过程中，就可以从造字法出发，引导学生根据造字规律，根据前后文情境进行联想推断。"眄""眇"都是"目"字旁，都跟"眼睛"关联，结合语境，很容易推断出"眇"字为"眼盲"之义；"眄"字结合前半句语境，要解释为动词，也容易推断出"看"的意思。"畴"字和"籴"字，从形声字和会意子字规律入手，结合"农人""平价"语境也容易推断出"田地""买进粮食"的意思。

　　这样的教学过程，就成为学生自主探究的学习过程；这样的教学活动，学生的学习兴趣和学习自主性会越来浓厚，学生的语言文字运用能力会不断提升，语言建构与运用素养也能够逐渐形成。

三、把文言文翻译的教学过程，具体为思维发展与提升的活动过程

思维过程其实无处不在，文言文翻译的任何环节都离不开思维活动。这里单独列出来讲，意在强调文言文翻译教学可以成为学生的思维发展与提升的重要实践载体。在翻译教学中，教师可积极引导学生注重文言篇章的形式特点（对举、骈文等），通过比较、分析、联想、推断等思维过程来翻译文言，从而在实践中发展学生的思维能力。

如在教学过程中要注重前后、上下关联的思维实践。如"陟罚臧否，不宜异同"（《出师表》）句中，正可以借助前后文的一个实词来推断另一个实词的意思，"陟""臧"这两个字和"罚""否"构成反义，解释为"提拔""善"。"忠不必用兮，贤不必以"（屈原《九章》）中"以"的意思，就可借对举形式结构来推断出意思为"用"。

类似这样的文言词语很多，如"旁征博引"中的"旁、博""征、引"，学生形成了这种思维，理解不会出错，字形也就不会写错，就不会把"征"误写为"证"了。文言篇章中，排比、对偶、词语并列的现象很多，都可成为提高学生思维能力的语言实践载体。

又如教学过程中可以以文言为载体加强句法语法分析能力培养。句子总有一定的组合规律，掌握和运用这个规律也是学生语文素养的重要方面。通过文言文翻译这个载体来运用语法规律，通过语法分析来理解文言句意，在这个过程中学生的逻辑思维能力正可以得到实践与提高。如"信义著于四海""烟涛微茫信难求""楚王贪而信张仪"三个句子中，"信"的用法正可以根据句子的成分来推断，上述三个句子中"信"在句子中分别作为主语、状语、谓语，相应的就解释为"信用""确实""信任"。

再如学生常不能正确理解成语的意义；而成语是古文的一部分，其文字的意义也没有发生变化，在翻译中培养学生形成古今一体迁移联系的思维习惯，就有助于学生正确理解成语。如学习"匪来贸丝，来即我谋"（《氓》）中的"即"，有助于理解"若即若离"成语的意义。反过来也一样，理解了成语的意义，也有助于文言文翻译能力的提升，总之是要在教学过程中着力于学

生思维的发展与提升。

四、把文言文翻译的教学过程，具化为学生审美鉴赏与创造能力培养的过程

文言翻译有"信、达、雅"的标准，而要到达"雅"境界，笔者以为这就需要教学从培育学生的审美鉴赏与创造能力着手，只有学生形成了一定的审美能力，才更有可能到达"雅"的境界。

如南北朝陶弘景的《答谢中书书》，其原文如下：

山川之美，古来共谈。高峰入云，清流见底。两岸石壁，五色交辉。青林翠竹，四时俱备。晓雾将歇，猿鸟乱鸣；夕日欲颓，沉鳞竞跃。实是欲界之仙都。自康乐以来，未复有能与其奇者。

"晓雾将歇，猿鸟乱鸣；夕日欲颓，沉鳞竞跃。"如何翻译呢？先来看下面两段翻译：

清晨的雾将要停止了，猿、鸟的杂乱地鸣叫；夕阳就要落山了，沉在水里的鱼儿竞相跳跃。（学生的翻译）

清晨的薄雾将要消散的时候，猿、鸟的叫声此起彼伏；夕阳快要落山的时候，潜游在水中的鱼儿争相跳出水面。（360国学的翻译）

学生的翻译应该说也没有问题，字字落实，文从字顺；但360国学的翻译读来就比学生的翻译更具有文学美感。其关键的不同之处是将"乱鸣"从"杂乱地鸣叫"翻译成了"鸣叫声此起彼伏"，将"沉"翻译成了"潜游在水中"。因为从全文整体来看，这是在赞赏"山川之美""欲界之仙都"；而"杂乱地鸣叫"显然与整个情境之美不相融洽。

上述学生的翻译示例，是当下日常教学实际情况地体现。因为日常课堂教学就是按照考试得分点去引导的，往往注重一个一个字的对应翻译，而很少从审美的整体性去关照。但如果我们在教学过程中，能够从审美的角度去引导学生，学生的翻译就可能更上一个台阶。

如何能把文言翻译得更雅更美呢？这需要教师在就学过程中加以引导，如要引导学生要注意关注文本的思想情感，要体现作者的情感情趣之美，上文"杂乱的鸣叫"翻译就没能体现作者当时的情绪情趣；要引导学生注重修辞

之美；要引导学生注意结构形式之美等等。如果教学过程多从审美的角度引导学生去翻译，教会学生翻译的方法，学生的翻译就能更接近"雅"美的境界；在这过程中，学生的审美鉴赏与创造能力也会得到提升。

按照这种思路，上文还可以翻译得更美。在整体把握文章"描绘的是此地清晨和傍晚的美妙情景，展现的是作者此时闲适美好心情"的主题之下，就可以用拟人化的修辞思维来翻译："晓雾"就仿佛是自由自在地需要歇息一般，猿、鸟就仿佛有节律的在此起彼伏地合唱，傍晚的夕阳就如同经过世事的老人一样更加温柔了，而万千的鱼儿仿佛追逐着粼粼波光竞相嬉戏。文段可如下翻译：

"清晨，薄薄的迷雾就要歇息消散了，快乐的猿和鸟开始欢歌合唱；傍晚，夕阳温柔地慢慢下落，潜游的鱼儿，粼粼波光中，争相跃出追赶嬉戏。"

五、在文言文翻译的教学过程，注重理解和传承中华优秀的传统文化，翻译材料注重选择文质兼美的好篇章

课内文言教材都重视优秀传统文化的传承、理解。以人教版现行语文高中教材为例，五本教材每一册每个文言单元开篇导学部分都有传统文化理解与传承层面的明确指引，都把这作为教学的重要任务之一。因此，在具体的教学过程中，学生会潜移默化，得到熏陶。同时，如果在课外文言翻译教学或者训练时，教学也注重选择文质兼美的、能够反映中华优秀传统文化的文言材料，那么在教学过程中，学生的传统文化传承与理解素养就会逐渐形成。

综合以上几点，笔者以为，语文核心素养的养成，需要开展情境化教学，需要实践探究式、启发式学习方式；需要用新的视角来凝视文言翻译教学，重视"文言文翻译"教学，开发"文言文翻译"这个宝藏，让学生在一个个具体的情境性学习实践中，有效培育和提高语文核心素养。

素养导引：基于"关键词"设置的文学短评写作教学探究

——以《声声慢·寻寻觅觅》教学设计为例

浙江省淳安县第二中学　张清华

摘　要： 学写文学短评是统编版教材必修上第三单元的写作任务，对于"三新"时代下教学的重要性不言而喻。然而在实际的教学中，却存在着理解文本片面、写作缺乏重点、文体特征不明等实际写作问题。依据课标、依托教材、衔接高考，由语文核心素养导引，从"语言、思维、审美、文化"四个方面进行关键词设置，进行文学短评课堂教学设计。在教学实践中，解决文学短评写作存在的问题，进而达到提升学生的语文核心素养，培育学生语言文字的运用能力与写作能力的目标。

关键词： 文学短评写作；关键词；教学设计；语文核心素养

普通高中《语文课程标准》（2017年版2020年修订）明确指出："学生阅读古今中外诗歌、散文、小说、剧本等不同体裁的优秀文学作品，在感受形象、品味语言体验情感的过程中提升文学欣赏能力，并尝试文学写作，撰写文学评论，借以提升审美鉴赏能力和表达交流能力。"可见，撰写文学短评，促进读写共生，是学生提高语文能力和核心素养的重要途径之一。

一、叩问：当前高中文学短评教学的困境分析

学写文学短评是统编版教材必修上第三单元的写作任务，对于"三新"时代下教学的重要性不言而喻。但从高一的学情来看，学写文学短评，对于学生来说，还比较陌生和困难。根据调研，笔者发现学生学写文学短评存在以下几个问题：

（一）解读片面，无法入文

在部编版教材必修上第三单元的单元研习任务中指出："写文学短评，必须对作品有深入的了解和准确的把握"。可见，能不能深入作品，是文学短评写作的基本条件。然而，对于高一学生来说，对于文学作品的理解往往还停留在阅读故事情节这一层面，无法透过文本把握作品的情感、形象、思想内涵、艺术特点等，这是文学短评写作教学所遇到的首要问题。

（二）以叙代议，文体不清

文学短评重在"评"，当以"议论"为主，"叙述"为辅。但中学生在写文学短评时由于文体意识不明晰，加上缺乏文学鉴赏的理论，导致不少同学在行文中没有处理好"议"与"叙"的关系，过多运用叙述、描述性的语言，有的甚至"叙"而不"议"，写成了"读后感"的形式。

（三）散点透视，泛泛而谈

文学短评要有核心论点，应围绕"聚焦点"进行评论。但从学生已完成的作业来看，大多存在"散点透视"和缺乏合适切入点的问题，导致评论空洞浮泛。比如：以李白《梦游天姥吟留别》写一篇短评，有学生先描绘李白浪漫瑰丽的梦境，然后评论作者雄奇飘逸、夸张奇幻的文风，再探讨作品的思想内涵，最后介绍历史背景，这样的文章就呈现泛泛而谈，论点不明确的问题。

二、审思：基于"关键词"设置在文学短评写作教学中的实施策略

基于文学短评写作出现的这些问题。笔者认为2023年的高考试题中，利用"关键词"设置写文学短评思路题给了我们一个解决问题的方向。

"关键词"设置作为教学的切口和抓手可以起到一个提纲挈领的作用，避免了学生写作泛泛而谈或是将文学短评写成记叙文或者读后感的问题。更重要的是，通过几组不同关键词的设计，教师还可以在教学中对学生进行素养引导，将"语言、思维、审美、文化"等不同方面的教学任务和要求落实到

课堂设计中。因此，结合语文核心素养要求，以统编版教材必修上第三单元课文《声声慢·寻寻觅觅》为例，设计了四组不同的关键词，分别指向"语言、思维、审美、文化"四项不同的语文核心素养，收到了较好的教学效果。

如下图 1，是《声声慢·寻寻觅觅》在教学设计中，指向语文核心素养的"关键词"设置图。

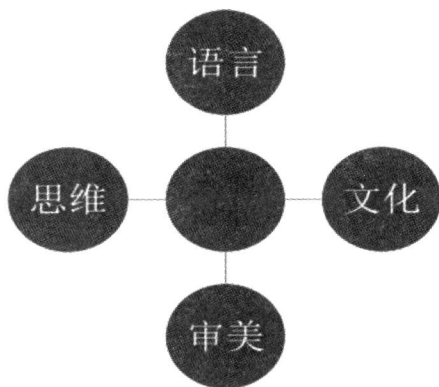

图 1 "关键词"设置指向图

（一）关注叠词，构建学生语言从符号到表意之基础

语言是一种符号，能够代表和指称现实现象，语言符号是由意义结合组成的。伽达默尔的解释学就解释了人们理解语言的三大原则，即理解的历史性、视域融合以及效果历史。形式使人们可以感知到的，但意义则需要通过消除"前见"，走向视域融合，才能真正看到诗人背后的诗人，理解文学作品传达出来的真正情感。语言是理解文本表意，感受文本情感的抓手，

在关注语言这块，笔者选择"叠词"作为关键词。叠词是《声声慢·寻寻觅觅》在语言上的最大特点之一，清人陆蓥在《问花楼词话·叠字》中说："宋人中易安居士善用此法。其《声声慢》一词，顿挫凄绝。词曰：寻寻觅觅，冷冷清清，凄凄惨惨戚戚。乍暖还寒时候，最难将息。'又云：'梧桐更兼细雨，到黄昏点点滴滴。'二阕共十馀个叠字，而气机流动，前无古人，后无来者，可谓词家叠字之法。"所以，将"叠词"作为关键词引导学生思维，无疑非常合适。

如下表 1，"叠词"作为关键词设置，有其独特的表意功能。

表 1　关键词"叠词"的功能简表

叠　词	本质内涵
寻寻觅觅	最重要、最珍贵的东西业已失去，无处可寻，心理的"冷冷清清"与孤寂，诗人精神的恍惚感、萎靡感
冷冷清清	
凄凄惨惨戚戚	
点点滴滴	虚实相生、首尾呼应

　　在笔者的课堂设计中，首先布置任务，让学生找到全诗中一共出现的十八个叠词，然后将其分成两组，分别探究开头的十四个字"寻寻觅觅，冷冷清清，凄凄惨惨戚戚"和词中下阕的四个字"点点滴滴"的内涵。引导学生关注词开头的叠词十四字，"寻寻觅觅"，词人究竟在寻觅什么？而"冷冷清清"，冷清体现在哪里？通过这样两个问题的设置，让学生明白词人主要是在描写自身悲伤凄凉的心境。这里的"寻寻觅觅"，其实并不是在寻找什么，而是最重要、最珍贵的东西也已失去，无处可寻。而"冷冷清清"，也并非天气转冷到温度降低，而是因为失去的东西已不可能挽回，所以在心理感为"冷冷清清"的孤寂。因此，叠词的使用，并不是想要确定的表达实意，而是表达一种模糊的心情与感受，用叠词表达诗人精神的恍惚感、萎靡感。

　　《声声慢·寻寻觅觅》开头十四个字的叠词使用，早已被后世各大家注意并多有评论，然而下阕中的叠词使用"点点滴滴"，却往往容易被后世忽略。因此，在笔者的课堂设计中，进一步引导学生关注下阕中的叠词使用，并设置这样一个问题，为什么词人在开头叠词使用结束，开始转"虚"入"实"之后，在下阕又重新回到叠词，回到"虚"呢？通过这样的一个问题，希望学生可以理解，词语的使用，与诗人的整体意境营造密不可分。由于全诗都在营造一种恍惚、疏离感，所以在诗歌中间通过确定的意象群落加以填充之后，写到结尾，又需要通过叠词的使用再次从"实"到"虚"，这样才能既达到首尾呼应的效果，又能使得诗歌整体的朦胧感不至于遭到破坏，完美表达诗人的情绪和心境。

　　以上是以"叠词"为切入口设置的第一个文学短评关键词的教学路径。如此设计，最主要的目的便在于让学生能够从"叠词"这一语言特点看到背后表情达意的作用和功能，引导学生将语言现象与作者思想心境结合起来，让学生理解语言在作为符号的表象下表达意义的本质内涵，从而建立学生语言大厦之根基。

（二）探求主题，促进学生思维从感性到理性之飞跃

提升学生思维，是语文教育的根本目标之一，也是语文的核心素养之一。但是人的思维虚无缥缈，如羚羊挂角，无迹可寻，如何将"虚"的思维落实到具体的课堂教学设计就成了关键问题。

落实到《声声慢·寻寻觅觅》这一篇课文之中，笔者设置了"家愁·国恨"这样一组关键词来展开主题探寻教学。首先，从诗歌的文本上来看，引导学生发现全诗的思想核心并不困难，诗歌以"这次第，怎一个愁字了得！"结尾，体现诗人直接表达自己"愁"的感受。"愁"是感觉，那么到底谁的感觉呢？教师可以在课堂上把这个问题抛给学生，学生如果细读文本，会直接回答，此乃诗人的直感。这时教师再把问题进行深化，诗人这种"愁"从何而来？教师通过"知人论世"的活动，介绍词人，同时给学生拓展一些诗歌的相关背景知识。让学生对李清照的身世有一个全面的了解，如这首词的创作背景是李清照由于其夫赵明诚因病去世，本人也是东奔西跑，饱受颠沛流离之苦，再加上自己多年收集的书籍悉数被焚，亡国之恨，丧夫之哀，孀居之苦，凝集心头，无法排遣，晚年写下了这首《声声慢》。可见，这里的"一个"是虚指，"一个愁"不是个人的愁，也不是单单指"一个"愁，这个"愁"乃是词人一生的经历以及"家愁"的汇聚。

但是，学生对于主题的探究，仅仅停留在"家愁"这一层面就狭隘了。教师要进一步的通过"知人论世"的方式，挖掘更广阔的背景资料，关注这一组关键词中的另一个重点词"国恨"。教师通过抛出问题："诗人的'家愁'，是谁带来的？""诗人为什么会遭受如此的家庭变故？"引导学生深入文本，跨越感性认识，在提问之时，补充必要的当时词人生活朝代的社会大背景，引导学生明白个人的命运是和国家紧密相连的。之所以诗人家中发生如此大的变故，是因为靖康之难以后，北宋灭亡，覆巢之下安有完卵。之所以一路颠沛流离，书籍尽失，丈夫病逝，都是因为金兵南下被驱赶所致。原来家是小小国，国是千万家，一切的"家愁"其实都源于"国恨"。

如此教学设计，不仅深化了学生的思维，也符合学生思维从感性到理性

的发展过程。从一开始的直接的愁绪感知，到进一步思考愁绪来源，再从社会大背景下看这种愁绪在读者接受层面的普遍性，在完成学生"家国同构"的价值引导的同时，也能促进学生思维从感性到理性的发展飞跃，让学生既读懂了诗歌，又发展了思维，同时扣住了文学短评的"理"。

（三）把握意象，从无我到有我实现学生审美之培养

美育向来是诗歌教学的重点，诗歌这种文体所具有的特殊的音韵美、意象美、象征美，是实现语文美育的最佳载体之一。但想要把感觉的、个性的、主观的美落实到课堂的实际教学中，体现在文学短评中实在不易。

审美的最大特征在于其"主观性"，而这种主观性又需要进行客观化才能落实在具体的教学之中。因此，精准把握诗歌的"意象"，是将主观和客观融为一体的有效途径之一。

第三组的关键词设置中，提供的关键词为"淡酒·风急·黄花·细雨"，选择这一组关键词，是因为"酒、风、花、雨"都是客观的"无我"之物，而加上"淡、急、黄、细"时，就把人的主观感受和作者"有我"之"意"添加进来，实现物我之合一。

如下表2，"意象"作为审美载体，最能体现诗人的审美品位。

表2 关键词"意象"内涵简表

意　象	象征义	审美意境
淡酒	愁	萧瑟、颓废、孤独、"凄凄惨惨戚戚"的悲秋图
风急	外部环境	
黄花	衰败、凋零	
细雨	哀伤	

在具体的课堂教学设计上，先让学生回忆之前学过的"酒、风、花、雨"在古诗中的常见象征意义，然后将作者的主观感情融入，提问学生酒"淡"、风"急"、花"黄"、雨"细"分别意味着什么。让学生自己体会酒"淡"中暗示的诗人生活之无味，并非酒淡，而是因为可供一起饮酒之人已逝去；风"急"中暗示的诗人处境之险恶，"风"乃外部大环境的象征；花"黄"中暗示的诗人心境之凄凉，"黄"乃是秋天之象征，诗人看到满眼黄花，说明此刻心

情如秋般萧瑟、颓废；雨"细"中暗示着诗人生活之寂寥，雨"细"说明雨小，而雨小诗人却仍能听见，说明诗人此刻非常的孤独，才会对周遭环境如此敏感。

四个意象地分析与串联，形成了一幅完整统一的审美意境图，让学生在这样一幅"凄凄惨惨戚戚"的悲秋图中，从客观的"象"中感受作者主观之"意"，同时也将自己的"意"投射在诗人为我们创设出的诗歌意境之中，达到与诗人共情的目的，也能在共情中全面提高学生的审美能力和审美品味，加深学生对美的认识。

（四）审思文化，在雅俗共赏之间更新学生固有之理念

文学短评写作还可以从关注中国传统文化入手。但在落实"文化"教育的过程中，却有着明显的重"雅"轻"俗"的现象。很多语文老师在教学过程中，过于强调文化之高雅，忽略了文化"俗"的一面，导致很多学生认为只有上得厅堂的"阳春白雪"般的雅文化才是文化，而沾有生活气息的"下里巴人"式的俗文化并不是文化。

因此，想要引导学生正确的文化观念，就必须在教学中体现"俗"文化，而在中国古典诗词中，最能体现"俗"文化的文本之一，便是宋词。《声声慢·寻寻觅觅》第四组关键词设置，可以抓住这首词"雅俗共赏"的文化特性，将"雅言·俗语"这样一组关键词给到学生，引导学生分析诗歌，搭建文学短评的思路。

在具体教学过程中，教师引导学生关注词中"雅言"的因素。词中的"慢"字，表达了一种缓慢宽松的氛围，这种氛围是李清照所向往的，也是她生活中不可或缺的一部分。词中的"雅琴""瑶琴""瑟"等乐器，代表了一种高雅的文化修养。同时，词中的"竹""菊""梅"等植物，也展示了一种高雅的审美情趣，这种情趣是李清照所热爱的。

在关注完"雅"的部分之后，引导学生关注诗歌中"俗"文化的地方。学生普遍认为，古典诗歌都是高雅文化，断没有俗气可言，为了改变学生这样的刻板印象。教师引导学生关注诗词中的口语化现象，如"守着窗儿，独自怎生得黑"中的儿化音现象，"这次第，怎一个愁字了得"中"了得"一词的用法，在当时社会都是比较自由化的口语，而非可以入诗的雅言，是词中

俗文化的代表。作者营造这样一种"雅俗交杂"的整体风格，反映的是作者
对生命、对生活的态度。她以一种独特的方式，表达了对生活的热爱和追求。
教师如此引导，不仅深化了学生对这首诗歌的认识，也更新了学生的文化观。
让学生明白，只有"雅俗共赏"的作品，才是真正的、好的文艺作品，而只
有雅俗交融的文化，才是能够代表中国文化。

三、展望：基于"关键词"设置文学短评写作教学的反思

从上文的具体教学设计可以看出，通过"关键词"设置进行文学短评的
写作教学，既能落实教材中的教学要求，又能解决学生在写作中的具体问题
和弊病，还能对高考体现出的考查方向进行具体的教学回应。"关键词"设置
的教学不仅能够引导学生在"语言、思维、审美、文化"等不同方向的教学
任务上进行思考探究，还能够全方位提升学生的语文核心素养。提升学生的
语文核心素养是写作文学短评教学的真正目的所在。但在实际的操作过程中
还是存在一些不足，由于学生欠缺对文本的理解和把握能力，因此，教师在
指导学生进行"关键词"设置文学短评写作过程中，不应仅仅着眼于传授写
作技巧，还应立足于引领学生深入细读文本，在实际教学中加强学生的读写
能力。

二、基于大单元教学建构整体理解

帮助学生建构有组织的学习经验，建构对知识的整体理解是素养课堂的重要表征，大单元教学是实现个体形成大观念或大概念的重要载体。

单元整体教学视角下高中数学阅读
材料的课时教学设计实施
——以"斐波那契数列"为例

浙江省淳安中学　刘红英

摘　要：高中数学阅读材料作为辅助教学的重要资源，对于拓宽学生知识面、培养学生数学素养具有不可或缺的作用。然而，如何有效地实施阅读材料教学设计，以充分发挥其教育价值，是当前教育工作者需要深入探讨的问题。本文以"斐波那契数列"为例，从单元整体教学视角出发，探讨阅读材料教学设计实施策略，以期为提升高中数学教学水平提供参考。

关键词：单元整体教学；阅读材料；教学设计

一、问题的提出

《普通高中数学课程标准（2017 年版，2020 年修正）》清楚地指出，制定教材时，应关注全部概念，并确保教材结构和教学内容的一致性。教师需要对教学主题的教学目标有深入的理解，并主动探索各种教学方式，来助力学生的学习，以帮助学生全方位的理解教学内容，以达到塑造和提高学生的数学核心能力的目标。

新课标人教版教材（2019）每一章节都设置有"阅读与思考"及"探究与发现"栏目，为探求数学本质的理解、形成单元整体教学提供了很好的载体。如何使用阅读材料，使之充分发挥其功能是一线老师探讨的热点。一方面，老师们大都认为"阅读材料"是很好的教学素材，对提升学生的综合能力大有裨益；另一方面由于深陷应试压力及课时的紧张，阅读材料的教学也就搁浅了。本文以人教版选择性必修二中的阅读与思考"斐波那契数列"为例，浅谈从单元整体教学视角下课时教学设计的实施。

二、单元整体教学设计的理念

（一）单元整体教学设计的特点

整体性的数学单元教学就是在全局视野的引领下，着眼于培育学生的数学基本能力，整合和优化教学材料，把经过加工的教学资料作为一个相对自主的教学模块，用来更好地凸显教学主题的重要线索和知识点之间的逻辑联系。利用大范围的框架思考、高层次的领导、有深思熟虑的管理和结构性的关系，可以有效地避免课堂教学整体性差，学习过程的片段化等问题，而且有助于知识和方法的转化。

（二）单元整体教学设计的原则

教学设计是教师创造性活动体现，好的单元整体教学设计没有固定范式，但它一定遵循以下几个原则：

导向性原则：教学设计应以科学的教学理念和教学方法为依据，以核心素养为导向，结合课程标准和大纲，让教学从知识本位走向素养本位。

系统性原则：教学设计应在单元教学内容、目标、过程和评价上整体规划，形成系统。整合出一套有统领的教学内容；一群能聚焦的教学目标，让单元目标和课时目标紧密吻合；一个能操作的教学过程，以核心任务和子任务驱动；一套评教一致的教学评价。

主体性原则：教学设计应以生为本，充分了解学生的水平和个体差异，因材施教，尊重学生主体性，创造让学生积极思考和主动参与的机会，让不同学生有不同的发展。

三、单元整体教学视角下的课时教学设计

（一）单元整体分析

阅读与思考"斐波那契数列"所在的"数列"单元，是数学重要的研究对象。数列是一类特殊的函数，和学习函数的路径是一致，都是按照事实——

概念——表示——性质——应用来展开研究。在这一部分内容中，我们以特定案例为基础，深入剖析了数列的核心思想，同时也采用了数学计算以及逻辑推导等手段，对两类特殊的数列——等差数列和等比数列的值的获取规律进行了详细研究。我们利用这两种数列将其他类型的数列转化为这两种基础数列进行探讨。在此过程中，等差数列与一次函数、等比数列与指数函数之间的紧密联系被充分体现，教学方向始终坚持函数的思考模式和技术手段，利用函数的观念去阐明数列的理念、挖掘并理解数列的特点以及唤醒对数列应用价值的认识。在单元整体教学视角的统领下，"斐波那契数列"课时教学设计如下：

（二）课时目标

1. 了解斐波那契数列的历史缘起，提升数学建模素养。

2. 类比等差、等比数列的研究路径和方法，探究斐波那契数列与黄金分割的关联。

3. 理解斐波那契数列通项公式的推导，体会构造法在求数列通项中的运用。

4. 感悟数学与自然、生活、科技等的契合之美，感知数学文化的博大精深。

（三）学情分析

本节内容来自数学选修二教材数列章节的阅读材料，作为学生课外知识了解和拓展，有一定综合性。新高考课标下，该内容是培养学生思维能力和数学兴趣很好的素材。学生已经掌握等差、等比数列的知识，能用相关知识解决常规问题。但是学生举一反三以及应用和创新能力有限，对一般数列相关的研究思路和方法的应用不够灵活，需要课堂上适时引导。同时二阶线性递推公式求通项是本节课的难点，是思维和运算的双重考验。

（四）教学设计实施

1. 历史回顾·溯源

距今 822 年的一天，意大利数学家斐波那契到外面散步，看到院子里有个男孩在喂一对小兔子。几个月后，斐波那契散步又到那里，发现院子里不再是一对小兔子，而是大大小小好多只兔子了。

斐波那契了解到：1 对成熟的兔子（一雄一雌）每月能生一对小兔子，而每对小兔子在它出生后的第 3 个月里，又能生 1 对小兔子。假定不发生死亡情况下，由一对初生的小兔子开始，一年内可有多少对兔子呢？

问题 1：以后各月兔子总对数你是怎样得到的呢？

问题 2：将各月兔子总对数记为 a_n，你能用数学符号刻画上述关系吗？

【设计意图】通过生活中的一个简单现象的观察，提炼出一类问题，给学生树立数学是自然的，数学家离我们并不遥远的意识。同时渗透数学眼光观察世界，数学思维思考世界，数学语言表达世界的素养意识，激发学生学习的兴趣。

2. 问题探究·理绪

问题 3：对于斐波那契数列，你觉得可以研究哪些方面的问题？

【设计意图】大问题驱动，引导学生体会研究一类问题的一般过程，明确研究内容，建立大单元学习的范式。与此同时新课标下发现和提出问题的能力，分析和解决问题的能力是"四能"的具体体现。

3. 理性推导·明意

问题 4：请尝试探究推导斐波那契数列通项公式。

【设计意图】通项公式的推导是本节课的一个教学难点，引导学生遵循思维的一般规律，化未知为已知，类比迁移，培养学生的理性思维能力，发展学生的逻辑推理和数学运算素养。

探究：excel 表中，类比等差、等比数列，分别作差、作商观察项的变化特点。

数列	作差	作商
1	0	1.0000
1	1	2.0000
2	1	1.5000
3	2	1.6667
5	3	1.6000
8	5	1.6250
13	8	1.6154
21	13	1.6190
34	21	1.6176
55	34	1.6182
89	55	1.6180
144		

问题 5：结合斐波那契数列的通项，你能理性证明这一结论吗？

问题 6：如图，以斐波那契数列的各项为边长依次作正方形，思考：

（1）各小正方形面积与斐波那契数列的项有什么关系？

（2）从图形上观察，依次得到各小正方形的面积的和与斐波那契数列的项有什么关联？

完成下列式子。

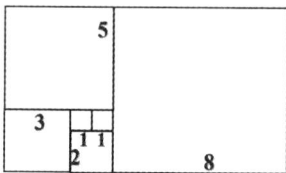

1）$a_1{}^2 + a_2{}^2 = $

2）$a_1{}^2 + a_2{}^2 + a_3{}^2 = $

3）$a_1{}^2 + a_2{}^2 + a_3{}^2 + a_4{}^2 = $

4）$a_1{}^2 + a_2{}^2 + a_3{}^2 + a_4{}^2 + a_5{}^2 = $

（3）由此你能得到更一般的猜想吗？

【设计意图】从数形两方面认识斐波那契数列的项有关性质，发展学生的直观想象素养，并由此引出斐波那契螺旋线，是与黄金分割关联的重要衔接点。

4. 回归自然·悟美

多媒体展示斐波那契数列在自然、生活、科学等各领域的价值，感悟数学之美，数学就在身边！

【设计意图】打破学科壁垒将斐波那契数列的学习拓展到各个领域，使学生体会其学科价值、应用价值、美学价值，成为提升综合素养的重要载体。

5. 课堂小结·点睛

问题 7：这节课我们是怎样开展斐波那契数列的研究？研究了哪些方面内容？（学生总结，教师完善）

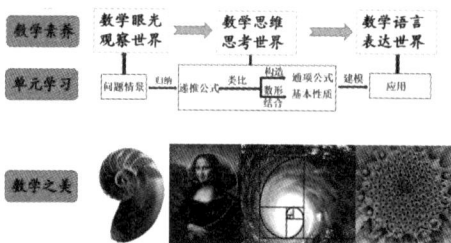

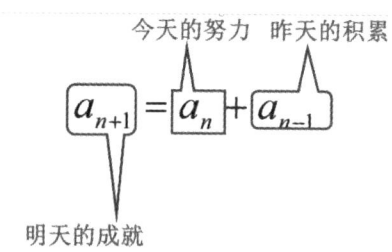

【设计意图】总结探究的过程、思路和方法，建构完整的认知结构，为学习其他知识获得迁移，培养学生提炼、总结、概括的能力。同时，渗透德育与学科融合，提升学生学习品质。

四、教学反思

高中数学阅读教材主要囊括数学历史和知识深度应用，它是一个优秀的教学资源，能够满足不同程度的学生的学习需求，同时为教师打造创新教学提供便利。此外，它也能扩大学生的数学视域，协助他们有效地提升和运用已学知识，从而增强学生对数学学习的热忱，提升教材的可读性，同时更好地展现数学教育的人文和科学价值。结合"斐波那契数列"教学设计实施案例，单元整体教学视角下课时教学设计应注意以下几点：

（一）心有蓝图，抓住单元整体教学的内核

这里的"蓝图"是指单元教学总目标下的课时目标。目标应着眼于数学的基本知识、基本技能、基本思想和基本活动经验，致力于知识的结构化构建和学科核心素养的落地生根。其主线是在关注知识技能（明线）的基础上突出事实—概念、方法—性质—应用的思维线索，让学生在思考解决问题过程中领悟思想方法（暗线）。

整体教学理论强调以"整体—部分—整体"的方式开展单元教学，突出单元与课时的一致性和连贯性。促使学生在理解内容的基础上建构内容间的结构关系网络，揭示数学本质并学会思考。

（二）问题驱动，打通单元整体教学的枢纽

问题是数学的心脏。正如案例中通过七个关键的问题打通了本节课与所在单元的联系枢纽。问题1-3旨在让学生体会研究一类问题的一般过程，建构大单元学习范式。问题4在直观感知中加强了与其他知识的联系，渗透了数学文化。问题5、6旨在引领学生遵循思维的一般规律，在更复杂的环境中理解事物间的联系，培养学生的理性思维能力，发展学生的逻辑推理和数学运算素养。问题7总结探究的过程、思路和方法，建构完整的认知结构。

（三）重视应用，体现单元整体教学的外延

数学源于应用，亦导向应用。新高考评价体系考查要求为基础性、综合性、应用性、创新性，其中应用性占"四翼"之一。阅读材料的教学更是应以"应用"贯穿全过程。如在"斐波那契数列"的教学设计案例时，引入了该数列在花形设计、建设布局、视觉艺术、音乐节奏、工艺决策等方面的实际应用，提升学生运用知识、能力和素养解决实际问题的能力，让学生充分感受到课堂所学内容蕴含的应用价值。

境脉引领下的"免疫调节"单元整体教学设计

浙江省淳安县威坪中学　刘振林

摘　要：以"免疫调节"单元教学为例，将境脉思维用于单元整体教学设计，旨在促进学生自主建构重要概念，发展学生生物学学科核心素养。

关键词：单元教学；免疫调节；重要概念；核心素养

一、单元教学内容分析及设计思路

高等动物和人体通过神经—体液—免疫调节机制，使机体维持稳态。根据《普通高中生物学课程标准（2017 年版 2020 年修订）》要求，学生学习完浙科版（2019）选择性必修一第四单元"免疫调节"内容之后，需要构建出"免疫系统能够抵御病原体的侵袭，识别并清除机体内衰老、死亡或异常的细胞，实现机体稳态"这一重要概念，明确免疫调节在维持内环境稳态中的重要地位，指向结构与功能观、稳态与平衡观的达成。单元知识结构如图 1 所示。

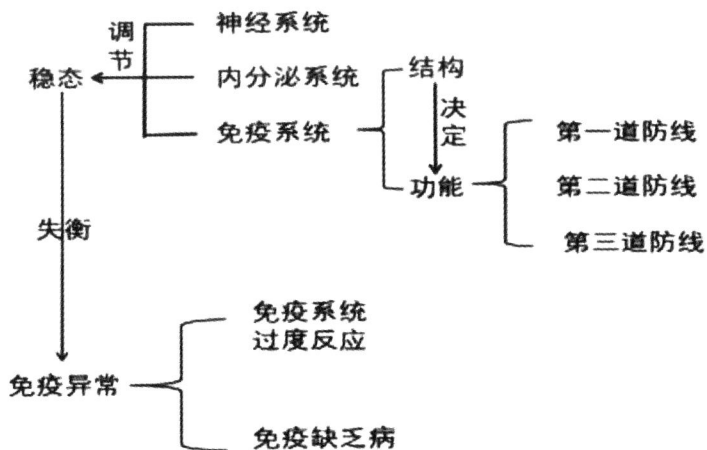

图 1　"免疫调节"单元知识结构

　　"境脉"包括情境与脉络，是学习发生的时空，一个单元就是一个完整的有主题、有逻辑、持续性的学习故事。教师将境脉理念引入单元整体教学设计，有助于学生将零散的知识结构化、系统化，进而提升其解决实际问题的能力。境脉引领下的"免疫调节"单元整体教学设计以生物学核心素养为导向，选择"艾滋病"这一社会热点为单元境脉，解构出一系列相关的课时情境，设计任务驱动学生深度学习，组织学生开展活动与评价，促进学生概念体系的建构，进而提升其解决免疫相关问题的能力。单元教学设计思路如图2所示。

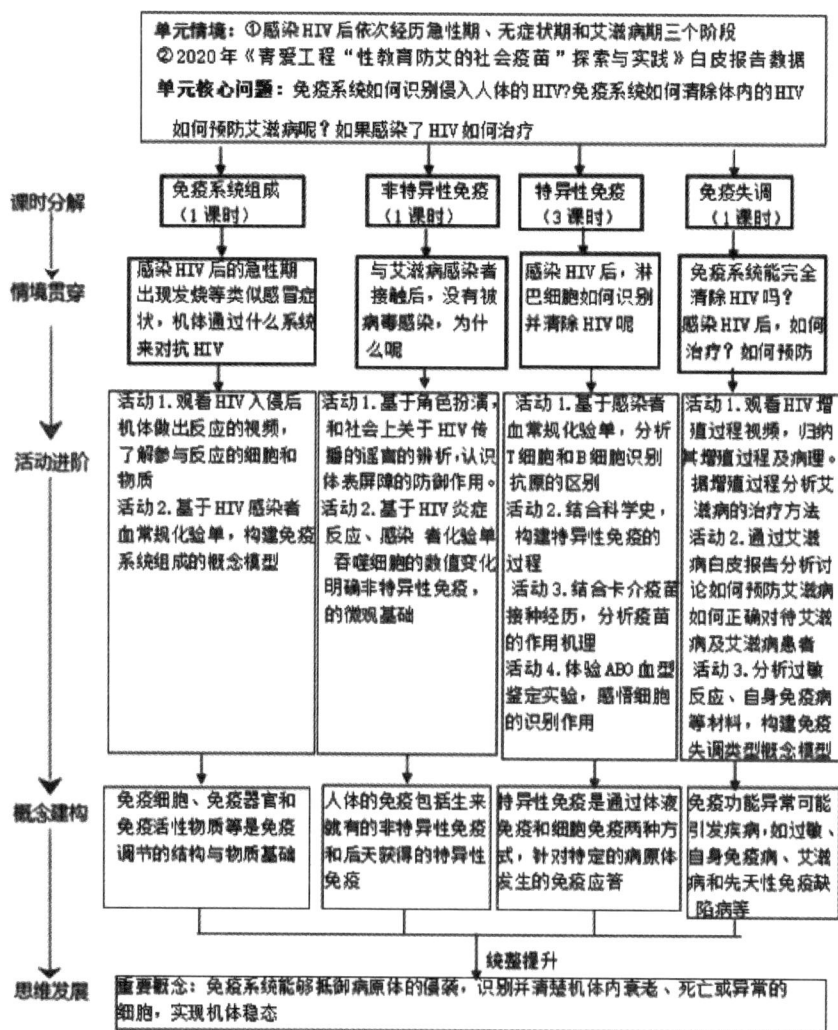

图 2　单元教学路径

二、单元教学目标

基于课程标准的要求，围绕培养学生生物学核心素养，制定如下目标。

（一）通过讨论 HIV 入侵后机体的应答过程以及分析 HIV 感染者血常规化验单数据，能基于结构与功能观，理解"免疫系统的组成与功能""细胞识别""细胞免疫""体液免疫"等概念，并尝试解释生活中的实例。

（二）通过分析免疫调节科学史和相关事实，运用归纳与概括、演绎与推理和批判性思维等方法，构建"体液免疫"和"细胞免疫"过程模型，能从系统的视角解释非特异性免疫与特异性免疫的关系，解释人体对抗 HIV 的免疫应答机制，论证疫苗的免疫预防功能。

（三）通过 ABO 血型鉴定实验及科学史料的分析等活动，提升实验分析能力以及对实验结果交流与讨论能力，并能提出免疫调节相关的生物学问题，设计实验、分析实验结果，得出合理的结论。

（四）通过对艾滋病免疫失调引发疾病的分析，能运用结构与功能观、稳态与平衡观，阐述神经—体液—免疫共同维持人体内环境稳态机制。

（五）在面对生活中涉及免疫学的真实问题，如艾滋病、肺结核等，能运用免疫学知识自主分析问题，并提出预防措施，养成健康的生活方式，并能向他人宣传预防传染病的措施。

三、主要单元教学过程

（一）主题 1：免疫系统的组成（1 课时）

教师解构单元情境，创设子情境任务 1：感染 HIV 后的急性期，感染者将出现发烧、咳嗽等类似感冒的症状，机体通过什么系统来对抗 HIV？该系统由哪些结构组成？学生可结合生病就医过程回答问题。

教师播放 HIV 入侵人体后，机体做出反应的视频，学生观看视频，结合教材内容说出吞噬细胞、B 细胞、T 细胞、抗体等在人体对抗病原体中的作用。

教师呈现 HIV 感染者急性期的血常规化验单，结合教材课外读"白细胞"

内容，学生建构白细胞的分类、比较 B 细胞和 T 细胞的发育和成熟场所；学生分析讨论报告单中白细胞的数值变化及其变化原因。

最后教师引导学生提炼次位概念：免疫细胞、免疫器官和免疫活性物质等是免疫调节的结构与物质基础。

（二）主题 2：非特异性免疫（1 课时）

教师创设子情境 2：与 HIV 感染者共进晚餐、握手、拥抱等接触，没有被病毒感染，为什么呢？生物兴趣小组角色扮演情景剧："某大学生因持续低烧一个星期，怀疑感染了 HIV 而去医院就诊的经历"。

教师设置以下问题串：

①出现低烧、咳嗽等症状能说明感染了 HIV 吗？

②如何确诊感染了 HIV？

③网传有人拿针头扎人使人被感染艾滋病，请问这种方法现实吗？

学生通过问题的解答理解了体表屏障的作用以及艾滋病传播需要具备的四要素。

教师追问：如果 HIV 突破体表屏障，进入了人体内环境，免疫细胞如何识别入侵者？

教师呈现 HIV 感染者急性期血常规化验单中中性粒细胞、单核细胞和淋巴细胞的指标变化。提出问题：中性粒细胞和单核细胞如何识别并吞噬 HIV？

学生自主学习威尔逊海绵实验，明确细胞识别依靠膜蛋白。

教师呈现：小鼠皮肤移植实验科学史，学生分析讨论"MHC 的研究历程"。明确 MHC 是免疫细胞识别抗原的基础。

教师呈现：HIV 侵入人体后引发的炎症反应、血常规化验单。设置以下问题串：

①在 HIV 侵入人体引发炎症反应时，会有哪些常见现象？

②在 HIV 侵入人体引发炎症反应时，有哪些细胞行使吞噬功能？

③吞噬细胞如何分辨病原体与自身细胞？吞噬是否具有特异性？

④吞噬细胞如何识别抗原决定簇？吞噬细胞识别抗原过程中是否关联 MHC？

⑤巨噬细胞在吞噬入侵病原体时，为什么往往会使身体发热？

教师引导学生思考解决上述问题，学生归纳总结出"MHC 是吞噬细胞实现其非特异性识别的结构基础"，吞噬细胞吞噬抗原后呈递出多种抗原 –MHC 复合体。

最后教师引导学生提炼次位概念："人体的免疫包括生来就有的非特异性免疫和后天获得的特异性免疫"。

（三）主题 3 特异性免疫（3 课时）

教师创设子情境任务 3：感染 HIV 后，淋巴细胞如何识别并清除 HIV？

结合 HIV 感染者血常规化验单中淋巴细胞及 CD4 细胞数值的变化，学生明确 HIV 主要侵染的对象以及感染 HIV 后主要依靠淋巴细胞清除 HIV。

呈现资料：HIV 中抗原决定簇的分布示意图、教材中 T 和 B 淋巴细胞识别抗原示意图。教师设置以下问题串：

① B 淋巴细胞识别抗原有什么特点？

② T 淋巴细胞识别抗原有什么特点？

学生分析得出"T 细胞和 B 细胞识别抗原的区别"。

教师呈现体液免疫的研究历程，主要有以下三个方面的科学史料："抗体的产生""B 细胞的活化""辅助性 T 细胞的活化"。

引导学生逆向溯源，从抗体由什么细胞合成并分泌、B 淋巴细胞如何活化、辅助性 T 细胞（Th）如何活化，通过科学史构建体液免疫过程的雏形。

教师播放体液免疫过程视频，并设置以下问题串：

①体液免疫分几个阶段？

②接触 HIV 前，人体内有识别该病毒的 B 细胞吗？

③接触 HIV 之前，B 细胞处于什么状态？

④ B 细胞是怎样活化的？

⑤辅助性 T 细胞是怎样活化的？

⑥ B 细胞活化后发生什么变化？

⑦抗体的作用是什么？

学生观看视频并对体液免疫过程的雏形进行修正、加工并完善、补充体液免疫的作用对象。

教师提问：入侵宿主细胞的 HIV 病毒怎么被消灭？

教师呈现细胞免疫科学研究资料，基于材料，教师设置以下问题串。

①细胞免疫分几个阶段？

②接触 HIV 前，人体内有识别该病毒的细胞毒性 T 细胞吗？

③接触 HIV 之前，细胞毒性 T 细胞处于什么状态？

④细胞毒性 T 细胞是怎样活化的？

⑤细胞毒性性 T 细胞活化后发生什么变化？

⑥细胞毒性 T 细胞活化后怎样发挥效应？

学生分析科学史、结合教材细胞免疫示意图，解决以上问题。

学生以小组为单位，在体液免疫过程的基础上构建细胞免疫流程图。

教师播放细胞免疫的过程视频，引导学生对上述细胞免疫的过程进行修正，完善，引导学生分析得出特异性免疫的本质"识别→反应→效应"。学生列表比较体液免疫和细胞免疫的区别和联系。

学生评价：教师呈现资料：HIV 感染者往往伴随感染结核杆菌，请同学们说出机体是如何清除结核杆菌的？

学生小组讨论交流并展示机体清除结合杆菌的过程，师生共同对学生展示进行评价，进一步修正流程图。

教师呈现资料：结核病是艾滋病患者常见的机会性感染之一，艾滋病患者一旦合并肺结核感染，将会加速艾滋病的病程进展，大大增加艾滋病患者的死亡率。HIV 感染者多 HIV 感染者（CD4 水平良好，无症状），可注射卡介疫苗来预防结核杆菌的感染。

教师提问："注射结核杆菌疫苗预防结核病的机理是什么？推测二次免疫的过程"

学生交流讨论并展示二次免疫的流程图，师生共同对学生展示进行评价，进一步修正二次免疫流程图。

学生活动：ABO 血型鉴定活动

学生阅读教材活动内容，教师提出以下问题串：

①血型检测的原理是什么？

②血清测定实验中出现的凝集反应，其本质是什么？

学生在理解鉴定 ABO 血型的原理基础上进行实验，实验后观察抗原抗体结合后形成的凝集现象，分析出自身的血型。

教师提问：某医生失误给病人输错了血型，将会出现什么结果？

学生预测结果，并陈述原因，教师引导学生从特异性免疫的视角去解释输错血型导致的溶血。

最后教师引导学生提炼次位概念："特异性免疫是通过体液免疫和细胞免疫两种方式，针对特定病原体发生的免疫应答"。

（四）主题 4 免疫异常（1 课时）

教师创设子情境 4：艾滋病患者为什么会持续发烧一个月，且多处淋巴结肿大？

教师引导学生复习辅助性 T 细胞在特异性免疫的作用，接着播放 HIV 侵染辅助性 T 细胞的视频，学生观看视频并用简要文字图示 HIV 增殖的过程。

教师呈现资料：感染 HIV 后经历急性期、无症状期及艾滋病期三个阶段。结合教材 HIV 和辅助性 T 细胞浓度随时间变化的曲线图，教师设置以下问题串：

①在感染 HIV 初期，感染者常出现低烧、咳嗽、淋巴结肿大等类似感冒症状，一段时间后症状消失。在此过程中，人体有哪些系统发挥了作用来维持机体的稳态？

②感染初期，为什么 HIV 浓度和辅助性 T 细胞的浓度变化差距较大？为何会出现淋巴结肿大的现象？

③无症状期，HIV 感染者体内的 HIV 病毒是否被彻底消灭？

④艾滋病期免疫系统被破坏，机会感染出现，什么是机会感染？

⑤艾滋病期患者为什么会持续发烧一个月且多处淋巴结肿大？

⑥人体免疫能力全部丧失的原因是什么？

⑦请解释艾滋病患者为何易多发肿瘤以及结核病？

学生通过解决这些问题，学生明确了 HIV 突破人体防线的过程以及 HIV 导致免疫系统失调的原因。

教师呈现材料：2020 年《青爱工程"性教育防艾的社会疫苗"探索与实践》白皮报告数据。

① 15-24 岁青年学生感染艾滋病人数呈现什么趋势？

②从个人角度出发，如何做好艾滋病的预防？

③如何对待对待 HIV 感染者和艾滋病患者？

④如果不小心感染了 HIV 怎么办？

这些问题可以引导学生主动宣传关爱生命的观念和知识，成为健康中国的促进者和实践者。

教师引导学生结合 HIV 入侵染细胞的过程，谈谈药物研发可以从哪些方面进行？探讨艾滋病的药物研发进一步渗透社会责任核心素养。

教师呈现材料：青霉素过敏反应机制、类风湿性关节炎发病机制和先天性免疫缺乏病的相关材料。

教师设置以下问题：

①什么是致敏原？过敏反应是第几次接触致敏原发病？过敏反应和体液免疫的区别是？

②过敏反应，自身免疫病及免疫缺乏病的特点及发病原因分别是？

最后教师引导学生提炼次位概念："免疫功能异常可能引发疾病，如过敏、自身免疫病、艾滋病和先天性免疫缺陷病等"。

学生构建本单元知识网络。

四、单元教学反思

境脉引领下的单元教学设计，教师需要创设单元整体情境，并将整体情境解构成一系列关联性强的子情境，逐步驱动学生的学习。教师基于学生的学情，设计学习任务、开展体现以学生为主体的活动，并进行成果的展示、交流、讨论与评价，最终统整次位概念，提升形成重要概念，在此过程中发展学生的生物学核心素养，提高解决问题的能力。

地理思维模式与地理主观题解题能力提升研究

——以高考地理主观题解题策略为例

浙江省淳安县第二中学　柯　峰

摘　要：地理思维能力是高中地理课程中至关重要的一环，对学生的综合思维能力提出了较高的要求。本文旨在探讨如何通过大单元教学来有效培养高中生的地理思维能力。通过针对性的大单元教学设计，可以激发学生的兴趣，提高他们的思维水平，从而更好地掌握地理知识，提升学习效果。本文以高中地理高考卷主观题为例，探讨了大单元教学在培养学生地理思维能力方面的优势和方法，并提出了相关建议。

关键词：大单元教学；地理思维能力；高中地理

一、引言

当前高考改革强调考查学生的综合能力和创新意识，地理学科的考试也逐渐从传统的死记硬背转向对学生的综合分析和系统思考能力的考察。从我省新高考地理卷分析，总分 100 中主观题就占 50 分，而且难度也在增大。这充分说明了高考对"获取和解读地理信息、调动和运用地理知识、描述和阐释地理事物、论证和探讨地理问题"等思维能力的重视。这使得如何提升高中生的地理思维能力成为地理教育领域亟待解决的问题。

在高考二轮复习课堂教学中主观题训练是二轮复习"挖潜"的主要所在。但是在实际的复习中，我们发现学生在加试题的读题、解题能力方面存在许多不足，导致主观题部分失分太多。因此，我从"基于大单元模式的构建提升学生地理思维能力"的方法提升学生的主观题解题能力，以期在新高考背景下第二选考取得优异成绩。

二、构建大单元教学提升高中生地理思维能力的定义与作用

（一）高中地理大单元教学构建的含义

大单元教学，是一种基于学科核心素养，打破传统课时限制，对教学内容进行重组、整合和优化，形成具有明确学习主题、目标、任务、活动、评价等要素的完整教学单位。在地理学科中，大单元教学强调以地理核心概念或主题为核心，构建跨课时、跨章节、跨学期的学习单元，通过整合相关教学资源，设计连贯、递进的教学活动，促进学生对地理知识的深入理解和综合运用。在培养高中生地理思维能力方面，大单元教学注重引导学生从整体性、系统性、关联性的角度审视地理问题，通过分析、综合、评价等思维活动，形成对地理现象、规律、过程等的深刻理解和独到见解。

（二）大单元教学提升高中生地理思维能力的作用与意义

1.有利于构建完整的地理知识体系

大单元教学通过整合相关知识点，构建具有内在逻辑联系的学习单元，有助于学生形成完整的地理知识体系，为地理思维能力的培养提供坚实的知识基础。

2.有利于培养学生的地理空间思维能力

地理学科具有独特的空间性特点，大单元教学通过设计地图阅读、空间分析等活动，培养学生的地理空间感知能力、空间想象能力和空间分析能力，进而提高学生的地理空间思维能力。

3.有利于培养学生的综合分析能力

大单元教学强调对地理问题的综合分析，引导学生从多个角度、多个层面审视问题，形成对问题的全面、深刻认识。这种教学方式有助于培养学生的综合分析能力，提高他们解决地理问题的能力。

4.有利于培养学生的创新思维能力

大单元教学注重培养学生的创新思维能力，通过设计开放性、探究性的学习任务，激发学生的好奇心和求知欲，鼓励他们提出新的观点、方法和解

决方案。这种教学方式有助于培养学生的创新意识和创新能力，为他们未来的学习和工作奠定坚实的基础。

三、基于大单元教学培养高中生地理思维模式设计的途径

大单元教学强调以学生为中心，通过整合地理教学资源、设计连贯的教学活动，引导学生从整体性、系统性的角度审视地理问题，培养他们的综合分析能力、创新思维能力以及实践能力。这种教学方式不仅能够帮助学生构建完整的地理知识体系，还能够提升他们的地理素养和综合素质。我们主要设计地理模式图和知识提纲模式两种途径：

（一）地理模式图

将地理事物、原理用框图、箭头、线条、文字等表现出来的图形叫模式图。模式图使一些概念、原理更简洁清晰、规律显示更直观。最典型的模式图有《世界气候分布模式图》《洋流分布图》等。

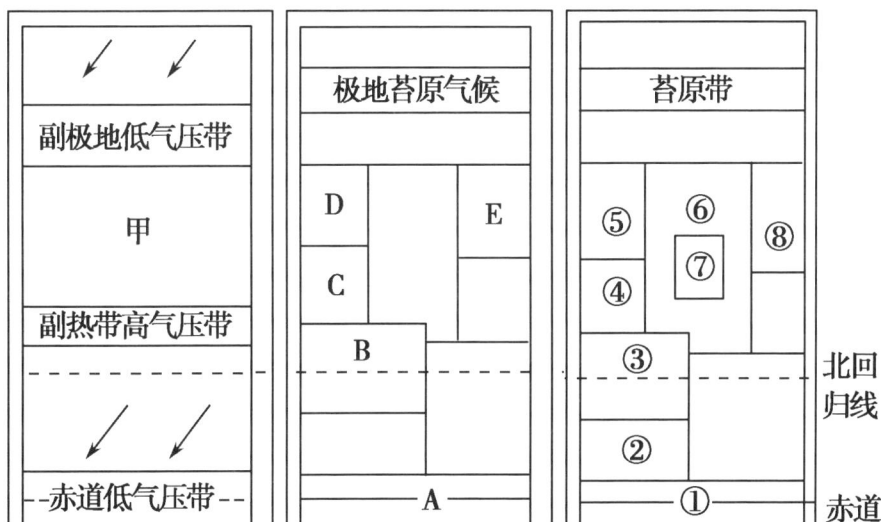

气压带与风带模式图　气候类型分布模式图　自然带分布模式图

如《世界气候分布模式图》直观地呈现了世界主要气候类型的分布规律；揭示了大气环流是形成气压带的基础；反映了纬度地带分异规律和干湿度地带

分异规律。间接呈现了《世界自然带模式图》。

案例反思：通过这类模式图的联系，可以引导学生对地理事物内在本质联系进行分析，发展学生的形象思维和逻辑思维能力，促进学生智力的发展。

（二）知识提纲模式

许多学生认为地理知识纷繁复杂，整理不出头绪来，极大地影响了学生复习地理的信心。根据浙江省新高考考试要求，学生应对考试要复习的教材有六本：其中地理必修三本，选修两本，区域地理一本（包含中国地理、世界地理），还不包括必不可少的地图册。这里我们不妨引导学生对地理知识的体系列一个提纲，形成一个骨架模式：

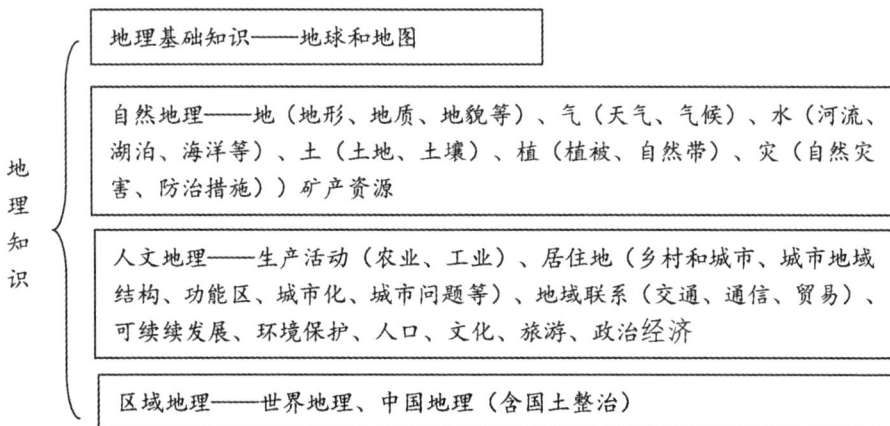

地理知识
- 地理基础知识——地球和地图
- 自然地理——地（地形、地质、地貌等）、气（天气、气候）、水（河流、湖泊、海洋等）、土（土地、土壤）、植（植被、自然带）、灾（自然灾害、防治措施））矿产资源
- 人文地理——生产活动（农业、工业）、居住地（乡村和城市、城市地域结构、功能区、城市化、城市问题等）、地域联系（交通、通信、贸易）、可续续发展、环境保护、人口、文化、旅游、政治经济
- 区域地理——世界地理、中国地理（含国土整治）

案例反思：高考要求学生掌握的知识点多而"碎"，如果让学生单纯地去识记，学生会感到既枯燥又无味，同时遗忘率又高；即使记住了，也很难应付灵活性、综合性强的高考模拟试题，从而产生挫败感：我下了功夫，却考不出好成绩。对地理学习逐渐失去信心，进而产生一种恐惧感，真可谓：见"地"而无理，有"理"讲不清。我们要帮助学生找到不同地理概念之间的联系，把零散的地理知识点构成知识链，编成知识网，这时的地理知识不再是一堆散乱的砖石，而是一座轮廓分明、线条清楚的地理知识大厦。在复习中教师要特别加强，加强新旧知识的联系，了解和掌握地理知识的结构体系。日后即使"砖石"有损，但"框架"还在，不难"修补"。例如气候相关知识的提纲模式：

气候要素
- 气温（年平均气温、最热月和最冷月气温、气温日较差、气温年较差等）
- 降水（年降水量、降水地区分布、降水季节分配、降水类型等）
- 气压和风

气候类型
- 热带（热带雨林气候、热带沙漠气候、热带季风气候、热带草原气候）
- 温带（亚热带季风气候、地中海气候、温带季风气候、温带大陆性气候、温带海洋性气候）
- 寒带（苔原气候、冰原气候）

气候形成因子
- 纬度因素
- 大气环流
- 下垫面因素（海陆分布、地形地势、洋流等）
- 人类活动的影响

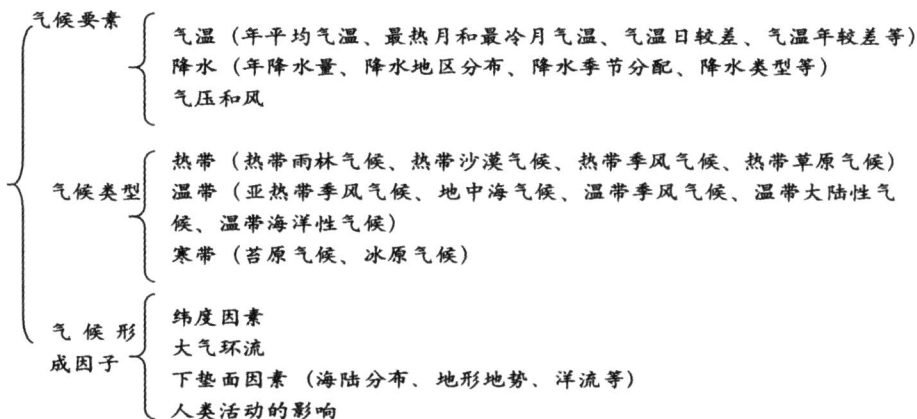

案例反思：许多地理知识是彼此相关联的，常常还可以触类旁通。利用知识提纲模式进行启发，学生往往就能举一反三、随机应变，因此在解题过程中用得较多。

四、构建大单元教学模式，提升学生地理主观题解题能力的策略

（一）建构高中地理大单元教学模式，整合同一主题知识点

在整合教学内容时，我们打破传统的教学模式，将相近的、相关的知识点根据学生的认知规律和地理学科特点，将高中必修教材的地理知识点进行有机融合与重组，形成具有逻辑性和连贯性的教学大单元。同时，根据地理学科的发展，我们还增加了新的知识点和考点。在这个过程中老师是主导，带领学生逐步学习整合同一主题的知识内容，渐渐把学生领进大单元教学建模的门，培养他们的地理思维能力。

【例题 1】读意大利波河流域图及相关资料，回答下列问题：

（2）简述波河流域的水系特征。

（3）波河丰水期持续时间较长，枯水期仅出现在夏末秋初，试分析其原因。

在高考模拟题中关于河流知识的考查的题目较常见，在这里教师可以引导学生就河流知识建构知识提纲模式，如图：

河流知识考查
- 水文特征：径流量、水位、含沙量、结冰期、汛期、流速（水能）、水能蕴藏、补给方式（雨水补给、季节性积雪融水、冰川融水、湖泊水、地下水
- 水系特征：河流长度（流程）、河网的密度（支流）、河流流域面积、流向、河流的弯曲系数（河道）等
- 河流特征：水文特征 / 水系特征

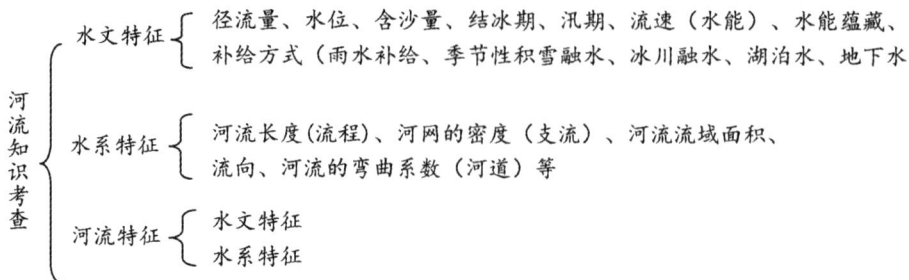

利用这一模式去分析河流水文特征、河流水系特征等问题，可以避免思路不清、分析片面。

如【例题1】第（2）小题"波河流域的水系特征"，根据知识提纲模式，答案是：干流较长，自西向东流；支流众多，基本呈南北对称分布；流域面积较大；干、支流河床比降大。

【例题1】第（3）小题"波河丰水期持续时间较长，枯水期仅出现在夏末秋初"，题中信息显示河流丰水与枯水与补给方式和补给季节有关。根据知识提纲模式中出现的补给方式及影响，组织答案为：春末夏初，气温升高，发源于阿尔卑斯山区的支流得到冰雪融水补给，形成汛期；冬春季节，大部分处于地中海气候区的波河（发源于亚平宁山脉的支流）得到雨水补给，径流丰富。所以波河的丰水期持续时间长，枯水期仅出现在夏末秋初。

案例反思：类似于河流知识可以建构知识提纲模式的地理问题有很多，如"地理特征描述、自然灾害形成原因、区位问题"等，教师在复习过程中要积极开发，将相关知识串联起来，使地理复习内容化多为少。

（二）构建有序的教学活动模式，让学生的思维动起来

高中地理大单元教学应设计有序的教学活动，循序渐进地引导学生逐步学习。教师可以通过导入、探究、讨论、总结等环节，引导学生深入理解知识，培养学生的地理知识综合运用能力。大单元教学也鼓励教学模式的创新，通过丰富多样的教学活动激发学生的学习兴趣和积极性。例如，可以采用案例分析、小组讨论、角色扮演等方式，让学生在参与中学习和掌握地理知识。这些教学活动有助于培养学生的分析、归纳和推理能力，提升他们的地理思维水平，进而增强主观题解题能力。以"XX的形成原因是什么？"为例，由学生通过问题导向来建立一个"关于原因类问题"的答题思维模式：

a、三角洲形成 { 泥沙丰厚堆积（物质条件）
水流速度较慢（动力条件）

b、酸雨形成条件 { 酸性气体（物质条件）
降水的多少（动力条件）

C、雾雨霜形成的条件 { 足够的水汽和凝结核（物质条件）
气温下降低温（动力条件）

d、黄土厚度差异条件 { 离沙尘源地近（物质条件）
风力搬运（动力条件）

发现这四个模式具有共性，因此学生大胆构建了"原因类问题的分析模式"：

XX 形成的原因 { 物质条件
动力条件

e、新疆阿克苏地区虽然土壤水分亏损严重，但当地却很<u>少发生旱灾，分析原因？</u>

关于自然灾害形成原因分析，学生构建模式是：

自然灾害成因 { 天：气候
地：地形、地貌、河流
人：人类不合理的活动

【例题2】读下列甲、乙两图回答下列问题：

（2）请比较图中两个区域农业的空间分布特点及形成原因？（12分）

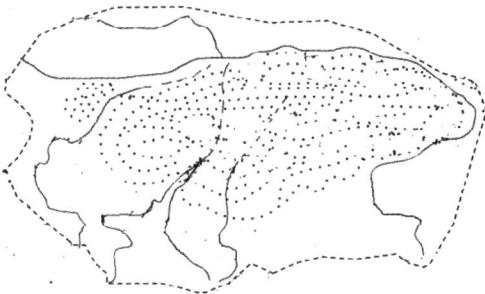

甲图

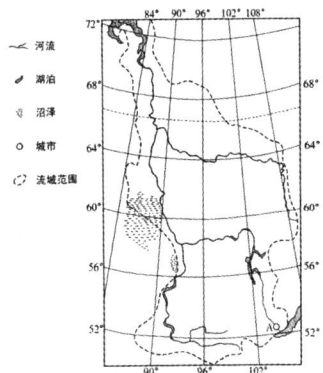

乙图

这个问题考查实质是：农业区位因素。类似的问题有"指出我国东北平原发展商品农业的优势有哪些？""太湖流域在全国的粮仓地位下降的原因是什么？"等等。

关于农业区位因素，学生构建的知识提纲模式是：

农业区位 {
自然条件：地形（平原、坡地、沼泽）、水分（降水、冰雪融水、灌溉水源等）、热量（昼夜温差）、光照、土壤（红壤、黑土）、灾害（如寒潮）、地质等
社会经济条件：如市场、交通、技术等
}

对照以上模式，结合图中信息，【例题2】（2）参考答案是：甲图（塔里木河流域）农业区的分布：在山麓冲积扇和盆地边缘（或沿河分布）的绿洲上，以绿洲农业（灌溉农业）为特色。在山麓冲积扇和盆地的边缘有绿洲分布，土壤肥沃、水源充足。

乙图（叶尼塞河流域）农业区的分布：主要集中在河流的中上游地区。由于中上游地区纬度相对较低，热量相对较多，生长期较长，农作物可以正常生长；这一区域无沼泽分布，可以进行耕作。

区位因素 {
自然条件：地形、气候、水文、植被、土壤等
社会经济条件：市场、交通、技术、劳动力、经济发展水平等
}

区位问题还有：工业区位、城市区位、商业区位、交通区位等。这些区位问题的分析都从自然条件和社会经济条件两个方面去分析，构建模式如下：

案例反思：通过大量模拟题演练，证明构建地理思维模式，是提高地理思维能力的有效途径，可以有效地提升学生四方面三层次的能力。

（三）运用多无评价，让题目信息与思维模式实现对接

在地理主观题解题过程中，学生往往会出现这样的问题：思路混乱、答题不完整、角度单一、分析不深刻、答非所问等等。这就要求老师采用考试、作业、课堂表现、实践活动等多种评价形式，全面了解学生的学习情况和表现。鼓励学生积极参与和主动探索。建立思维模式有效克服这些问题，提升解题答题能力，提高主观题的得分率。这要求学生能熟练地运用地理思维模

式，让题目信息与思维模式实现对接。

题目信息与思维模式的关系如图：

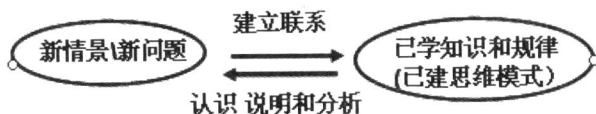

题目与思维模式的对接过程：

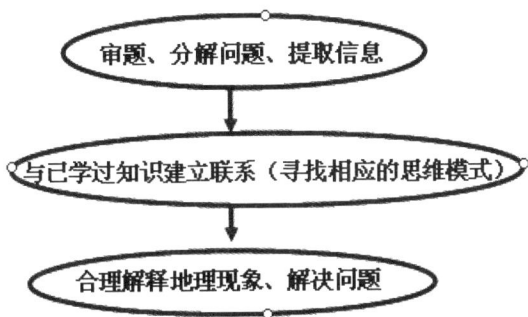

建立好思维模式之后，在分析问题和解答问题时，就可以依据模式进行分析和答题；但也不能拘泥于模式，要善于根据具体问题和情境灵活的运用、适当拓展。

【例题3】

下表是图中俄罗斯著名旅游城市索契的气候资料，读材料回答问题：

月份	1	2	3	4	5	6	7	8	9	10	11	12
平均气温（℃）	5.9	6.5	8.3	12.1	16.1	19.9	22.7	22.6	19.6	15.1	11.6	7.9
降雨量（mm）	184.5	117.2	116.0	112.8	89.6	99.7	93.3	111.7	134.0	132.7	177.0	203.2

请简要分析索契的气候特点及其形成原因。

审题获取题目信息：表格数据反映了索契的气候两大要素的资料：1-12月的平均气温和1-12月的月降水量。要求分析气候特点（把气温特点和降水特点描述清楚）；该气候的形成原因从气候形成因子的角度思考回答。对接气候相关知识提纲模式，运用该模式可以较完整地来解答这个问题。

```
          ┌                  ┌ 气温（年平均气温、最热月和最冷月气温、气温日较差、气温年较差等）
          │ 气候要素 ────────┤ 降水（年降水量、降水地区分布、降水季节分配、降水类型等）
          │                  └ 气压和风
  气       │ 气候类型          ┌ 纬度因素
  候   ────┤                  │ 大气环流
          │                  │ 下垫面因素（海陆分布、地形地势、洋流等）
          │ 气候形成因子 ─────┤ 人类活动的影响
          └                  └ 气压和风
```

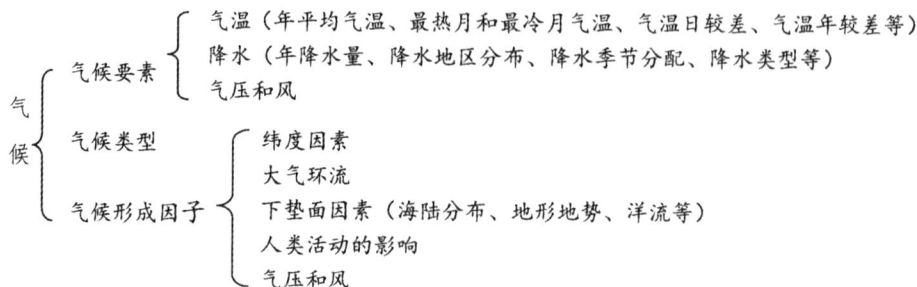

参考答案：索契的气候特点冬不冷，夏不热，气温年较差小；年降水量丰富，且季节分配较均匀（冬季温和多雨，夏季暖热湿润）。

形成原因：冬季，（大高加索）山脉阻断了来自偏北方的冷空气，气候较温和，夏季，受西风影响以及海洋（黑海）调节作用，气温不高；受来自海洋湿润气候和地形影响，终年降水量较多。

五、教学反思与展望

在高中地理复习教学过程中，在正确理解地理概念和规律的基础上，让学生学会分析地理过程，建立地理思维模式，可以使重点突出，难点分化，条理清晰，收到良好的教学效果。学生地理思维模式的建立和应用，能够启发培养学生多向思维的意识和习惯，有利于地理思维能力的提高，问题解决能力的提升。这种建立思维模式的方法在笔者今后的加试题解题教学中将继续实践追踪，让其发挥更大的作用。

剪纸模型的制作与应用

——以"遗传的分子基础"单元模块教学为例

浙江省淳安县威坪中学　王文娟

摘　要：本文主要阐述了在高中生物必修二"遗传的分子基础"单元模块中，利用身边常见的材料制成剪纸模型的磁铁教具和学具以及剪纸模型在本单元教学中应用的有效性。首先介绍了在本单元教学中运用剪纸模型突破微观概念的意义，其次详细描述了剪纸模型制作所需的材料、步骤及可用于本单元模块教学的剪纸模型的种类，最后重点介绍了本单元教学中核心知识——核酸的分子结构及遗传信息的传递和表达等的具体剪纸模型的制作及应用。通过剪纸模型的应用，帮助学生理解本单元模块中相关的微观概念，同时在参与模型的制作及模型的运用过程中激发学生的学习兴趣和创造力。

关键词：剪纸模型；制作；应用

生物学学科核心素养包括生命观念、科学思维、科学探究和社会责任，是学科育人价值的集中体现，是学生通过学习科学逐步形成的正确价值观念、必备品格和关键能力。科学思维是学生能运用科学的思维方法认识事物、解决实际问题的思维习惯和能力。科学思维包括归纳与概括、演绎与推理、模型与建模等，是学生掌握科学探究的方法、形成生命观念和承担社会责任的关键。高中生物新课标也特别强调在教学过程重视学生的动手实践经历，教师在平时的教学中应高度关注学生学习过程中的实践经历，让学生主动积极地参与动手与动脑的活动，在实践中加深对生物学概念的理解，提升应用知识的能力，培养创新精神。故教师在平时要注意挖掘教材中可让学生通过动手动脑相结合的知识模块，利用简单易操作的材料，增加学生动手实践的机会。

　　模型是一种现代科学认识手段和思维方法，2017 年版新课标将之归于科学思维的行列。高中生物学中很多地方都需要用到相关的模型，利于学生借助模型来获取、拓展和深化对知识的认识和掌握。与生物学科相关的模型有很多类别，有些类别适合课堂中手持演示，有些适合用 PPT 或者视频等多媒体演示，很少有贴在黑板上来演示的模型教具，适合学生在课堂中动手参与活动的模型就更少了。现代化教育手段的普及，利于学生理解抽象的分子生物学的相关概念，如视频或者图片呈现的素材，学生更能直观地对核酸的分子结构及遗传信息的表达和传递过程有个初步的感性认识。但学生在观看素材的过程中，只能被动地接受，没能充分参与其中，学习效率低下。"遗传的分子基础"这一单元模块的知识内容主要涉及一些微观概念的理解和掌握，通过视频或图片展示的素材，学生对相关微观概念的理解不够深刻，故笔者在进行本单元模块教学时，采用剪纸模型，呈现 DNA 和 RNA 的分子结构、DNA 的复制和遗传信息的表达过程，使学生在亲自动手操作的过程中能更直观的认识核酸的分子结构及其功能。采用的剪纸模型可根据其特性分为教具和学具，教具可重复使用，学具可供学生动手实践。本文主要介绍在"遗传的分子基础"这一单元模块的教学中所用到的剪纸模型的制作及其应用。

一、剪纸模型的制作

　　项目化学习是一种有效的教学方法，它强调学生在真实情景中进行学习，在学习过程中主动探索和解决实际问题来学习和应用知识，培养学生的综合能力及有利于学生对所学知识的深度理解。剪纸模型的类型主要包括两大类，即教具类和学具类。学校也有一些成品教具模型，如 DNA 的双螺旋模型，此教具模型可搭建 DNA 立体模型，且可扭转成立体的双螺旋。但此模型利于学生从整体上认知 DNA 的双螺旋结构，不利于学生从核苷酸水平认知 DNA 的结构。自制模型，可根据教学的实际需求制作，更完美地满足教学目的。在开展"遗传的分子基础"单元教学实践之前，教师可根据教学需要自行设计制作，也可以小组为单位与学生共同探讨设计制作。师生在运用教具或学具的过程中，根据使用体验，不断修正所用的模型，以使其更有利于学生对相关概念的理解和掌握。本单元教学中所采用的模型，具体的制作大致如下：

（一）材料

A4 纸，彩笔，硬纸板，胶水，软磁条（宽度 1CM 和 2CM），美工刀，剪刀。

（二）制作步骤

1.设计：在电脑上根据剪纸模型的特点设计好所需的图形，并打印。

2.裁剪 1：将打印好的图形用剪刀剪下来。

3.粘贴：将剪下来的图形用胶水粘贴在硬纸板上。

4.裁剪 2：沿裁剪的 A4 纸模型边缘用美工刀裁剪硬纸板。

5.贴磁片：将软磁条剪成约 5CM 的长度贴在硬纸板的背面。

制作的教具因为要贴在黑板上演示，所以模型要尽量大，便于学生观察。学具一般是学生活动用，无须很大，电脑设计好直接打印即可。学生活动课根据需要裁剪粘贴制作。

（三）剪纸模型的种类

在"遗传的分子基础"单元模块涉及的主要的微观概念有：核酸的分子结构及相应核苷酸的分子组成；DNA 的复制；遗传信息的表达。针对以上内容，本单元可制作的剪纸模型主要包括两大类：

教具类：核苷酸模型 2 类，带有特殊碱基序列的 DNA 片段，相应序列的 mRNA 模型，对应的 tRNA 若干，具体的氨基酸若干，核糖体 2 个（含大小亚基）。

学具类：DNA 的结构模型制作材料，遗传信息的表达模型活动材料。

1.核苷酸教具模型 1

构成核酸的小分子是核苷酸，核苷酸都是由戊糖、碱基和磷酸基团等小分子构成。可用电脑设计出圆形表示磷酸基团，五边形表示戊糖，六边形表示嘧啶，五边和六边的组合表示嘌呤。用小纸条来连接各小分子，将模型打印贴好并涂上不同的颜色，写上相应的字母来表示不同的碱基。本模型主要体现构成核苷酸的组成成分，可用来演示核苷酸分子的组成，也可用来演示这些小分子构成的核酸分子，具体成果如图 1 所示。这两种模型原理相同，不同的是，一个是未直接将小分子连接在一起的核苷酸组件，一个是用小纸条将各个小分子连接起来整体的核苷酸。前一个的目的在于展示组成核苷酸的小分子及核酸彻底水解的产物，故此模型需制作 8 套核苷酸分子。后一个的目的在于演示核酸片段及核酸水解的产物，故此模型需要制作若干个以便板演。

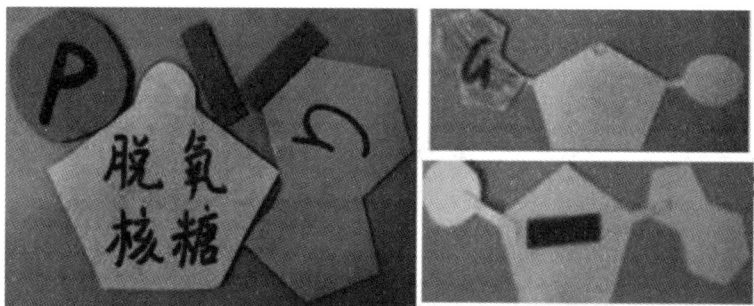

图 1　核苷酸教具模型 1

2. 核苷酸教具模型 2

构成核酸的小分子核苷酸，在不同的教学环节中体现的重点不一，有些模型只需要体现构成核酸的核苷酸序列，重在体现碱基种类，这时我们就不需要用图 1 所示的核苷酸模型。可设计如图 2 的模型，构成 DNA 和 RNA 的两大类核苷酸除了碱基的区别还有戊糖的区别，用两种颜色的横线来表示构成骨架的磷酸基团及两种戊糖。将每个核苷酸打印若干，制成剪纸磁贴模型。

图 2　核苷酸教具模型 2

3. 遗传信息的表达系列教具模型

遗传信息的表达涉及的模型多，且各个模型之间相关联，如 DNA 的模板链和 mRNA 之间及 mRNA 和 tRNA 碱基互补配对，所以设计这个模型的时候一定要有延续性，便于课堂演示的流畅。首先设计一段 DNA 序列（注意起始序列的位置），根据这个 DNA 序列制作一段碱基互补配对的 mRNA，根据这段 mRNA 上的密码，设置对应的 tRNA 和氨基酸。将 tRNA 模型打印，在其正面上部留个空位，贴上一小段磁贴条，便于将氨基酸贴在 tRNA 上，tRNA 的背面软磁贴横贴，便于其粘贴在核糖体上。根据 tRNA 模型大小设计核糖体的大小，核糖体可制成大小两个亚基，在大亚基的正面贴上一条长长的软磁贴，便于 tRNA 粘贴。

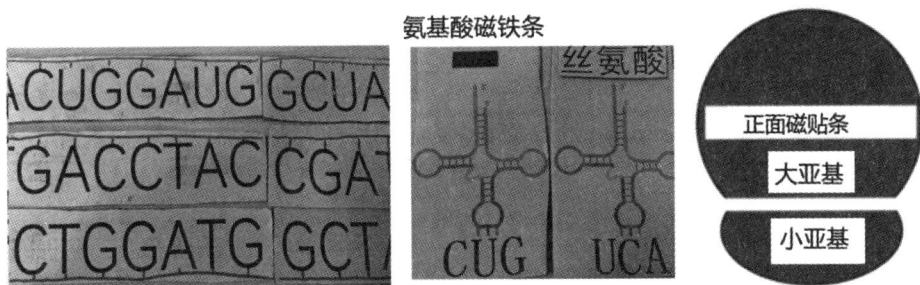

图3　遗传信息的表达系列教具模型

4.DNA 模型制作的学具模型

DNA 模型学具的制作相对教具要简单点，每组只需给一套圆形、五边形、六边形、五边和六边的组合的图形各一个，分别表示磷酸基团、戊糖、嘧啶和嘌呤。学生根据自己的需要来进行裁剪、粘贴，制成 DNA 双螺旋模型。而连接各个小分子的化学键，可由学生自由发挥创造。

5.遗传信息的表达系列的学具模型

遗传信息的表达包括转录和翻译，给学生提供一个 DNA 片段，该片段可以是教师板演时所采取的 DNA 序列，也可另设置新的碱基序列，注意相应 mRNA 上有起始密码和终止密码。含大小亚基的核糖体 2 个，相应的 tRNA 若干，含 20 种氨基酸文字 3 套。将上述材料打印，每组一套。

二、剪纸模型的应用

当今时代，数字化和虚拟化的教育手段越来越普及，也能充分帮助学生认知微观世界。高中生物教学中采取剪纸模型与现代教育手段相结合，可以丰富教学内容和形式。课堂中采取剪纸模型作为教具，可根据教师的主观意愿随取随用，提高课堂教学效率。剪纸模型作为教具和学具，学生更容易近距离地观察应用模型，并且在制作模型的活动中，加深对相关微观概念的理解。《遗传的分子基础》单元模块中剪纸模型的应用主要在以下几个方面。

（一）核酸的结构

核酸有两种，分别为 DNA 和 RNA，构成 DNA 的小分子是脱氧核糖核苷酸，RNA 的小分子是核糖核苷酸。

1. 课堂演示

在核苷酸的分子结构新课教学中，教师可准备若干上述剪纸磁贴教具模型图 1 中的含单分子的核苷酸模型，将圆形的磷酸基团、五边形的脱氧核糖和四种颜色的碱基贴在黑板上，并用纸片作为化学键将其连接起来，学生通过观察即可得出四种脱氧核苷酸的区别在于碱基不同。同样，将圆形的磷酸基团、另一种颜色的五边形表示的核糖和四种颜色的碱基贴在黑板另一边，学生可直接观察，得出 RNA 分子的结构。通过对比 DNA 的分子结构和 RNA 的分子结构，可比较得出 DNA 和 RNA 分子结构的异同。在后续的复习课中，可提供之前上课所用的核苷酸的剪纸模型，让学生自己上黑板将其摆成 8 个完整的核苷酸分子模型，在实际的操作中以达到巩固所学。

在讲述 DNA 和 RNA 的分子结构中，可将粘贴完整的核苷酸分子依次贴在黑板上，DNA 的分子片段反向平行贴两列，RNA 的分子片段贴一列，用粉笔将各个核苷酸连接起来，DNA 分子间的氢键也可用粉笔表示。教师对板贴的核酸片段做简单介绍后，可提供两组不同数量的四种核苷酸，分别让两组同学上黑板根据自己的想法贴出核酸片段，通过观察磁贴模型结果，可直观得出核酸的不同与核苷酸的排列顺序和数量有关。学生在利用核苷酸摆核酸分子的过程中，需要交流和讨论，培养团队合作和解决问题的能力。

2. 小组实践

为了增加学生的动手实践机会，在进行 DNA 分子结构相关内容的学习之后，教师将脱氧核苷酸的学具模型打印，每组一套形状作为模板。学生 4 人一小组，每小组配 4 把小剪刀，固体胶一只，剪纸模板一份，白纸一张。教师可布置学生分组制作一段含 10 个脱氧核苷酸对的核酸片段。学生根据要求计算所需要的圆形、五边形、六边形及组合图形的数量，并在六边形上写上相应的嘧啶种类，在组合图形上协商嘌呤的种类。先制成核苷酸，再将各个核苷酸连接起来。制作DNA分子模型中的各分子间的连接可由学生自由发挥，可以用小纸条、订书机或直接在白纸上用笔画。制成的 DNA 模型可贴在白纸上，也可是立体的。最后由各小组展示其成品并做简单说明，教师也可将学生作品拍成图片制成 PPT，选取制作完美的和有问题的作品作为素材，在课堂教学中师生共同点评。

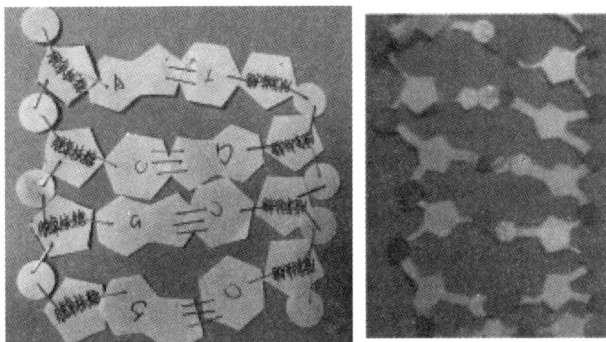

图4 DNA 结构学生成果图

（二）DNA 复制方式的探究

学生在必修一"细胞的增殖"这一单元的学习中已经了解到细胞的增殖必须要进行 DNA 的复制，复制后的 DNA 在不考虑变异的情况下和原DNA是一样的。那DNA 是如何复制才能最大限度地让子代 DNA 与亲代 DNA 保持相同的呢？浙科版教材必修二在进行 DNA 复制的教学前，先介绍了 DNA的分子结构，由此了解到 DNA 不同于脱氧核苷酸的数目和排列顺序有关，即不同的 DNA 其碱基的排列顺序不同。在此基础上进行 DNA 复制的教学，有利于学生直观而深入地理解。笔者之前在进行 DNA 复制方式的猜想教学时，通常呈现给学生的是图5所示的模式图，此图可直观呈现三种方式复制后的结果，但不能体现具体的过程。故笔者在进行本节内容的教学中做了修改，具体过程如下：

1. 准备

将上图 2 所示的脱氧核苷酸模型打印出来，剪成单个的纸片，贴在硬纸板上，纸板的背面贴上软磁贴以便于贴在黑板上，制成磁贴剪纸模型若干，每一片纸板表示一个脱氧核苷酸。在黑板上画出如图6所示的一个含有碱基的 DNA 分子片段。

2. 模拟复制过程

A. 全保留复制，将准备好的硬纸片按图 6 的顺序一个一个贴在黑板上，结果如图 7，复制结束后是图 6、图 7 两个 DNA 片段，新合成的 DNA 片段全部是用纸板，原来的 DNA 片段完全保留，此复制方式为全保留复制。

B. 半保留复制，在黑板上画出左右半边的 DNA 片段，再将准备好的脱氧核苷酸纸板按碱基互补配对原则依次贴在黑板上，结果如图 8 所示。新合成的两条 DNA 均保留有原来 DNA 的一条链，故此复制方式为半保留复制。

C. 分散复制，同样在黑板上画出一段一段的 DNA 片段，空的地方用脱氧核苷酸纸板模型按碱基互补配对原则贴在黑板上，结果如图 9 所示。新合成的两条 DNA 单链中的原 DNA 是分散的，故此为分散复制。

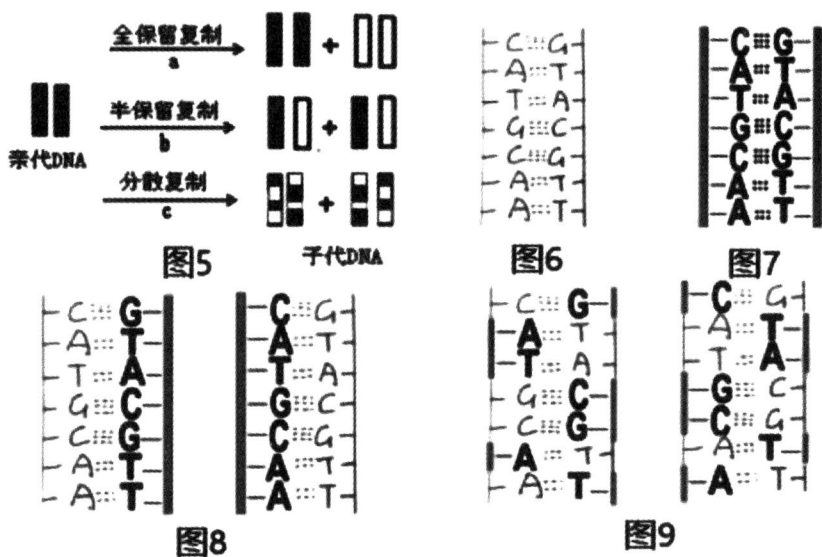

图5　子代DNA　图6　图7

图8　图9

3. 结果分析

在模拟复制的过程中，教师用制作好的硬纸板来表示一个一个的脱氧核苷酸分子，能动态的表示 DNA 的复制过程。在此动态演示过程中，学生更容易理解复制所需的原材料是脱氧核苷酸分子，而非碱基，突出碱基只是为了突出不同的核苷酸。在黑板上依次呈现三种复制方式的过程，并将其复制后的结果同时呈现在黑板上，更有利于学生对三种复制方式概念的理解。

（三）真核生物基因的表达

真核生物基因的表达包括转录和翻译两个过程，涉及的物质种类比较多，不利于学生掌握。模拟真核生物基因的表达过程可以用教具模型演示和用学具模型小组合作实践，双管齐下，加深学生对基因表达过程的理解和应用。

1. 教具演示

教师准备一段 mRNA 序列，此序列包括了起始密码子和终止密码子，并将此 mRNA 序列打印制成磁贴纸板模型，并根据这段 mRNA 设计出对应的 DNA 片段，并将这些突出碱基的核酸序列用电脑排版好。然后打印，制成剪纸磁贴模型。用准备好的脱氧核苷酸纸板模型模拟转录过程。然后将此转录出来的 mRNA 修饰，并从核孔穿出到细胞溶胶，再将核糖体的大小亚基和此 mRNA 结合，核糖体识别 mRNA 上的起始密码，相应的 tRNA 携带相应的氨基酸到核糖体内。此过程中，核糖体，tRNA 和氨基酸都是活动可贴的，便于学生理解翻译过程中各物质的动态变化过程。

2. 学具实践

教师的演示只能让学生大概了解基因的表达过程，但让学生自己实践操作，才能更深刻地掌握该过程。教师可以根据学生的作品来判断学生的知识误区，从而更精准地进行纠错。具体操作如下：

（1）准备学具模型

该模型内容主要包括一段 mRNA 序列，设置该序列同样需要注意起始密码和终止密码；61 种 tRNA 模型，这些 tRNA 的上部留空，便于贴相应的氨基酸；20 种氨基酸的文字各 3 组；含大小亚基的核糖体模型图 2 个一组，核糖体要足够大，能容纳下 2—3 个 tRNA。将这些模型用电脑排版好，并打印，每组一份。

（2）学生小组实践

学生 4 人一小组，每个小组配 3 把剪刀，固体胶一只，剪纸模型一份，白纸一张。学生在小组实践之前教师要稍做指导，如 mRNA 贴在在白纸中间偏上位置，合适位置贴上核糖体，注意起始密码子和终止密码子及选择合适的 tRNA 等等。小组 4 人的任务分配是，一人总协调，3 人负责剪各个模型，最后4人共同将所剪的模型贴在白纸上，学生成品如下图10所示。

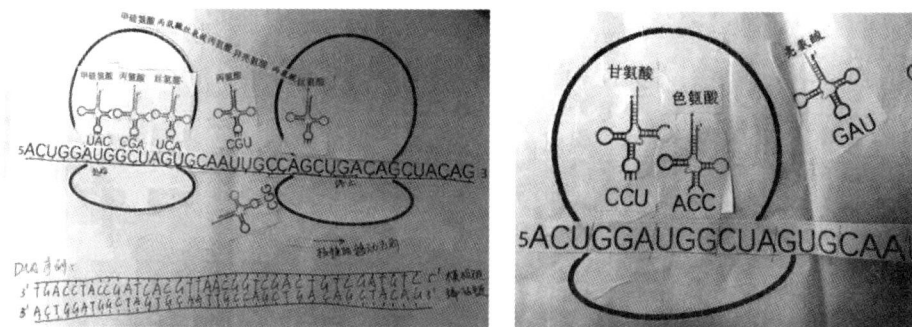

图 10　翻译模型学生成果

（3）学生成果分析

学生虽然是在上过新课之后再进行该模型的制作，对翻译的基本过程有个大概的认识，但在制作的过程中，仍然会暴露出其认知中的一些细节缺陷。教师可将学生的作品拍成照片，制成PPT，选择制作完美的和具有典型错误的作品作为素材，师生共同讨论指出其优缺点。通过对学生作品的分析，再次帮学生巩固翻译过程中一些细节问题的认识。

三、高中生物剪纸模型的思考

高中生物教学剪纸模型与现代教育手段之间存在这一定的联系和互补关系。虽然在当今时代，数字化和虚拟化的教育手段越来越普及，但传统的手工制作仍然具有一定的教育价值，并且可以与现代教育手段相结合，共同促进学生的综合发展。剪纸模型的制作需要与现代技术手段相结合，利用计算机辅助软件进行制作，然后再进行制作。高中生物浙科版教材中涉及很多的微观概念，很多均可用剪纸模型与现代教育手段相结合，丰富教学形式，提高教学效果，促进学生全面发展。

具体到剪纸模型在"遗传的分子基础"本单元模块教学中的应用，其优点主要体现在以下几个方面。一是制作成本低，本模型的制作主要是用纸、剪刀、胶水和磁铁条，材料成本低，无需购买大额的教具模型，且能根据自己的需要制作相关大小的教具和学具模型，节约成本做出更实用的教具和学具。二是材料易于获得，教具和学具的制作材料用身边常见的材料来制作，更具有可操作性。三是模型的利用率高，剪纸模型的教具制作一次可重复多次使用，剪纸模型的学具保存好制作的模板，亦可反复打印使用。四是增加学生认知微观概念的一个新途径，本单元主要是微观概念，一般以 PPT 或视频材料帮助学生认知，采用剪纸模型，板演或学生实践，多元化帮助学生认知和理解微观概念。五是学生制作剪纸模型需要裁剪和组装，实际动手操作可提高学生手眼协调能力和手工技能，剪纸模型活动课学生可以增加学生的参与感和亲身体验，培养学生动手能力、创造力和想象力。六是教师利用剪纸模型作为教具，对 DNA 的结构、复制及基因的表达过程进行讲解和演示，可根据自己的主观意愿随取随用，提高教学效果。

目前笔者对高中生物剪纸模型制作和应用主要还是停留在平面图模型，主要原因在于平时学生接触的检测题，以平面图形居多，学生动手实践制作平面图形，有利于学生理解和掌握，从而更高效的完成测试题。教师在未来的教学中，可将剪纸与橡皮泥等其他材料相结合设计并制作立体的教具或学具模型，多元化帮助学生从立体层面更深层次地认知对微观领域。并且更多的让学生参与到模型的设计中来，以培养学生的信息技术能力和创新意识。

基于新教材单元听说设计的
教学优化实践与思考

——以人教版新教材必修— Unit 5 的听说教学设计为例

浙江省淳安中学　余红华

摘　要： 新教材因其全新的编写方式受到了广大教师的欢迎，但部分教师在授课时完全照搬，忽视了学生的实际情况。本文通过教师把教材编写目的和学生实际相结合的方法，重组单元的听力教学内容，从而达到真正用好教材、提高学生听说能力的目的。

关键词： 听说教学；优化活动设计；学生主体

一、问题的提出

新教材实施以来，因其全新的编写方式，受到了广大教师的欢迎。但同时也带来了一些问题：因为编者们精心设计了各项教学任务，使得部分教师觉得只要按照书本设计的环节走就可以了，完全忽视了学生的实际情况。比如，笔者在听了备课组部分老师开设的人教版新教材必修一 Unit 5 的听说教学 "Listening and speaking" 和 "Listening and talking" 时，发现了一些问题，如：

（一）认知局限，教学任务设计碎片化

有些老师在教授 "Listening and speaking" 和 Listening and talking" 时，未能很好地理解编者设计意图，未能聚焦语篇的主题意义、关注语篇的文本类型和特征，导致所设计的听力活动形式单一，学生的学习任务碎片化。有些活动之间也没有衔接，造成过程中的脱节。学生无法从碎片化的学习任务和不流畅的教学活动中获取完整的文本信息，也就不能通过内化来达成交际的目的。

（二）思维固化，教学任务设计模式化

有些老师把听力活动设计窄化，按部就班地按照书本设计程序走，把各项任务当成听力练习或测试。只要学生把题目做对了，该项活动任务就算完成了。其实做对听力题目并不能代表学生真正听懂了文本信息。这样让学生"一听而过"的教学，对提升学生的听力水平帮助甚微。

（三）观念陈旧，学生的思维过程被淡化

听力活动属于输入性活动。教师的教学活动开展需要根据学生对课堂内容的理解情况而定。然而，部分老师为了完成自己预设的教学活动和内容，忽视了学生在听力过程所需要的思维过程。有些老师甚至在学生不能提取所需要的信息后，就直接给出答案。整堂课听起来就感觉学生一直都在被老师"牵着鼻子"走。

另外，笔者所在的学校地处县城，学生接触面有限，对语言种类了解不多。也有相当一部分学生对自己学习外语的动机并不明确，动力不足。而作为刚升入高一才几个月的学生，笔者认为他们并不了解英语的多样性，也会因为英英和美英的差异性而在学习上产生困惑。鉴于这样的学情，笔者认为本单元的听说内容定会让学生产生兴趣。但是，因知识面和听力水平的限制，学生在学习这块内容时会有比较大的难度。

二、研究的依据

（一）教材的实际运用要求

教材主编刘道义老师说过，教材设计需要靠教材编写者，而教学设计就需要靠教师了。再好的教材也存在着局限性。教师要善于发掘教材的优点，要具备根据学情灵活调整教材内容的能力，如缩减、删除、改变（教学顺序、教学活动方式等），能根据实际需要增加语篇、补充或创设新颖的活动等，以便使教材更加适应教学实际，更能激发学生的学习动机和兴趣，确有成效地提高教学质量（曾昭维）。

要使用好教材，教师要树立主题意识、语篇意识、语境意识和问题意识。听力教学不是一个让学生被动听的过程，而是一个目标驱动、建构意义的过程。它要求学生在老师的指导下，在理解意义的同时，学习语言、提高技能水平。高中英语教材的每个单元均聚焦一个核心主题，单元所有板块一起构成完整的主题意义体系。听力部分是单元主题意义的重要组成部分。教材听说活动的编排体现主题意义由理解到表达的渐进过程。教师要引导学生在理解和表达主题意义的过程中发展技能、学习策略和积淀语言（孙铁铃）。

（二）教材的设计意图要求

根据普通高中教科书《教师教学用书》，新教材"Listening and speaking"的设计意图主有四个方面：强调以听力理解为主，以口语表达为辅，侧重听力过程，重点培养学生通过听来获取信息和处理信息的能力；提供听力策略指导，发展学生的听力技能。听力策略有特殊的提示标志，并配有针对性的听力活动；重视听说技能和整合，在发展学生听力理解能力的基础上提升其口语表达能力；语音教学与听说教学相结合。语音知识作为这个板块的一个补充部分，具有一定的独立性和灵活性。

"listening and talking"板块是单元第二次听力理解和口语表达训练，其设计意图有以下四个方面：以口语表达为主，以听力理解为辅；凸显"用语言做事情"的理念，强调目标引领，重视口语表达的情境设置，将口语表达落实在"学生能够用语言做什么"上；重视口语表达策略培养；重视搭建口语表达支架，帮助学生进行有效口语表达。教材不仅为学生的口语表达提供了具体语境和功能项目，还提供了示范供学生模仿。

（三）教学听力活动的实施原则要求

1.整体性原则

教材听说活动的主线是引导学生理解和表达主题意义，因此学生精准解读听力文本的主题意义，并建立该主题意义与单元其他文本主题意义间的联系，从而建构单元整体的主题意义的过程至关重要。教师只有充分理解了听力文本在整个单元主题意义中的地位和价值，才能引导学生用好教材活动，引导学生充分解构、内化和表达主题意义。

2.一致性原则

听与说时两种密不可分的技能。听前活动经常以说的形式激活学生的背景知识。听中活动中，学生也常以说的形式反馈自己获取的信息并练习内化语言。听后活动通常听中活动的巩固和拓展。

3.渐进性原则

语言学习遵循"输入—内化—输出"的渐进原则。

4.需求性原则

学习策略的渗透要恰到好处，教师要在学生有需求的时候自然而然地引入。

此外，学生的语言水平和认知风格存在差异。教师要在教学过程中根据学生的实际情况细化活动，灵活调整活动时间和进度，以保证大多数学生能完成学习活动。

（四）授人以鱼，不如授人以渔

新教材每个单元的听说教学中都有侧重的技巧训练，如必修一 unit1 是训练学生"Predict content"的能力，unit 2 *Focus on key words*，Unit 3 *Listen for main ideas*，unit 4 *Listen for details*，unit 5 *Reference*（人称代词的指代）。但其实每次的听力训练，需要的技能并不是单一的。比如，笔者认为在学生听之前都应该指导他们根据所给的 instructions, questions and choices 等对所听的内容进行" predict content"，在听的过程中要引导他们首先"Focus on key words"，" listen for main ideas"，然后再根据活动要求" listen for details"等。

笔者在使用新教材过程中，对如何优化新教材提供的听说活动设计做了一定的实践尝试。下面笔者以必修一 Unit5"Listening and speaking" 和"Listening and talking"的教学优化设计和实践来谈谈自己的想法。

三、教学课例分析

（一）教材内容解读

人教版必修一 Unit5 的大标题是 *languages around the world*，围绕语言发展和语言学习展开，内容涉及联合国工作的语言、汉字的发展、英式英语与美式英语的区别、英语学习中遇到的困难及其建议。要求学生在本单元学习中要具有国际视野，同时还能从国家和自身发展的需要出发，了解学习语言的重要性，了解汉字对我国文化传承和发展的积极意义，以及深度思考英语学习的策略和方法。Opening page 展示的图片是联合国大会的场景。主题旨在从"建立人类命运共同体"的视角，引入语言学习这一单元主题。引言"One language sets you in a corridor for life. Two languages open every door along the way."出自当代心理语言学家 Frank Smith，经典地诠释了掌握多门语言的重要性。

"listening and speaking"板块活动主题是"Explore languages around the world"。要求学生通过听一段介绍语言和语言学习的演讲，了解联合国的工作语言，并和同伴探讨自己希望学习的外语及学习的动机和理由。听力文本信息量大，语言比较丰富。文本内容从大处着眼，小处着手，在开拓学生国际视野的同时也考虑到了学生的个人需求。"Pronunciation"部分讲的是英英和美英在发音方面的差别。笔者结合"Listening and talking"的主题，觉得该部分可作为它的一部分。"Listening and talking"板块活动主题是"Explore different kinds of English"，旨在让学生了解英语多样性的特点。listening 内容分为两部分：第一部分介绍英语的多样性，指出不同国家的人所使用的英语在发音、词汇和语法上有所差别。这种差别虽不会造成交流障碍，但会带来一些误会。第二部分是一段对话，用具体的例子说明一次因词汇不同而引发误会的具体事件。Talking 内容为"Asking for clarification"，要求学生从仿照 Task 4 编说对话。

鉴于这两个板块主题之间的延续性，笔者决定对这两个板块进行整合。因为两个听力的文本都有一定的长度，且语言比较丰富（特别是第一个听力文本），所以笔者决定提供纸质的文本给学生进一步学习。纸质文稿以挖空的形式呈现。

（二）教学目标

根据以上分析，笔者对本单元的听说教学（分两个课时完成）设置了以下教学目标：

1. 学生能够理解听力内容，获取听力文本信息；

2. 学生能够通过老师的指导训练自己的"抓大意，提细节"听力技能；

3. 学生能够运用听力中的内容和语言结构清楚、正确地完成口头表达的学习任务；

4.学生的视野得到了扩充，学习兴趣得到了激发。

（三）教学过程

第一课时（Listening and speaking /p60 – explore languages around the world）

Lead–in（听前活动）

1.利用单元标题"Language around the world"，向学生提问，"Do you know how many languages there are in the world？"以此引入本堂课话题"explore languages around the world"。同时，也探知学生在本话题方面已有的知识。

2.利用书本 Activity 1 on P60，帮助学生头脑风暴世界常用语言的种类和及使用该语言的主要国家。

Task 1 / P60

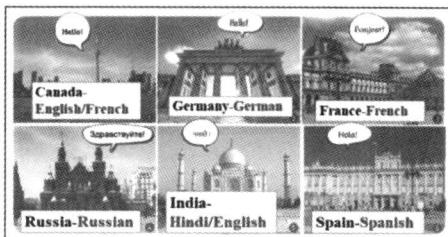

3.利用 opening page 的图片，向学生提问：Do you know where the photo was taken？

Which languages do you think are officially used there？

Opening page / P59

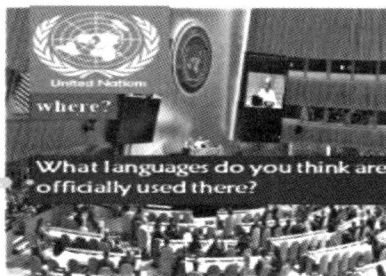

【设计说明】让学生直接关注本单元大标题，并通过提问，了解学生有关语言种类方面的已有知识，以激发他们的学习兴趣。接着展示书本呈现的 6

幅图片，让学生认识不同种类的语言，借此激发学生已有的知识或拓展新知识。接着向学生展示 opening page 中的图片，引出联合国使用什么工作语言的话题，由学生猜测，但不给出答案，由此引入听力内容。

II. Listening（听中活动）

1. 指导学生利用书本 Activity 2–4 的内容预测即将要听的内容。

【设计说明】培养学生认真读题和听前预测的习惯。

2. 播放录音，让学生听录音并完成 Activity 2–4 中的任务。播放过程中，视学生理解情况确定播放次数。

【设计说明】活动 2 培养学生关注细节的能力，要求学生选出联合国使用的工作语言和两种拥有最多 native speaker 的语言。因有了前面的铺垫，本任务没有难度。

活动 3 培养学生对主要信息的理解能力。总共有 4 个问题要回答。第一个问题是 "what is the main topic of this speech？"，第四个问题是 "What is the attitude of the speaker towards foreign language learning？"，第二、三是关于细节的（听数字）。根据学生的水平和文本的难易度，预测学生会在回答第一问题时觉得有难度，会回答成 "why people learn foreign languages"。有些老师在这个问题上可能会像听力试题那样设计选项让学生选择，这样可以降低难度、节省时间。但笔者觉得学生选对了选项，并不代表他是真的听懂了。所以笔者会根据学生回答的情况确定是否再次播放文本录音。但在重播时，会对学生进行引导，引导学生关注首段的主要内容和段落之间的衔接。

活动 4 体现本单元听力策略的互动。要求学生关注文本中的重要代词及其指代内容，建立信息间的联系。有了活动 3 重复听录音之后，学生就能比较快地捕捉到答案。

3. 让学生再次听录音，并完成对听力原文的挖空练习（自编）。

【设计说明】在教材分析中已经提到，本听力是一个演讲，文本语言丰富，值得学生研读。为了更好地指导学生特别关注文本结构和部分语法结构，笔者对文本进行了挖空设计（材料附后）。

填空完成之后，鼓励同桌之间合作学习，检查听到的答案。核对答案之后，要求学生朗读文本，进一步学习文本内容和语言。通过对文本的学习，学生对 "the main topic of the speech" 会有更清晰的理解。

III.Speaking（听后活动：说的环节）

1. 指导学生概括听力中所给出的三种人们学习外语的原因，并提问学生还有没有其他的原因。然后通过播放一个课外视频材料进行该话题的补充。

2. 利用 Activity 5 / P61，指导学生确定他们即将讨论的内容。

3. 小组活动。之后，请部分小组派代表按给出的语言要求进行 report 小组讨论的内容：

I really want to learn…

because…

My deskmate…

want to learn…

because…

【设计说明】听力文本中提供了联合国的 6 种工作语言以及人们学习外语的三种原因。Task 5 中又提供了若干语言名称及学习的原因。笔者又在课堂上播放了"沙利男孩"的视频。有了这些输入，虽然我们的学生目前只接触过英语，但他们的思维可以打开些，所以应该还是有话可说的。

IV.Further motivating（进一步激发学生的学习动力）

让学生学习部分关于学习语言的名言。

【设计说明】通过对一些引言的学习，进一步激发学生学习语言的热情。

Assignment：相关话题的文本阅读。

【设计说明】本材料是教辅提供的阅读材料。一篇为阅读理解，主题是"Languages are getting fewer"。另一篇为"七选五"，主题是"Reason to consider learning a second language"。这两篇材料可以作为课内话题的延伸、课外知识的拓展。

第二课时（Listening and talking / P65 –different kinds of English）

I. lead-in（听前活动）

利用 Pronunciation（语音练习）/ P61，指导学生学习英英和美英的主要
不同点。

【设计说明】本单元的"Pronunciation"板块内容主要帮助学生学习并了解
英式英语和美式英语在发音上的主要区别。学生在初中里已接触过些不同发
音的单词，也大概知道是英英和美英在发音上是有区别的。通过对本块内容
的学习，学生会有一个更清晰的概念，如元音字母 a 在部分字母面时，英音
发 /ɑː/，美音发 / æ/，例如：bath、fast，等等；元音字母 o 在重读闭音节中，
英音发 / ɒ /，美音发 / ɑː /，例如：dot、doddle 等等；3. 辅音字母 r 在 far、
car、park 等单词中，英音不发音，而在美音中发卷舌音 / r /。此外，还有单
词重音的区别，以及同一个单词发完全不同的音等。通过听短文，还会让学
生知道两种英语在语调和节奏上也是有差异的。

II. Listening（听中活动）

1. 让学生听第一遍并完成 Activity 1，以了解听力中谈到的英语种类。

2. 再次播放听力，让学生提取听力的主要内容：There are differences in
pronunciation, vocabulary, and grammar, but the differences cause very few
problems when people communicate with each other.

3. 让学生再听录音，完成听力文本挖空练习（自编）。

【设计说明】通过听，学生将了解 British English, American English 和
Australia English 主要在什么方面有差别，以及这些差别会不会造成交流困难。
同时，学生提取主要信息的能力得到训练。让学生通过听完成文本挖空练习，
主要是聚焦语言（单词拼写）（文本挖空练习附后）。

4. 让学生完成 Activity 2。

【设计说明】Part 2 用具体的例子说明一次因词汇不同而引发误会的具体事件。在听的时候，除了让学生听出答案外，还要引导学生留意相关的表达：

I'm sorry. What does semester mean？

Oh，you mean like⋯

The British say⋯ We usually say⋯ here in America.

Got it.

这个要求也是为后面的"talking"做准备。

III. Talking（听后活动：说）

1. 让学生朗读 Activity 3 中的词汇，辨别哪些是英英、哪些是美英词汇。然后让学生根据已有的知识，说出更多的例子，如"lorry / truck, garden / yard, holiday / vacation, post / mail, pavement / sidewalk, ground floor / first floor⋯"等。

2. 让学生朗读 Activity 4 中的对话后说出"what misunderstanding has happened"。然后指导学生提炼出下列语言并认真学习：

Er⋯ Not really⋯ Hey，wait，do you mean⋯

Oh，yes. That's what I mean by⋯

That's American / British English，isn't it？

3. 播放一个课外视频材料（关于英英和美英不同的对话），让学生记录提到的不同词汇和使用的场合。

【设计说明】这两个活动均作为学生"说"的铺垫——信息和语言的输入。

4. 让给学生学习 Activity 5 提供的内容，并选择 1~2 组进行对话练习。

【设计说明】给了一定的输入之后，训练学生的语言输出能力。

Assignment：相关话题的文本阅读。

【设计说明】本次课外作业提供的材料有：两篇阅读理解，话题分别是"differences between BE and AE"和"How to improve your written English"。这些内容可以作为对课堂内容的巩固和延伸。

四、反思与建议

如预测的那样，第一课时中学生在回答"What's the main topic of this

speech？"时卡住了。笔者播放了第二次。在重播时笔者有意地逐段播放，并让学生简要归纳段落大意，并引导学生指向本板块主题" explore languages around the world"。通过这样的分解听力训练，学生基本明白了本材料的 main topic。但在说的环节，因受视野和知识面的限制，学生在选择想学什么语言时不太顺畅，选择面比较窄，理由也比较简单、笼统。在第二课时中，因为有了较多的输入做铺垫，学生在说的这个环节，完成比较顺利。

反思本次教学设计和课堂实际操作，笔者认为，教师在进行新教材听说教学时要注意以下几点：

（一）关注内容整体，突出主题意义

教师在设计听说教学时，要先明确文本的主题意义以及教材所设计的活动对应的目的。教师只有充分理解了听力文本在整个单元主题中的地位，才能用好教材所设计的活动，才能达到预期的教学效果。单元的听说活动中涉及了不同语篇。根据材料的特点，教师需要建立起各语篇之间的联系，以更好地帮助学生建构主题意义。

（二）强化听力输入，重视表达输出

在听说教学中，课堂活动一般分为听前、听中和听后三个环节。听前活动经常以说的形式激活学生的背景知识。听中活动中，学生也常以说的形式反馈自己获取的信息并练习内化语言。听后活动通常是听中活动的巩固和拓展，旨在引导学生进一步深化或拓宽所学内容。作为高一的学生，信息和语言的贮备还不够丰富。因此，在听后活动前，一定要保证学生有足够的输入。同时，无论拓展活动采取什么形式，主题内容和目标语言要与之前的活动内容紧密相连。否则，学生就达不到巩固和拓展所学的目的。

（三）以学生为本，精心设计教学活动

要始终坚持"学生是学习的主体"。上课前，教师既要认真学习教材提供的材料，同时也要明确班级学生的学情，并能根据学情对教材所提供的教学活动进行优化设计。在听说教学中，除了听力材料外，录音中说话者的语速、发音习惯、语调等都会影响学生对材料的理解。因此，在备课时，教师一定要先听录音，了解听力材料的难易度、文本特点以及说话者的发音习惯，以便更好地设计符合学生水平的听力活动。同时，班级学生的语言水平和认知风格也是有差异的。在课堂实践中，教师要秉持让"学生的学习在课堂上真正发生"的理念，切忌为了完成教学任务而忽视学生的学习过程。教师要根据学生的能力差异和活动完成情况灵活调整活动时间、进度和活动方式，如可适当增加录音的播放次数，或设计合作学习活动，甚至改编教材提供的活动设计，让更多的学生能够解决听中困惑、深化学习效果。

五、结语

笔者认为，编写教材的专家们为教师提供了精心设计的听说活动，但学习的主体"学生"的情况是千差万别的，所以教师们在实际教学中需要认真思考，结合学情，优化专家提供的活动设计，切实提高学生的听说能力。

附一：听力挖空练习 / P60

_____ _____ _____, _____ _____ _____the only foreign language to learn is English. _____ _____, _____, nearly 7，000 languages in the world. After Chinese，the language with the most native language speakers isn't English — it's Spanish！ Learning English is very useful，_____ _____ _____ _____ _____ learn at least one other foreign language，_____ _____.

_____ _____ _____ _____ _____ people learn a foreign language. Many students choose to study one of the languages that are spoken at the UN. As they think it means _____ _____ _____in the future. The UN has six official languages：Arabic，Chinese，English，French，Russian，and Spanish. They are spoken by around 2.8 billion people as their native or second languages.

_____ _____, _____, _____ _____ study a language because of family or friends. One American girl chose to learn Danish because her grandparents were from Denmark. When she was little，her grandpa used to read letters to her in Danish from their relatives in Denmark. Another young lady started learning French because she had several friends from _____ _____ _____ French is spoken.

What do you think？ Which other language would you choose to study and why？

答　案：To some students，it seems that，There are，however，but it is wise to，if possible，There are many reasons why，better job chances，Some students，though，choose to，African countries where

附二：听力挖空练习 / P65

As many countries speak English as a first language，there are many different kinds of English around the world：_____ English，_____ English，_____ English，and _____ _____. Some English learners might ask，"Can English speakers from different countries all understand each other？" The answer is yes. People in these countries can usually understand each other _____ _____ _____ _____. There are differences in _____，_____，and _____，but those are usually not big problems. _____，those differences can cause _____ for _____ _____ _____. _____ _____，a student who has learnt British English might not be familiar with the different vocabulary that an American might use.

答案：British，American，Australian，many others，with very few problems，vocabulary，pronunciation，grammar，However，confusion，non-native English speakers，For example

基于主题意义探究的高中英语听说课教学思考与实践

——以人教版必修三 Unit1 Listening and speaking 为例

浙江省淳安县第二中学　管双梅

摘　要：以主题意义为核心展开的英语教学，能够有效整合教学内容和语言学习实践，进而推动英语学科在培养学生全面发展方面的价值实现。在高中阶段，听说教学的实施同样应紧扣主题意义，力求在听力训练中融入口语表达，口语表达中反馈听力理解，实现听说能力的相互促进和融合。在人教版必修三第一单元的听说课教学中，教师在主题意义引领下，通过分析文本，挖掘主题意义，围绕主题设定目标并开展递进的听说活动。学生在挖掘主题意义的过程中，不仅锻炼了听说能力，还拓宽了视野，提升了综合素养。

关键词：主题意义；高中英语；听说课教学

以主题意义为核心展开的英语教学，能够有效整合教学内容和语言学习实践，进而推动英语学科在培养学生全面发展方面的价值实现。主题意义探究这一教学方法，因其创意与实效并存，正逐步崭露头角，成为推动英语教学革新的核心动力。它摒弃了传统教学中过分依赖机械记忆和应试训练的模式，转而聚焦于学生的主体体验与语言学习的实际应用。通过深入剖析单元主题的内在意蕴及其外延拓展，主题意义探究致力于营造一个将知识、技能与情感紧密结合的英语学习生态，以此点燃学生的探索热情，并培养他们具备批判性思维和创新能力。这不仅是对英语学科教学模式的深刻自省，更是对学生未来成长负责，具有前瞻性的教育实践探索。

一、基于主题意义探究的听说课教学思考

听说能力是英语语言技能的重要组成部分。当前高中英语听说教学在实践中暴露出诸多问题，如活动设计缺乏系统性、教学内容分散不连贯以及探究互动停留于表面等。基于主题意义探究的教学，不仅将教学内容与语言学习融为一体，还有助于英语学科在育人方面的价值实现。在高中英语听说教学过程中，应以主题意义为核心引领，使听与说相辅相成。

语篇的主题体现了作者的主要意图，是文章探讨的核心，通过探讨主题意义，能深入地理解文章的情感态度和其中蕴含的价值观。主题式教学就是在真实语境中围绕主题开展教学，根据主题设计教学目标和具体教学要求，根据教学目标和教学要求设计教学活动，帮助学生实现认知和非认知学习目标（程晓堂，2018）。基于主题意义探究的听说教学是指深度分析听力语篇并确立主题，以主题为主线，以意义为核心，设计教学目标、语境和活动链；以听力语篇为载体，以情境为依托，以听说活动为途径，以学习策略为暗线，用关键问题推动学生自主探究主题意义，从而融合发展学生的语言能力、学习能力、思维品质和情感态度（孟碧君，2020）。在这样的听说教学模式中，听力材料不再是孤立的文本，而是承载着丰富语言和文化信息的载体。教师要依托材料，深入分析文本，挖掘文本主题意义，创设真实的语言情境，通过设计多样化的听说活动，引领学生开展探究主题意义活动。学生不再是被动的接受者，而是成为主动的学习者，他们在探究中发现问题，解决问题，在实践中感知、理解和运用语言。

二、基于主题意义探究的英语听说课教学实践

基于以上思考，为了验证有效性，围绕如何基于主题意义探究进行听说课教学的话题，以新人教版高中英语必修三第一单元 "Festivals and celebrations" 听说课为例展开了教学实践。

（一）分析文本，挖掘主题意义

该单元的话题是节日，第一课时即为听说课，听力板块从呈现不同节日

和庆祝活动入手。学生会听到发生在三个国家不同节日场景下的简短对话，对话中的人们正在参与或将要亲历不同的庆祝活动。文本所选取的三个典型节日场景都是属于跨文化交际语境，不仅每组对话中的人物来自不同的文化背景，对话者的身份和关系也不尽相同。第一篇听力对话是一段采访，一位外国记者正在采访刚参加完"成人礼"仪式的日本年轻女性，询问她的感受以及随后的庆祝活动。第二篇听力对话是两个好朋友之间的聊天，中国女孩 Li Mei 第一次体验里约狂欢节，她的外国朋友 Carla 为她提供着装建议。第三篇听力对话是中国导游向外国游客介绍元宵节习俗。这三段对话带有强烈的生活信息，真实自然并巧妙地融入了各具特色的节日文化元素，让听者在不同的语境中感知不同国家有不同的节日活动，引导听者进一步体会节日的特色与内涵。

对以上文本进行分析，可以得出其主题意义在于通过学习不同的节日，了解不同文化背景下的节日庆祝方式，感悟节日的文化意义，培养学生跨文化交流能力，增进学生对文化多样性的认识和理解。

（二）围绕主题意义设定教学目标

主题意义探究是教师设计教学目标的重要依据，基于主题意义设定教学目标能够为教学活动提供明确的方向和指导，确保教学内容和方法都围绕着预定的主题和目标进行，从而达到最佳的教学效果。

因此，本课时的教学目标应该围绕探讨三种节日的庆祝方式和文化意义这一主题而设计。本课的重点是依据听力文本信息，获取并梳理如何庆祝三个不同节日的细节信息。本课的难点是通过听三段对话，提取和整合信息并归纳出三个节日的重要活动，能利用话题词汇创造性地描述最吸引自己的中国传统节日及原因，基于以上分析，本课的教学目标有如下四点：

1. 通过图片获取信息，捕捉与主题相关的关键词，在主题语境中能口头表达一些节日的基本信息。

2. 梳理并加工所听到的信息，判断朗读者之间的关系并分析并总结材料内容，理解对话的主要内容，了解不同国家的节日的庆祝活动和意义。

3. 运用主题词汇，能口头介绍中国的某一个传统节日，并能够清晰表达该节日的意义和庆祝活动。

4.通过了解中外不同的节日文化，培养对多元文化的理解和尊重。

目标的设定既简洁又明了，紧密围绕节日的核心主题，为教师们在策划教学活动时提供了有力的指导与帮助。

（三）依据目标，展开教学

在进行主题意义教学时，教师需要采用一系列策略，诸如构建生动情境、组织层层深入的听说活动以及巧妙设计输出话题等，从而使学生能够亲身参与并深入体验对主题意义的探究之旅。

1.创设情境，引入主题

为了能让学生明确教学主题，快速导入话题，激活已有的知识和生活经验，在本课教学开始时，教师通过让学生猜测节日名字的游戏来创设情境：

活动一：学生利用教师所给信息猜测节日名字（Guess a festival），导入听力主题。

Students are asked to guess the name of the festivals according to some given clues：

Clue 1：It takes place on the fifteenth day of the lunar year.

Clue 2：People always march along the street on this day.

Clue 3：People can guess riddles on this day.

猜测线索给出后，教师提问学生：Do you know which festival it is？ 学生猜出节日后，教师继续追问：What will people do to celebrate the Chinese Lantern Festival？ 通过猜节日的游戏，学生需要观察体验所给信息，不仅激发了学生的学习兴趣，而且激活了他们的主题背景知识并处理了本课要用到的一些关于节日的词汇，为后续听力做好准备。

活动二：学生看图，识别图中描述的节日，并深层次探讨节日相关信息。

Students are asked to look at the pictures in the text and guess some information of the three festivals by answering the following questions：

（1）Can you tell us what the three festivals are？

（2）Where will they be held？

（3）What are the purposes of these two festivals？

（4）What will people do to celebrate the festivals？

通过探讨以上问题，训练学生通过观察图片获取信息的能力，学生了解这三个节日的所属国家、部分庆祝活动和庆祝节日的目的等信息，可以为后面的输出活动做好铺垫。同时，学生在讨论这两个节日时，一些主题词组，如 wear traditional costumes；dress up in carnival costumes；march along the streets；give performances 等又得到了巩固。

2. 开展层层递进的听说活动，探究主题

有效的听说活动设计与实施是听说目标达成的关键。活动设计应该以主题为引领，注重层次性和渐进性，开展递进的听说活动，引导学生参与主题意义的探究。在主题语境创设的基础上，教师开展以下听力训练活动：

活动三：学生听第一遍材料，听大意即可，建立信息关联，判断两个对话者之间的关系，总结对话中的语言特点。

Students are asked to listen and tell the relationships between the speakers：

Conversation 1：an interview and an interviewee

Conversation 2：two friends

Conversation 3：a tour guide and members of a tour group

在学生完成第一个练习，得出了朗读者之间的关系后，教师继续用问题启发学生，让学生学会总结听力技巧：How can we tell the relationships between the speakers？ 学生通过聆听说话人之间的语气（tone）、关注一些特殊问题（specific questions）等方法来判断朗读者之间的关系，教师引导学生进行对话特点（the feature of each type of conversation）的探究，以达到提高听力的目的。

活动四：学生听第二遍材料，补全以下三个句子，尝试聚焦主题相关信息。

Students listen and fill in blanks：

（1）It's _____ on becoming an adult. The girl is wearing _____colors. It took her a long time to do her __ and ___, and to get ____. She is going to meet her _____soon. Being and adult means being _____and responsible for _____and _____.

（2）Carla advises Limei to change her _____ and _____. This is because the weather is _____ and they will _____ and _____ for a long time.

（3）It's a ____ for eyes. People can guess _____ on the paper to get gifts, watch the _____ and _____ dances, as well as eat yuanxiao, a kind of

_____.

学生通过完成填空题，回顾文章的要点，帮助学生获取关键信息，充分了解不同国家这三种节日的庆祝方式和意义，从细节信息获取到重要信息归纳，为输出做好铺垫。

活动五：学生再听材料后，分三个小组对三篇对话进行角色扮演，模仿表演朗读听力材料，进一步理解主题意义。

学生再听一遍材料后分角色扮演朗读者，这需要学生去体会不同文化背景的交流方式并模仿他们的语音语调，既巩固了听力文本，又能增加学生的跨国文化知识。

3.巧设输出话题，内化主题

在学生对听力文本主题内容充分了解的前提下，教师要聚焦主题内容，设置话题，引导学生进行主题意义相关话题的表达训练。

活动六：罗列与主题相关的词汇和句型。

学生以小组的形式把听力文本中关于节日话题的词汇和句型罗列出来，比如：lantern，carnival，dress sb up，ceremony，give joyful performances 等，为输出做好准备。

活动七：迁移主题语境，结合现实进行话题输出训练。

教师布置任务语境（If you have an opportunity to be a guide in a festival museum to introduce Chinese festivals to some foreigners，which one will you choose to introduce？ And how？ ），提醒学生用所学主题的词汇和句型来表达，从节日的起源、庆祝的时间和地点、庆祝的方式等方面让学生联系实际，创设情境，迁移运用所学的知识来表达，将课本知识有效地与实际生活相联系，培养学生学以致用的能力。以下是一篇学生口头文稿：

It's my great honour to share with you the festival—the Mid-autumn Festival. The Mid-autumn Festival, an ancient festival with a long history in China, is usually celebrated on the fifteenth day in August of the lunar year. It begins with a very interesting story. Long ago ... From then on, Chinese people celebrate it on the day to memorize that important event. When the festival approaches, you will find yourself surrounded by various mooncakes in the streets or malls. People will get together to enjoy the mooncakes at home, admire the moon, visit the lantern fair, fire the firework ...

可以看出，这位学生在讨论中国节日这一话题时，表现得极为出色。他能够巧妙地运用所学知识，将节日的文化内涵和庆祝方式展现得淋漓尽致。他的语言流畅自然，思维条理清晰，此外，这位学生的发散思维和创新能力也在这篇短文中得到了充分体现。他不仅仅满足于对节日的简单描述，还能够从多个角度出发，对节日的意义和价值进行深入思考。

活动八：总结提升，加深主题意义的印象

教师在课堂临近结束时，留给学生一个课后思考的问题：Why do people celebrate Festivals？通过设问，引导学生思考节日的意义，通过对现实问题的思考，深入理解节日的文化上意义，深化主题，引导学生辩证地看待问题，培养学生的批判性思维。

实践证明，基于主题意义探究的听说课教学模式无疑是一种高效且富有成效的教学方式。这种教学方法巧妙地将教学内容与精心挑选的主题相融合，为教师创造了一个鲜活而真实的听说环境。在这样的课堂中，教师如同一位向导，引领学生深入探索主题背后的丰富内涵，激发他们的好奇心与探究欲。这样的教学模式不仅让学生沉浸于生动的语言学习中，更能够点燃他们的学习热情，让他们在兴趣的驱使下，积极主动地投入到听说练习中。同时，学生们在深入挖掘主题意义的过程中，不仅锻炼了他们的听说能力，还拓宽了他们的国际视野，提升了他们的综合素养。因此，在实际的教学过程中，教师应积极推广和应用这一教学模式，让主题意义成为听说课教学的灵魂。通过精心设计教学活动，充分利用主题意义来丰富听说课的内容与形式，让学生在轻松愉快的氛围中掌握语言技能，提升语言素养。这样的教学方式不仅有助于提高教学效果，更能为学生的全面发展奠定坚实的基础。

三、运用真实情境促发持续性探究

让学生在真实的任务情境中获得和应用知识，是实现知识、情境和学习者经验相互作用的催化剂，是推动学生克服学习惰性，持续开展体验、探究的催化剂。

四维四径：素养立意下历史情境
创设的维度与途径

——以《中外历史纲要》中国古代史部分的若干关键问题为例

浙江省淳安县第二中学　谢　灵

摘　要： 在新课程的背景下，情境不仅是达成素养目标的教学手段，也是检验素养水平的重要载体。就历史学科而言，历史情境的创设与运用是知识目标向素养目标转变的必要环节。然而，在历史学科的一线教学过程中，情境教学普遍存在机械化、简单化、零散化、灌输化等问题。针对上述问题，本文基于情境的陌生、复杂、开放和真实四个维度，以设疑、建构、探究、体验为基本路径，就历史教学过程中如何基于素养目标创设历史情境展开探索，形成"四维四径"的解决方案。

关键词： 素养立意；历史情境；四维四径

《普通高中历史课程标准（2017 年版 2020 年修订）》（以下简称《课程标准》）明确提出"使课程内容情境化，促进学科核心素养的落实"的要求，同时指出"学生能否应对和解决陌生的、复杂的、开放性的真实问题情境，是检验其核心素养水平的重要方面"。由此可见，情境不仅是达成素养目标的教学手段，也是检验素养水平的重要载体。然而，在历史学科的一线教学过程中，情境教学普遍存在机械化、简单化、零散化、灌输化等问题。那么，在历史教学过程中如何基于素养目标创设历史情境？本文结合历史学科特点，以《中外历史纲要》中国古代史部分的若干关键问题为例，基于情境的陌生、复杂、开放和真实四个维度，以设疑、建构、探究、体验为基本路径，就历史教学过程中如何基于素养目标创设历史情境展开探索。

一、思辨式设问：在陌生情境中理解历史概念的抽象

历史教学中会涉及大量抽象的历史概念，解释这部分历史概念不宜从概念到概念，从抽象到抽象。笔者以为，通过创设陌生情境，辅以思辨式的设问，让学生产生认知冲突，从而使抽象历史概念的具体化与形象化是解决这一问题的有效选择。

例如，"民族交融"是《中外历史纲要》中国古代史部分教学过程中无法避免的重要历史概念，因其抽象性，学生难以理解。尤其是教材在叙述北魏孝文帝改革的内容部分，侧重于少数民族"汉化"政策，随后又有"这些改革措施顺应了北方民族交流交往交融的历史趋势"的史论，许多学生产生"汉化"等同于"民族交融"的谬误，为让学生正确理解"民族交融"，创设以下陌生情境：

北方少数民族入主给中国北方带来了"＿＿＿＿＿＿"局面……不过在建立政权后，尤其在吸收了汉族士大夫之后，异族政权又在努力学习汉制和汉文化，自身又在"汉化"。"＿＿＿＿＿＿"和汉化的交织，就是不同民族的制度文化碰撞、冲突和融合的过程。

——阎步克《波峰与波谷：秦汉魏晋南北朝的政治文明》

设问1：材料中两处空格是同一个词，那么这个词是？（胡化）

设问2：如何区别"民族交融"与"民族融合"？

"胡化"相对学生而言是陌生概念，通过上述设计，让学生对"民族交融"有更完整深入的认知：民族之间的影响是双向的，有"汉化"亦有"胡化"，这样才有"共性"；而"交融"与"融合"的辨析，使学生认识到交流交往过程中各民族并未"合而唯一"，即保留了自己的"个性"；"共性"和"个性"并存才构成"统一多民族国家"。

二、逻辑式建构：在复杂情境中认识历史演变的多维

历史的发展演变是复杂的，面对复杂的历史事物，需要使用复杂的思维来理解。《课程标准》所强调历史情境设计的"复杂"性，绝非单纯的史料堆砌，而是要通过创设的复杂情境帮助学生建立历史事物之间的逻辑关系，使学生多角度认识历史的演变。

例如"从租庸调到两税法"，因其演变所涉及历史因素的复杂性，是《中外历史纲要》中国古代史部分教学中的重点，更是痛点。为破解这一"痛点"，笔者创设以下复杂情境：

材料一 赋役之法：每丁岁入租粟二石。调则随乡土所产，绫绢各二丈，布加五分之一。输绫绢绝者，兼调绵三两；输布者，麻三斤。凡丁，岁役二旬。若不役，则收其佣，每日三尺。

——《旧唐书·食货志上》（见《国家制度与社会治理》第 94 页）

设问 1：根据材料一指出租庸调的含义及其征收的标准。

材料二 唐初均田制与租庸调制的逻辑示意图

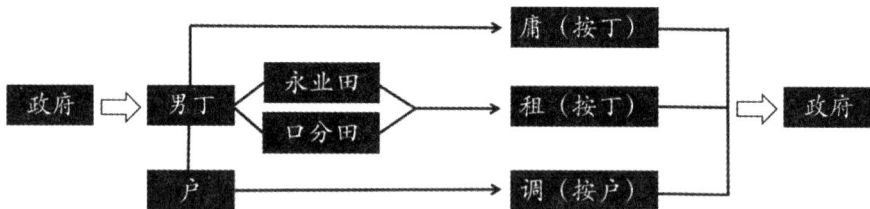

设问 2：根据材料二并结合所学，如何理解"均田制是租庸调的基础"？分析以均田制为基础的租庸调制的隐患。

关于租庸调制的隐患有两个关注点：其一，向男丁授田（均田制）是政府征收租庸调的前提，这就需要国家长期掌握大量的荒闲土地，但是受土地兼并、土地买卖、永业田等因素的影响，国家实际掌握的土地只会越来越少；其

二，租庸调主要以人丁为征收标准，就需要国家长期掌控人口、强化户籍管理，这实际也难以维持，尤其是战乱导致的户籍破坏、人口流动、隐瞒人口等因素的影响。由此可知，随着时间的推移，尤其是安史之乱后，唐初开始施行的租庸调制度必然难以推行。学生理解到这一层面，再引入以下材料：

材料三　唐初赋敛之法曰租庸调……玄宗之末，版籍浸坏，多非其实。及至德兵起，所在赋敛，迫趣取办，无复常准。赋敛之司增数而莫相统摄，各随意增科，自立色目，新故相仍，不知纪极。民富者丁多，率为官为僧以免课役，而贫者丁多无所伏匿，故上户优而下户劳。吏因缘蚕食，旬输月送，不胜困弊，率皆逃徙为浮户，其土著百无四五。至是，炎建议作两税法。

——《资治通鉴》卷 226（见《中外历史纲要（上）》第 43 页）

设问 3：根据材料三，概括租庸调制无法推行的社会原因。

经过前三个问题的探讨，使学生理解以均田制为基础的租庸调在安史之乱后无法推行的内在逻辑，接下来需要解决的逻辑问题在于：什么是两税法，两税法又是如何破解安史之乱后的国家赋税问题的？于是引入以下材料：

材料四　两税法示意图

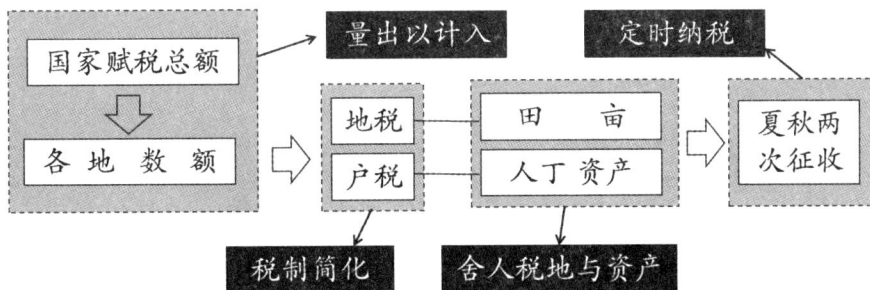

材料五　两税法简化税收名目，扩大收税对象，保证国家的财政收入。它"惟以资产为宗，不以丁身为本"，改变了自战国以来以人丁为主的赋税制度，减轻了政府对农民的人身控制。

——《中外历史纲要（上）》第 43 页

设问 4：概括材料五的观点，并结合材料三、四的信息加以论证。

《课程标准》指出："教师要注意通过历史情境的设计，让学生在体验当时人们所处的历史背景，感受当时所面临的社会问题"。租庸调到两税法的演变背后有其复杂的历史背景，涉及诸如"均田制""租庸调"等历史概念，以及"安史之乱"后的一系列社会问题。为此，需要把影响其演变的诸多历史因素逻辑化和结构化，通过复杂情境的设计，引导学生感受当时的社会问题，从而多角度的理解和认识租庸调到两税法的演变。同时，也有助于学生时空观念等素养的涵育。

三、主题式探究：在开放情境中探寻历史现象的本质

要透过历史的纷杂表象认识历史本质，离不开学生的主动探究，开放情境给学生历史问题的探究提供了必要的空间，当然，在开放情境中探究不能没有主题。

开放情境中的"开放"有两个内涵，一是情境问题的解释是开放的，没有所谓"标准答案"；二是营造情境的素材来源是多元的。前者有利于历史解释素养的培养，后者则对史料实证素养有益。

例如：以玉米图为主题的探究

图1：明朝《本草纲目》中的玉米　　图2：清朝吴其濬绘制的玉米

探讨1：图1和图2都是古代中国人对玉米的描绘，为何会有如此大的差异性？

探讨2：对同一个历史事物会有不同的描述，你认为这主要是受到哪些因素的影响？

探讨1没有唯一的答案，其设计意图侧重于学生发挥主观能动性，在合

作与探究的过程中激发思维的碰撞，发现令人信服的解释；探讨 2 则立意于对历史问题规律性的总结和提升。通过上述开放情境的设计，提升学生的历史解释素养水平。

再如：以良渚文化为主题的探究

良渚博物院，位于浙江省杭州市余杭区美丽洲路 1 号，是社会科学类考古学专题博物馆，众多良渚文化考古成果陈列其中，截至 2019 年，拥有藏品 3266 件 / 套，珍贵文物 114 件 / 套。入院的醒目处有"良渚是实证中华五千多年文明史的圣地"17 个大字。

任务 1：查阅相关资料，了解历史学范畴中"文明"的内涵，其诞生的标志有哪些不同的说法？

任务 2：参观良渚博物院，找出其中能够论证"良渚是实证中华五千多年文明史的圣地"的藏品，并说明理由。

学生历史学科核心素养的发展，绝不是取决于对现成的历史结论的记忆，而是要在解决学习问题的过程中理解历史，在说明自己对学习问题的看法中解释历史。"中国拥有五千年的文明史"绝对不能仅仅停于嘴上、留于纸面，上述开放情境的创设，不仅有利于提升学生史料实证的素养，亦能将"中国五千年文明史"的史论印刻在学生的心中，产生更加强大的认同与自信。

四、沉浸式体验：在真实情景中领悟历史事物的意义

历史是过去的事情，学生要了解和认识历史，需要了解、感受、体会历史的真实境况和当时人们所面临的实际问题，进而才能去理解历史和解释历史。理解历史事物，不仅需要理性的逻辑思维，也需要情感体验。因此在历史教学过程中，教师要注重真实情境的创设，让学生合理想象历史人物的亲身经历和感受，使其对历史事物产生情感共鸣。

例如在讲授东晋十六国这段历史时，笔者引用了王羲之及其作品《丧乱贴》。《丧乱贴》是王羲之的代表作之一，其内容描写的是王羲之在琅琊临沂的祖墓被燕军荼毒，祖墓被一毁再毁，而自己却不能奔驰前往整修祖墓，遂写作信札，表达自己的无奈和悲愤之情。为增强学生对历史事物的情感体验，创设以下真实情境：

材料一

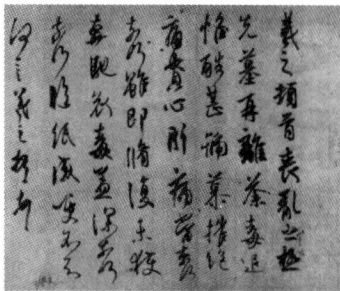

《丧乱帖》
东晋 王羲之（303—361）

东晋十六国形势图

材料二 羲之顿首，丧乱之极。先墓再离荼毒，追惟酷甚，号慕摧绝，痛贯心肝，痛当奈何奈何！虽即修复，未获奔驰，哀毒益深，奈何奈何！临纸感哽，不知何言，羲之顿首。

——王羲之《丧乱帖》（译文）

设问1：简要谈谈你所知的王羲之和《丧乱帖》，根据材料一、二，说明该作品表达了作者怎样的心情？

设问2：根据材料一并结合历史时代背景，分析王羲之"痛贯心肝"而又"未获奔驰"的原因。

历史课要能打动学生，一靠逻辑，二靠情感，情境是诱发情感的重要源头。上述真实情境的创设，能让学生走进东晋十六国这段历史，体验王羲之的真实境况，产生情感共鸣，进而理解历史，体悟历史事物的价值和意义，凸显家国情怀。

迈克尔·麦克道尔指出："培养学生将所学本领应用于新的，甚至是难以预料的情境中的能力，应该被视为一种新的基本技能。"情境创设是让学生掌握这种基本技能的基本路径，因为"真实、具体、富有价值的问题解决情境是学生学科素养形成和发展的重要载体，也为学生学科核心素养提供了真实的表现机会"。因此，在历史教学中，探寻一条基于素养目标的具有普遍可借鉴性的情境创设路径就有其重要价值。

基于深度学习的高中技术课真实情境教学实践

——以《链表数据结构》复习为例

浙江省淳安中学　徐飞翔

摘　要：学习情境与生产生活密切相关时，学生们探究程序算法问题就会有亲切感、亲历感、成就感。真实情境的创设及在教学中的应用能激发浓厚的求知欲、良好的代入感，促进学生深度学习。论文以高中信息技术二轮复习《链表》为例探究"真实情境"促"深度学习"的过程和机制。教学以"真实情境"为基础，构建"真实"课堂为核心，引导学生深度学习探究，达成高效课堂目标。依托"真实"情境，通过设计层次性教学活动，培养学生深度学习能力，提升学生信息技术核心素养，进而提高课堂教学效率。

关键词：真实情境；深度学习；信息技术；链表

《普通高中信息技术课程标准（2017 年版）》指出："信息意识、计算思维、数字化学习与创新、信息社会责任为学科核心素养。"课堂教学目标应以学科核心素养为主，兼顾总的学生发展核心素养，使学生具备适应终身发展和社会发展需要的必备品格和关键能力。如何培养并提升学生的信息技术学科核心素养是新一轮课堂教学改革的迫切需求。"双新"课改理念如何落实、课程标准倡导的深度学习教学模式如何开展等问题，成为一线教师新课程实施及课堂教学实践的热点话题。

一、晓情明义：不同视角下的真实情境教学的意义分析

（一）从选考命题视角看情境价值

浙江省"双新"高考改革最突出的特点是，依托真实情境培养学生解决实际问题的能力。技术选考中的算法 Python 编程综合大题都是以真实情境

为载体，考查学生在解决问题过程中用到的信息意识、计算思维等素养。如2024年信息技术首考第13题中以农业种植大棚的环境监控系统搭建为情境，第14题关于学校运动会学生的比赛成绩数据的加工处理为情境，第15题以社会公司单位活动的人员分组为情境等。试题以真实情境为载体围绕信息技术学科的基础核心知识，考查学生在解决实际问题中对所学知识的有效运用的倾向日益显著。

（二）从核心素养视角看情境作用

普通高中信息技术课程的教学目标是培养学生的信息意识、计算思维、数字化学习与创新和信息社会责任。学生信息技术核心素养的培养需教师在课堂上提供或创设真实情境，让学生在这个情境中通过自主学习、合作探究等学习方式，在反复运用所学知识来解决真实问题。真实情境是核心素养落地的重要载体，以真实情境开展教学有利于培养学生运用所学技术和算法解决生产和生活中实际问题能力，能促进学生的信息意识素养、计算思维素养等信息技术核心素养的培养。

（三）从学习问题视角看情境意义

在信息技术新教材和新课标的视域下，题海战术，纸上谈兵的教学方式，因其偏离考试宗旨素养导向，不能满足现状。尽管"题海""百炼成钢"的学习方式有夯实学生基础的作用，但远离生活、远离需求、缺少有效试错、缺少问题解决、停在浅层认识、缺乏深度理解的问题也逐渐显现。因此，不成方案策略。由于"题海"训练的信息技术素养缺乏动手实践的滋养，缺少问题解决过程中深度学习能力及创新能力的提升，培养信息技术的核心素养价值会被湮没。真实情境的构建是经验知识的重要桥梁，从学生学习过程中的问题也可以看出信息技术课堂的教学需求应设计真实活动情境。

二、求方问道：基于深度学习的真实情境教学的策略探寻

对于真实的教学情境的创设以培养学生的思辨能力的研究，自古以来都颇为重视，可以追溯到先秦儒家。孔子在《论语》为学篇中说的"不愤不启，

不悱不发，举一隅不以三隅反"，肯定了在教学过程中，对于问题教学，应在启发前需构建一个教学情境，才能做到举一反三。此外，构建丰富、生动的"真实"教学情境不仅能引领学生体验角色，还能在奇妙的情境氛围下让学生积极探索、深入思考，使其进入深度学习状态。

（一）基于学科教材，以境固基

信息技术学科新教材中包含许多非常经典的算法案例和活动项目。基于学科教材的情境针对性更强、结构更好，其可用性、实用性都是专家精挑细选出来的。因此，教学情境的创设基于教材才是根本所在。

（二）融入生活元素，以境促思

教育的主要目的是为了学生将来能幸福生活，提高生活品质。所以在教学过程中融入生活元素创设情境，利用学生已有生活经验，引导学生应用学科知识与技能解决生活中问题，体会技术是能学有所用，能为学生的学习动机提供长久内驱力。

（三）融于游戏元素，以境促趣

兴趣是推动学生学习最实际的内部动力。笔者发现最近几年信息技术学得好的学生大部分对计算机感兴趣、对游戏感兴趣，也有少数对编程感兴趣的学生。这里的融入游戏元素，不仅是在情境中有游戏，在游戏中学，还要结合本学科特色让学生运用已学知识设计算法开发简单游戏、完善游戏，营造出活跃课堂气氛，让学生有持久的兴趣深入学习。

三、沉潜期间：基于真实情境的层次教学活动设计

教师不仅需要创设真实、生动的活动情境，还需要积极调动学生参与课堂学习，在学生的"具体形象思维"和"抽象数据结构"之间搭上一座桥梁。接下来笔者以高中信息技术《链表》复习为例，探究信息技术课堂需具备的三个层次性的教学活动。

（一）寻点：以基础活动为基点，寻个体活动之经验

基础活动作为一节课的情境导入，其目的是快速激活学生兴趣进入学习状态，并在活动中检索大脑中原有的生活经验和知识储备，获得一些问题解决的初步经验或感受。

1. 营造氛围，激发兴趣

在复习链表数据结构时，如果是开门见山抛出书本上49页的约瑟夫问题，用纯文字的方式来讲述活动要求和注意事项，学生不仅会忽视问题、任务，还会缺乏挖掘分析有用信息、抽象与模型、设计算法的机会。不能提高学生自主探究的积极性，反而会养成只听不想的习惯。

【案例呈现】电脑游戏环节

场景：今天老师带来了很多好吃的零食，请同学们玩"剩者为王"程序模拟游戏，游戏中随机产生总人数 n 和要报的数 m，每位同学可以输入自己的幸运号码，如果最后剩下那个人的编号就是你的输入幸运号码，恭喜你就是"王"。奖品是零食一袋和免今天的课后作业中二选一。

```
总共有n人为：     27
要报的数m为：    3
请输入你的幸运号码：8
输出出队编号：    3 6 9 12 15 18 21 24 27 4 8 13 17 22 26 5 11 19 25 7 16
1 14 2 23 10
剩者为王的号码是：    20
很抱歉你的幸运号码没给你带来幸运！你是在第11个出队的。
>>>
```

图1 "剩者为王"游戏实践结果

笔者通过设计一个游戏环节"剩者为王"程序模拟游戏，让学生在电脑上亲自参与。获胜者可以免当天作业或零食一袋，激发学生的学习兴趣。

2. 唤醒已知，分析问题

设计"剩者为王"程序模拟游戏这一基础活动，并在此基础上让学生补齐"剩者为王"程序中的代码。让学生在电脑上实践体验完成游戏程序的乐趣，在这个过程中唤醒学生对链表数据结构的相关基础知识，如：创建链表、遍历链表节点、删除链表节点等代码实现。提高学生阅读程序的能力，让学生在

分析问题、抽象建模、设计算法和编程调试等解决问题过程中进行深度学习。为后续突破链表插入排序算法这个难点作铺垫。

（二）搭桥：筑核心活动之桥梁，通技术算法之见解

核心活动顾名思义是这节课最重要的、主要的活动。在学生掌握链表基本知识后，教师可设计一些核心活动，如链表的插入排序算法、链表的应用场景等。通过这些活动，引导学生深入探究链表的原理和应用，提高他们的实践能力。

1. 抽象建模，深度学习

基础活动问题设置的较为简单，缺少抽象建模的深度思维训练，也不利于学生发现链表模块中学习存在问题，复习课重要的目的是查漏补缺。所以在核心活动中，教师要懂得放手，让学生主动参与教学活动，通过一次次运用链表数据结构解决生活中真实问题，促进学生的对插入排序算法的深度学习。

【教学片段】

师：我们每天的课间操队伍是按身高从矮到高排成一队，如果我们班来了一位新同学，如何让他找到自己队伍的位置？请问采用哪种排序算法来解决这个问题是合适的?

生：插入排序

师：那插入排序用数组和用链表，那种数据结构设计的算法效率更高?

生：当然是用链表数据结构进行插入排序，因为链表节点的插入和删除操作的时间复杂度是 O（1），而数组的插入和删除操作是 O（n）。

笔者提出问题是让学生明白不同的排序算法采用不同的数据结构他们的效率是不一样的。

【案例呈现】任务 1

（1）导入已按身高排序好的本班学生信息（有班级、学号、姓名和身高 4 列数据），输入新来同学的相关信息，请用链表数据结构来完成新来同学在本班级的课间操队伍中位置，并输出。

（2）合作探究上机编程实践，教师巡视。

（3）学生汇报总结点评

在这个过程中，教师除了观察学生动手编程操作外，还要关注学生代码中的常见语法错误和算法错误，对出现的问题进行适当地引导和讲解。学生汇报总结点评环节，提高学生的反思总结、分析问题、提出问题等深度学习能力。

2.设计算法，理解算法

当完成一个同学的链表插入操作，并不能说明所有学生都已搞明白链表插入排序算法的原理，这只是插入排序其中最核心的代码，但把所有同学都用插入排序的完整代码可能还有很多细节学生是不理解的。因此在这个时候教师需要设计进阶性的情境活动，乘胜追击，让学生再次深入学习，对完整的链表插入排序算法进行重新设计，并进一步理解算法。

【案例呈现】任务2

（1）导入未排序的本班学生信息（有班级、学号、姓名和身高4列数据），请用链表数据结构来完成本班级的课间操队伍的排序，并输出全部排序好的学生信息。

（2）合作探究上机编程实践，教师巡视。

（3）学生汇报总结点评

在教学中，笔者常发现部分学生认为自己已经懂了插入排序算法，但在编程写代码的过程中经常出现一些语法和下标越界及书写漏字母，通过在电脑上机调试，能更直观的感受只要有一处错误都会导致程序运行不成功。如果是在教室光听老师讲，学生在纸质试卷上通过刷题练习肯定是不能发现自己所犯的低级错误，即使发现印象也不深刻。所以此环节的上机实践使真实情境发挥最大作用，大大提高课堂教学效果。

（三）拉线：牵创新活动之妙线，话迁移能力之成长

创新活动是这复习课中难度系数最高的活动，通过这一活动可以检验学生是否能运用已学知识进行迁移到生产领域（如工序进程问题）算法设计。创新活动还加入其他数据结构，一起更高效地解决生产生活问题。

【教学片段】

师：如果要对全年级的学生，完成各自班级课间操队伍的排序问题，我们可以怎么实现？

生：可以采用双关键字排序。

师：采用哪种数据结构？

生：采用二维数组的数据结构进行冒泡排序算法编程。

师：如果数据量很大，用冒泡排序合适吗？那我们可以采用什么手段来提高效率？

生：可以采用大数据处理的分治思想。

师：说得很对，就是把大数据先分组，然后分段排序。先把每个班的数据提取出来，然后在排序。如果用我们这节课所复习的链表结构的插入排序来解决这个问题，效率会不会高一点？（如 2023 年 1 月的首考真题中第 15 题）

【案例呈现】任务 3

（1）导入高三全年级 13 个班的学生信息（有班级、学号、姓名和身高 4 列数据），请用链表数据结构来完成每个班级的课间操队伍的排序，并输出每个班级排序好的学生信息。

（2）合作探究上机编程实践，教师巡视。

（3）学生汇报总结点评

笔者创设真实情境任务让学生思考并实践，感受不同数据结构算法设计是不同的。体会用 13 个队列代表 13 个班级的队伍地址，每个队列的存放两个元素（如队列 q1 表示 1 班，$q1^{[0]}$ 表示 1 班队伍中队首学生在链表中的地址，$q1^{[1]}$ 表示 1 班队伍中队尾学生在链表中的地址），然后利用链表的插入排序来解决问题。这个任务活动让学生能够体验到混合数据结构带来的效率提升，课后也可以让学生把今天所复习的知识迁移应用到生产领域的工件加工根据到达时间的多优先级排序问题。

在本节复习课的实践过程中，根据学生的完成情况统计得知，基础活动和核心活动学生任务完成度高，但创新活动难度太大，预留的时间少，半数学生还是没能完成编程调试。

四、结语："真实情境"教学实践之反思及展望

通过长时间的以"真实情境"促"深度学习"的教学模式实践，发现通过创设真实情境和鼓励学生参与层次活动，有助于激发学生的学习兴趣和动

力；有助于提升学生的实践能力，即在真实情境中学生需要主动参与并解决实际问题能力；有助于促进知识的深度学习，即通过层次活动的设计，学生可以逐步掌握和应用知识，从而更深入地理解和掌握相关概念和技能。

　　然而，教师需要具备专业知识和经验，同时要面对一些潜在的挑战。因此，在实施该教学模式时，教师应根据学生的需求和实际情况进行适当的调整和优化，以提高教学效果。让学生在上机编程实践中不断探索和积累经验，体会信息技术的独特魅力，形成自然灵动的课堂，同时培养学生的信息素养。

以情境为依托的跨媒介鉴赏《登泰山记》实践研究

浙江省淳安中学　李淑婷

摘　要：新课标核心素养要求下的高中语文文言文教学，对比传统文言文教学，既保留了传统要求下对重要文言字词句的理解，实现一定程度语言建构和运用的能力，同时更注重思维、审美、文化三方面的能力的培养。本文尝试在游记散文《登泰山记》的教学中，融入多样化的媒体方式和生活情境，从中探求游记类文言文更符合新课标要求、更行之有效的教学方式，让学生沉浸式、代入式地感受、理解、品味文本，并使其形成批判性思维能力、良好的审美鉴赏和创造能力，以及主动认识、传承和发扬中华传统文化的心态和意识。

关键词：核心素养；游记类古文；跨媒介教学；情境任务

一、研究缘起

新版《普通高中课程方案和语文等学科课程标准》提出语文学科核心素养的概念，它包括语言建构与运用、思维发展与提升、审美的鉴赏和创造、文化的传承和理解四个方面。这四个方面并非完全并列，在具体的语料中，往往彼此交叉延伸，互相渗透，构成立体多面的学习探究空间。这一特点较集中体现在文学类文本，尤其是中国古代游记类散文的欣赏和学习中。

首先，文言文本身要求学生对古代汉语有一定的积累和建构，包括实词、虚词、句式等的理解梳理和整合运用。其次，文言文由于是古人所写，其内容和今天的读者有着不可消弭的时空距离，要求学生在阅读时充分调动直觉思维、形象思维、逻辑思维和创造思维等多种思维方式和能力，实现对作品感性和理性的双重获得。再次，经典文言文中所体现的中国古人对美的感知、理解和表达，皆富于古典的、高雅的审美意识和审美情趣，涵咏鉴赏古文，有助于学生形成理解美、表达美和创造美的能力。最后，古人在特定的历史文化中用古代汉语创造的文章，从语言文字、审美倾向、理想追求、道德品质等多方面凝聚了中华传统文化特征，学习优秀古文，理解体悟其中蕴含的传统文化内涵，正满足时代对今人树立文化自信的迫切要求。

　　然而，由于存在语言文字使用习惯和时空距离的双重隔阂，且学生缺少足够的阅读方法经验和人生阅历，学生在阅读欣赏古文时，对语言文字的把握往往是字不成句，句不成段，段不成篇，字词句承载的信息彼此割裂，而非将其作为有机的统一整体看待，导致内容理解不细、情感体验不真、主旨把握不深等诸多问题，更遑论审美感悟和文化理解。

　　因此，笔者在教学《登泰山记》一文时，顺应新课标要求，尝试借鉴引入网络信息文化传播的方式，创设活动情境，用跨媒介学习等方法开展文本教学活动，力求帮助学生沉浸式、代入式体验文本内容，拉近学生和古人、古文的认知与情感距离，使其获得审美感受、文化理解，从而形成积极向上的审美情趣、自信豁朗的文化意识。

二、方法介绍

（一）作品简介

《登泰山记》选自必修上册第七单元人与自然专题，是清代姚鼐于乾隆三十九年致仕告归，道经泰安，偕挚友泰安知府朱孝纯登泰山后写下的游记散文。文章叙述作者与友人冬日登泰山观日出的经过，生动地表现了雪后初晴的瑰丽景色和日出时的雄浑景象，抒发了作者赞美祖国河山的情怀。文章壮阔的宏景和生动的细节相互观照，语言简洁生动、明快畅达、素朴雅正，基调积极、乐观、豪迈，是清代散文的佳作。

　　而且，从文化的角度看，泰山作为五岳之首，是中国古代重要的文化符号，承载着丰富深厚的地理历史文化内涵。始于始皇的帝王封禅、祭祀，"登东山而小鲁，登泰山而小天下"的文人登高抒发壮怀，"人固有一死，或重于泰山，或轻于鸿毛"的君子生命意义的寄托和象征，等等。这些文化，也凝结沉淀在泰山寺庙、宫、观等古建筑群或古遗址以及大小碑碣、摩崖石刻等历史遗迹中。总之，泰山历史文化、自然风光、地质奇观和谐融为一体，具有特殊的历史、文化、美学价值，而这些价值《登泰山记》都有所体现。

（二）方法说明

鉴赏游记散文一般涉及游踪、景物、情感、手法等四个维度，即要把握作者游览的顺序，作者重点描写的景物，作者通过景物描写或其他方式表达的情感以及作者描写景物、表达情感的主要方法。如果按照传统的方式教学，那么课堂一般是按部就班地对这四个角度进行分析，再加上前文所述的文言文教学的一般难题，课堂很容易流于流水账似的单调、乏味，自然很难激发学生的学习热情、主动性、创造性，最终语文学科四个核心素养一个都难以真正落实。

因此，笔者尝试借鉴数字化、信息化的新媒介表达方式，创造网络普及时代的具体、真实的生活情境，把古文内容转化成现代生活内容，与现代人的生活方式相融合，让学生在沉浸文本、代入作者的体验中，理解文意，鉴赏景物，体味情感，感受文化。同时，把握真实生活场景、其他媒体等不同情境表达的语言特点及写作要求，实现跨媒介表达方式的认知和表达能力的训练。

具体方式包括：

写导游词并课堂扮演导游开场词。《登泰山记》第一段对泰山的整体格局做了简单介绍，教师课堂上提供一张基本符合第一段内容的图片，学生活动任务是根据课堂提供的情境，结合课文内容和图片，写导游开场词并进行课堂展示。

梳理登山过程，进行登山直播。《登泰山记》第二段中间部分"是月丁末……及既上……"，主要交代了登山过程。这一部分学生的活动任务是梳理登山过程，以自媒体人的身份进行直播演绎。

分析景物描写，设计泰山景观电视散文的镜头和旁白配词。《登泰山记》第二段末尾登上山顶，其后内容主要为登顶所见和山上的人文及自然景观，内容转换自然，呈现出自然的镜头感；画面既有大开大合的壮观美，又不失具体生动的细节美；语言简洁凝练而明快雅正，比较适合改写成意蕴隽永的现代散文。因此，学生活动任务是分解画面，转化成镜头语言，并写电视散文旁白词。

三、操作过程

（一）写导游词，课堂演绎

情境任务：

今天，我们一起去山东省泰安市泰山风景区游玩，你是泰山景区导游。现在，我们已经到达泰山脚下景区入口，景区入口有一幅泰山地貌图。请根据姚鼐《登泰山记》的第一段，结合泰山地貌图，做一个导游开场，可适当增加内容。

学生活动：课堂准备并展示。

学生在展示过程中关注两个问题：一是文本内容理解是否准确，关键词是否把握到位，包括泰山整体格局分布、阳和阴的意思。二是导游词作为实用类口头语言的主要特点。

优秀导游词开场展示如下：（教师有修改）

各位来自浙江的朋友，大家好！欢迎来到我们山东泰安。我是这边的导游小 X，今天就由我来带领大家领略五岳之尊泰山的风采。

泰山位于山东省中部，隶属于我们泰安市。泰山总体呈东西走向。泰山南面有一条西南流向的汶水，北面有一条东流入海的济水，它们就像两条银白的绸带轻轻地缠绕着巍巍泰山。泰山南面山谷中的水流都汇入汶水中，而背面山谷中的水流都汇入济水。泰山南北的分界处有一段春秋时齐国修建的古长城，距今已有 2500 多年，这也是当时齐鲁两国的分界线。古长城南面十五里处是泰山的最高峰日观峰。泰山是华北平原最高的山，登上泰山之巅，我们就可以感受先贤孔子"登泰山而小天下"的视野和胸怀。那我们现在就出发吧！

总结：导游词重在介绍说明景物，其基本特点为：以说明性语言为主，表达简洁准确；适当以描写性语言加以点缀，为表达增添一点感染力；要与游客交流，有对话感。

（二）梳理登山过程，进行登山直播

情境任务：

你是一个网红旅游博主兼自媒体人，经常在网络平台发布游历山川的自拍视频，由于介绍专业，现场感强，深受广大网友喜爱。12 月 28 日，你和朋

友泰安市市长朱子颖一起雪中登泰山。请根据第二段相关内容，发布一个登山直播，根据文本内容分成几个片段。

提醒：直播需要镜头呈现，梳理登山过程要兼顾镜头切换，根据需求划分片段。

学生活动：学生准备并展示。

这一部分同学们展示过程中反映出的主要问题：一是"南面有三谷"理解成东、西、南三谷；二是中间"古时登山……余所不至也"没有理解是插入语段，非登山过程；三是作为自媒体直播，一开四同学在展示时现场的情境感不强，没有很好的代入感。

活动成果展示（教师有修改）

语段分析如下表：

登山过程环节	说　明
是月丁未，与知府朱孝纯子颖由南麓登。四十五里，道皆砌石为磴，其级七千有余。	总体介绍
泰山正南面有三谷。中谷绕泰安城下，郦道元所谓环水也。余始循以入，	介绍山谷分布，说明入山地点
道少半，越中岭，复循西谷遂至其巅。今所经中岭及山巅，崖限当道者，世皆谓之天门云。道中迷雾冰滑，磴几不可登。	中途转道西谷，交代途中所见和道路情况。
古时登山，循东谷入，道有天门。东谷者，古谓之天门溪水，余所不至也。	插入说明古人登山常选东谷，此处非作者登山内容
及既上，苍山负雪，明烛天南；望晚日照城郭，汶水、徂徕如画，而半山居雾若带然。	登顶及眺远所见

直播配文如下：

阶段1：大家好！今天是乾隆三十九年十二月二十八日，今天我们要挑战的是雪中登泰山。现在我们就站在泰山南面的山脚处。大家看我身后，这条直上云霄的石阶全都是由石头垒砌而成的，一共有四十五里长，7000多级。大家可以想象一下，在那种没有机械，工程完全靠人力的时代，修建成这样一条普通石阶，需要怎样的人力和智慧。

阶段2：泰山正南面一共有三条山谷，我们今天是沿着中谷入山的，我们现在站在中岭前，这里接近中谷的中点。大家向下看，中谷的水环绕泰安市，所以北魏地理学家郦道元称它为环水。接下去我们要翻过中岭到西谷去，再沿着西谷登顶。

其实古人登泰山一般都是沿着东谷上山，登山道中有天门，所以古人也称东谷为天门溪水。不过，东谷我没有到达过。

阶段3：刚刚我们翻过中岭，来到西谷。大家可以看到，从这里通往山顶的路上也是大雾弥漫，而且石阶上结了冰，十分滑溜，几乎不能攀登了，我们每走一步都要十分小心。

大家看，我们现在经过的中岭和山顶，这些像门槛一样挡在路上的山崖，就是世人所说的"天门"了。

阶段4：哇哦！这里就是泰山之巅了！看，青黑色的山上都覆盖着皑皑白雪，南面入夜昏暗的天空被雪反射的光照亮了。夕阳下的泰山市、汶水、徂徕山风景如画，那山腰萦绕的云雾好像是一条静静停驻的轻盈飘带。我想，"夕阳在西峰，叠翠负白雪"大概就是我们现在看到的样子吧！

总结：自媒体直播语言和导游词特点总体接近。相比较而言，导游语言更重在游览观赏对象，以及与游客的交流；自媒体语言重在"我"的所见所闻、所思所感，以及与观众的交流，所更自由、更自我。

（三）转化镜头语言，写电视散文配词

情境任务：

央视新出一档节目——《文学中的山川》，旨在用现代化的拍摄技术再现文学作品中的经典画面。这一期节目拍摄的是姚鼐的《登泰山记》，你是这个节目的导演。请根据原文为本期节目写好分镜设计，并为每个镜头写一个旁白文案，要求语言简洁、生动、雅致。

介绍镜头基本知识：

根据上图，从大远景到大特写，镜头包含的空间逐渐变小，呈现对象逐渐变大。从表现大场景到聚焦小细节，不同类型的镜头有着各自不同的功能。多种类型的镜头巧妙组合切换，往往就构成一个具有观赏性的影视片段。

情境活动任务过程：

学生分解文本内容，完成下表，并课堂展示。注意：内容分解片段根据需要调整。

片段分解	画面内容	运镜设计	旁白文字

学生准备并课堂展示。

这一部分情境活动任务的主要难点在于：一是片段分解如何更合理；二是原文内容准确理解，并选取合适的镜头类型加以表现；三是用准确生动凝练雅致的语言加以描述；四是课堂展示时选用合适的语气语调营造一种自然的壮美和人文的厚重感。

教师提供示例：片段一

片段分解	画面内容	运镜设计	旁白文字
片段一	戊申晦，五鼓，与子颍坐日观亭，待日出。大风扬积雪击面。亭东自足下皆云漫	先用中远景，聚焦日观亭，镜头前雪花狂乱飞舞，扑打镜头；再镜头拉远，用全远景，呈现云海茫茫的景象	日观亭位于泰山最高峰日观峰之巅，这里历来是人们观看日出的最佳地点。乾隆三十九年十二月二十九日五更时分，山顶厚厚的积雪被大风扬起，四向飞扑。日观亭下，云雾漫漫，翻涌如海

学生活动成果展示：（教师有修改）

片段分解	画面内容	运镜设计	旁白文字
片段二	稍见云中白若樗蒱，数十立者，山也。极天云一线异色，须臾成五采	先用全远景，呈现数十粒白色樗蒱；再用大远景，呈现极天异色幻化成五彩霞光的动态画面	天色稍亮，茫茫云雾中，数十座积雪覆盖的山峰渐渐显露出来，仿佛一粒粒樗蒱。天边，一线云中呈现出奇异之色，不久，又变成五光十色的彩霞

片段分解	画面内容	运镜设计	旁白文字
片段三	日上，正赤如丹，下有红光，动摇承之。或曰，此东海也。回视日观以西峰，或得日或否，绛皓驳色，而皆若偻	先用大远景，聚焦新日；再镜头慢慢转移方向至日观峰西，远景俯拍，呈现山峦起伏、绛皓驳色之状	红日升起，似一轮纯红的丹砂。天地交汇处，红光动摇，承托金轮。朝阳的红光肆意泼洒，那日观峰以西的山峰，或红或白，仿佛都虔诚地俯首鞠躬

片段分解	画面内容	运镜设计	旁白文字
片段四	亭西有岱祠，又有碧霞元君祠；皇帝行宫在碧霞元君祠东。是日，观道中石刻，自唐显庆以来，其远古刻尽漫失。僻不当道者，皆不及往	远景仰拍，镜头缓缓扫过岱祠、碧霞元君祠、皇帝行宫。中景或中远景正拍或略仰拍道中石刻，特写呈现文字（有唐显庆字样）。远景扫过非当道石刻	泰山神东岳大帝庙宇岱祠位于日观亭西面。岱祠是秦汉以来，历代帝王封禅泰山、举行盛典之地。岱祠东面是碧霞祠。碧霞祠是泰山最大的高山古建筑群，整体左右对称，南低北高，参差错落，布局严谨。碧霞祠东连皇帝行宫，整个大殿雕梁画栋，金光璀璨，蔚为壮观。除了古建筑外，泰山石刻也记录了一个个历史的瞬间。这些散布在峰顶道中的石刻大都是唐显庆之后的，而那些更古老的石刻，在风霜雨雪的侵蚀下，渐渐模糊

片段分解	画面内容	运镜设计	旁白文字
片段五	山多石，少土；石苍黑色，多平方，少圜。少杂树，多松，生石罅，皆平顶。冰雪，无瀑水，无鸟兽音迹。至日观数里内无树，而雪与人膝齐	中远景到远景，镜头由近及远扫过日观峰山顶，聚焦岩石、松树，松树根部给特写。镜头外移环绕拍摄，全远景，呈现数里内积雪覆盖、无鸟兽瀑水景象	天色大亮，风也停息了。雪覆山巅，深与膝齐。苍黑色的方形岩石密密堆叠，在积雪之下淡化了锋利的棱线；矮松从岩石缝隙间挣扎生长，顶部刀削般齐平。环视四周，数里内无树影，无鸟兽音迹，无瀑水喧鸣，一派清冷寂静

总结：为了让学生更直观的感受镜头和旁白语言，课堂提供了一个示例片段，让学生在观摩学习中找到感觉，然后进行学习实践。总体而言，学生在运镜设计和语言描述上大体能把握要点，需要提升的主要是镜头调度的整体意识和干净雅致的语言表达能力；而旁白演示对专业的要求体现更直观，绝大部分同学表现都明显不够。

四、最后的思考

文言文教学一直是语文教学中的重点和难点。在文言基础薄弱的前提下，如何让学生在文言文学习中进行思维训练、审美提升和文化获得，更是难中之难。而跨媒体和情境化的活动任务，让学生化被动为主动，用理性意识和探究精神主动解决文本理解中的问题，用角色代入等活动方式深入本文内容和作者情感。这次尝试学生热情高涨、思维比较活跃，课堂充满了活力，取得的明显的效果。

不过，整篇文章教学活动设计较多，课前预估不足，课堂设计感欠缺，课堂过程中环节的安排和引导不够合理，导致课超标严重。而且，由于课前没有特别梳理字词句，有些基础而比较重要的问题没有得到解决，尤其是基础特别薄弱同学，夯实基础这一块明显不足。因此，在设计情境活动任务的过程中，要立足基础布置课堂预习，可设计预习讲义梳理字词句重难点；课堂活动要提供一个学案，把必要的知识或示例用讲义呈现，以便学生学习更方便；学生展示环节准备的音频等要更合适，不要在线使用，最好下载后嵌入课件，以防意外而拖延课堂环节，等等。

聚焦"思维可视化"的教学任务单的设计与实施

——以高中数学"椭圆及其标准方程"为例

浙江省淳安县汾口中学　洪之来

摘　要：数学教育的最终目的是促进学生的思维发展。聚焦"思维可视化"，构建以图载体教学方式，依据 DIKW 知识金字塔模型理论，预习任务单，探究任务单，成果固化任务单帮助学生深入理解数学、学会用数学思维思考世界。

关键词：思维可视化；教学任务单

数学教育的最终目的是促进学生的思维发展。数学思维是一种独特而富有深度的思考方式，它在解决问题、推理分析以及创新探索等方面展现出了许多隐形特征。在教育教学实践中，如何有效促进隐性思维的显性化，帮助学生深入理解数学、学会用数学思维思考世界，具有时代教学意义。为此，我们设计了聚焦隐性思维显性化的教学任务单，以指导教学活动的开展，即其能够有效地培养学生的数学思维。

一、聚焦思维显性化，设计教学任务单

只有以问题为导向来进行思维可视化教学，才能不断使学生的思维得到训练和发展，使得知识的传授和思维的训练得以贯穿教学的始终。聚焦隐性思维显性化的学习任务单通过明确任务目标、分解教学内容、设置反思与评估环节、制定任务实施策略以及安排成果展示与交流等环节，促进学生把学习内容用自己话出来。

（一）根据课标要求，确定可视教学目标。依据课标要求教学目标，聚焦教学目标，设置任务，引导学生用"图"放大不易显见的思维成长方法、路径和策略

1. 设计预习任务单，构建知识新体系。根据DIKW知识金字塔模型理论，提取知识信息知识内化思维首要条件。用设置探究预习任务，引导学生从已知到未知构建知识体系，破解思维隐形，搭建思维可视化路径。

2. 设计研究任务单，践行素养新要求。指向发展数学核心素养CTI教学模式"建构—迁移—创新"，强调创设探究问题情景协作知识建构。立足学生学情，从最佳发展区设计探究问题，破解思维隐形障碍。

3. 设计巩固任务单，建设课堂新评价。费曼高效学习法提出通过变换表征形式，促进学生把学习内容用自己话出来。设计巩固任务单，增强学生的新知尝试与理解，促进学生真体验、真讨论、真参与。

（二）依据教学目标，设计可视教学任务

北师大教育部赵国庆等研究者提出，思维可视化教学坚持学生为主体，问题为导向，在学生思维最近发展区寻找干预。教学任务单聚焦教学重点，任务引导学生，画出思维导图。依据DIKW知识转换模型，设计三种学习教学活动完成四次转换见图1。

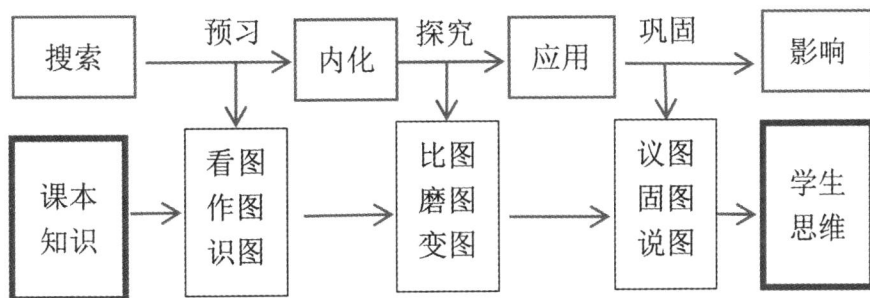

图1 可视教学活动设计示意图

1.预习：完善知识结构转换方法探究导向图。

（1）看图：可视概念要素。最好思维导图是教材。设置预习任务，引导让学生重视教材，阅读教材，把数学概念文字语言转化数学语言，把数学语言转化符合语言，引导学生自主绘制概念图，强化数学概念的理解。

（2）作图，可视探究思路。学习金字塔模式，实践是主动学方式，也是高效可视学习方式。设置问题生活情景，布置学生任务，促进用实验方式探究。

（3）视图，可视运算思路。已知是学生大脑内知识结构图，从已知到未知，是完善知识结构必经之路。类比探究数学新概念。

2.探究：从优化方法内化知识应用导向图。

（1）比图，可视概念重点。有的比较，才会有正确选择。比图，参照原来认知结构图，对比新概念新知识，突出新概念要点和重点。

（2）磨图，可视表达规范。解题表达，是认知镜子。强化学生对思维表达磨炼，学会规范表达思维，促进深度理解数学概念。

（3）变图，可视概念内涵。变式训练，是会思标尺。举一反三，触类旁通，多角度应用概念，直观展示概念本质和内涵

3.巩固：从数学探究到数学素养导向。图是学生通过探究形成知识结构成果图

（1）议图，学法优化。议图就是对探究成果图通过小组交流，同伴互议，优化思维成果探究的方法，明细探究路径。

（2）固图，素养可视。固图通过课堂检测，直观呈现解决问题能力。

（3）说图，成果固化。说说，师生交互磨合，课堂提问检查思维成果。

（三）结合教学活动，设计教学任务单

布鲁姆六层次目标教育理论，学生从知识到思维发展过程设计思维显性化学习任务单。根据不同阶段思维发展，有学前预习单、课中探究单、成果固化单。从可视载体、可视内容、可视路径、可视目标、三种思维可视教学任务单设计具体见表1。

表1　思维可视化教学任务单设计

	学前预习单	课中探究单	成果固化单
可视载体	教材文本图、提取知识结构图、实验操作图	例题过程图、相关概念图相似探究图、实验指导图	成果展示图、探究总结图例题规范图、知识发展图
可视内容	大单元概念数学本质大单元概念数学运算	大单元概念探究方法；大单元数学思想方法	指向数学核心素养路径指向数学核心素养思想
可视路径	看图：教材阅读找概念 作图：实验操作演概念 识图：回忆认知悟概念	比图：新旧对比找重点 磨图：雏形磨炼树规范 变图：一点带面展思维	议图：优化学法促理解 固图：课堂检测促落实 说图：成果展示强自信
可视目标	呈现数学抽象本质内容提高学生数学抽象素养	直观展示探究过程与方法提高学生推理、建模素养	直观固化探究思维成果提高归纳推理的素养
可视意义	从教材和已知中提取知识信息，方法信息，奠定思维可视化	运用类比、归纳、推广的方法构建方法体系，可视化促进思维发展	通过同伴互动、师生互动、自我反思，课堂评价中巩固思维成果

二、秉承教学实施动态化，用好教学任务单

结合教学3.1.1椭圆及其标准方程《数学人教A版（2019）选择性必修第一册》教学设计，探讨教学任务单如何设计及课堂上如何使用。

（一）用好"学前预习单"，确定教学起点

从探究圆的标准方程和一般方程，初步懂得求圆锥方程基本步骤和探究圆锥概念。根据圆锥曲线大单元大概念教学，圆锥曲线概念从现实情景探究归纳出来。分析学生学习实际情况，科学确定教学起点，合理设置预习任务，从分析教材、做实验、回忆已知等多角度设置教学起点，引导学生参与研究，促进学生主动参与课堂探究活动，是保障课堂教学有效学习关键。因此，预习任务单设计中重点放在椭圆概念形成和椭圆方程理解探究中，如表2。

表 2　椭圆及其标准方程预习任务单

3.1.1.椭圆及其标准方程预习任务单　　班级　　姓名	
探究设计	设计意图
探究任务一：看图。阅读书本 105 页，写出椭圆定义元素特征：定义条件特征：　　定义表达特征	引导学生探究椭圆概念的特征，认知知识的原点
探究任务二：作图。做数学实验与观察描绘椭圆图像 实验 1：一根绳子、两个图钉、一支笔，描绘椭圆图像： 实验 2：用透明水杯盛半杯水，不同角度放置，描绘水平图： 实验 3：纸圆锥，用剪刀不同角度剪下侧面，描绘截面图： 实验 4：运用电脑搜索椭圆截面图	还原概念形成真实情境，在探究感受椭圆在生活中存在多样，激发学习椭圆的兴趣，感悟理解数学用实验和活动探究学习方式
探究三：视图。用代数的方法理解椭圆，推导椭圆方程。 探究 1：比较 $\sqrt{2}-1$ 与 $\sqrt{3}-\sqrt{2}$ 的大小 探究 2：判断 $f(x)=\sqrt{x}-\sqrt{x+1}$ 的单调性 探究 3：$\sqrt{(x-3)^2+y^2}+\sqrt{(x+3)^2+y^2}=10$ 表达几何意义 探究 4：化简 $\sqrt{(x-3)^2+y^2}+\sqrt{(x+3)^2+y^2}=10$	标准方程推导探究中去根号是教学重点也是难点。方程推导两个根号处理采用两次平方，但是过程比较处理烦琐；还原两个根号在比较大小和单调性中还原分子有理化方式处理模型；引导学生学习从数学本质角度思考，创造更多方法探究

预习任务单，引导学生整体参与预习，用图示直观探究数学概念，促进更好理解椭圆概念，实现数学知识认知转换思维能力发展，促进学生更积极、更主动参与数学学习。

（二）用好"课中探究单"，找准教学突破点

圆方程标准方程是用两点的距离公式推导，方程两边平方转化圆标的准方程，但是椭圆方程标准推导需要两次，还要换元，推导计算量大，运算过程复杂，但是推导过程对椭圆性质理解是至关重要。因此，本节课难点是椭圆方程推导。

回顾去根式方法，已经介绍去平方方法有去根号和有理化去根号。有理化去根号学生不经常用，需要帮助学生进行回忆。因此课中探究设置为椭圆方程推导和化简，如表 3。

表3　3.1.1. 椭圆及其标准方程探究任务单

3.1.1. 椭圆及其标准方程探究学习任务单　班级　　姓名		
探究设计		设计意图
探究任务一，比图：求到定点距离为1的动点轨迹方程		低起点：圆方程轨迹方程还原轨迹探究思路
探究任务二，磨图：求到（-1,0）和（1,0）距离和4的动点轨迹方程	回顾椭圆概念和两点距离公式，用数学语言表达。	还原知识：椭圆知识形成过程
	两个根号转化方式 $\sqrt{(x+1)^2+y^2}+\sqrt{(x-1)^2+y^2}=4$	还原思维：通法用平方
	提醒：判断 $f(x)=\sqrt{x}-\sqrt{x+1}$ 的单调性	还原模型：学习用平差公式构建对称式去根号
探究任务三，变图：求到（-c,0）和（c,0）距离和2a动点轨迹方程		从特殊到一般推导思路

　　探究任务单，启发学生主动参与数学问题的研究。低起点原则，促使学生在课堂人人有事做，节节课有收获；用通法，促进学生快速进入数学问题探究中，激发思考问题的兴趣，促进人人参与探究；会变通，促进找目标，变路径，找方法，清理维障碍，用获得感激发学习兴趣。用探究任务单，让教师单元整体教学数学备课过程更加清晰，更加具有层次感和更具有效。

（三）用好"成果固化单"，夯实教学成效

　　大单元整体教学目标：学会做事，学会做人。愿意成果学习分享，善于同伴互助，是发展和谐同学关系表，能够用数学思维处理类似问题，能够科学准备表达思考问题流程，是一种处事水平和能力。因此，用"成果固化"单，从同伴互助、师生互动的形式，探究思维成果进行巩固，夯实教学成效，如表4。

表4 3.1.1.椭圆及其标准方程磨合学习任务单

3.1.1.椭圆及其标准方程磨合学习任务单　　班级　　姓名		
互动设计		设计意图
任务一，议图：求到（0，−c）和（0，c）距离和2a动点轨迹方程。		同伴磨合，自主探究，小组交流，小组互助
任务二，固图：	1.求到（−3，0）和（3，0）距离和为16动点轨迹方程	自我构建，从应用实践提升数学素养
	2.求到（−3，0）和（3，0）距离，并过（0，4）椭圆方程	
	3.已知△ABC，AB=6，周长为16，求点C的轨迹方程	
任务三（说图）：讲述椭圆方程系数特征。焦点判断；长轴求法；系数解法，以及椭圆轨迹判断		师生交互，归纳探究成果特征，形成新认知

学生经过阅读自学、引导探究、相互磨合，从概念构建元素、化简以及概念运用椭圆概念，思维路径清晰、学习方法明确，学习自信满满。

三、关注教研成果延续化，改进教学任务单

聚焦"思维可视化"的教学任务单是从图示角度，整合大单元教学资源，根据学生实际，从最近发展区，设计切合学生探究问题，引导学生自主探究，构建知识图示、操作图示、方法图示、流程图示，做图用图过程开展数学探究活动，成长数学思维品质。

但是，"思维可视化"的教学任务单在把给予图转化学生寻图、作图。图也从导图扩大到教材图片、文字、实验展示，给予更多直观载体。但是"思维可视化"的教学任务单在教学中实践，提出商榷之处，提供大家一起研究。

（一）主体转换：任务设计由教师转化学生

教师站在学生角度布置任务单，给学生设置学习探究活动导航图，但是由于学生思维存在差异性，未必适应所有学生，学生未必真正感兴趣；建立学习评价机制，促进学生根据自己学习情况，设计思维成长学习任务单。任务由学生自己提出，教师根据学生提出问题设计差异任务单，引导学生差异

性完成任务单，并及时给予探究过程展示，最大限度激发学生参与数学探究，激发兴趣。

（二）图示转换：学生眼中图转化为学生手中图

学习金字塔理论，用实践获得知识信息比用眼获得知识信息要更深刻。特别在现在网络时代，学生看到图片更丰富，更精彩，导致眼中教学图示学习产生抗体。解放学生的手是新时代呼吁，用手操作学习方式更适应新时代社会要求。在设计任务单内容，眼中图转化手中图，产生脑中图。

在新课标推进教学过程中，紧紧围绕新课程立德树人根本理念，以核心素养为导向，教学理念、教学方式、教学模式静静悄悄变化，学生思维成长引导越来越重视，培养数学思维方式呈现多样化，笔者将继续推进成长学生思维教学研究而努力，谢谢！

搭乘"报刊"航班　抵达"佳作"彼岸

——新高考背景下依托英文报刊进行"多维"写作的实践与探究

浙江省淳安中学　余玲凤

摘　要：本文针对浙江省新高考英语改革，研究新高考背景下对写作的要求，结合教学实践探讨了如何依托英文报刊进行多角度，即"多维"写作训练，从而帮助学生打好符合新高考的语言基础，提高语言运用能力，拓展和激发学生的多重思维，激活学生的想象力与创造力，升华学生的情感。以英文报刊为载体，多方面激活学生的"佳作"细胞。

关键词：英文报刊；"多维"写作；新高考；佳作

一、新高考背景下对写作的要求

新高考背景下，作文的分值由原先旧高考的 30 分提升到 40 分分值的两篇作文，即一篇应用文（分值为 15 分）和 读后续写（分值为 25 分）。读写能力得到了前所未有的重视，对学生归纳概括能力、语言运用能力、思维拓展能力等学科素养也提出了新的要求。作为一线教师，我们也应紧跟新高考改革的要求，对我们的教学做出新的调整。

二、21 世纪报纸使用背景及特点

高中英语新课程标准对学生的阅读技能八级要求中的其中一点是：除教材外，课外阅读量应达到 30 万词以上。从阅读量来看，教材的所提供的阅读量与课程标准所要求的还是有很大的距离。仅仅靠教材，已经远远不能到达所要求的阅读量。针对这种现状，教师也应当做出快速反应，采取相应的措施来解决这个问题。因此，笔者采用了《高中生版 21 世纪中学生英文报》作为课外的补充材料。英语报刊有着以下优势：时效性强，每周一期，阅读材料有很强"新鲜度"，都是"新鲜出炉"的素材；题材广泛，集知识性与趣味性于一体，能提供足够的课外阅读材料，以满足不同学生的需求。此外，该报刊还具有内容新颖、语言现代、接地气的特点。它紧跟形势、贴近生活、难易适度，是训练中学生读写能力的好材料。英文报刊作为全英文的读物，除了给学生提供了一个真实的英语学习环境，在欣赏和学习相关知识和文化的基础上，对学生英语词汇的习得与积累也有着重要的作用。鲜活的词汇和语言的输入为学生"佳作"的生成做好铺垫。因报刊内容丰富性，题材多样性的特点，笔者尝试着充分发掘报刊内容，积极做好支架和相关铺垫，做到"一材多用"，即进行"多维"写作的尝试，让学生搭乘"报刊"航班，抵达"佳作"彼岸。

三、依托英文报刊进行"多维"写作的实践与探究

（一）读后仿写，促进同类作文生成

读后仿写，可以仿其话题，可以仿其语言，也可以仿其结构。如上面同样的一篇文本"Libraries living on in digital age"，我们可以进行"多维"使用，一材多用，多角度进行深入，挖掘可以延伸和拓展的话题。在进行概要写作的指导之后，可以指导学生进行读后仿写的训练。这篇文章的话题是实体图书馆和网络时代电子书的冲击。根据这个话题，笔者引导学生讨论有哪些类似的话题，做到触类旁通。如：实体商店和网点的冲击，实体商店该何去何从？可以仿其结构，仿其话题，也可以仿其语言，鼓励学生恰当使用高级结构，词汇和句型并注意上下文衔接和流畅。

学生佳作案例 1：

The past few years have witnessed the rapid development of online shopping. However, apart from the convenience, it also brings a burning question: When the online shopping becomes a hit, will the physical stores be replaced completely？

From my perspective, physical stores will still live on in digital age. Firstly, shopping in the physical stores is more reliable and safe. For the majority of customers, it's the quality of products that counts. Different from online shopping which you can not check the goods, shopping in physical stores is a face-to-face experience, which is undoubtedly more reliable.

Furthermore, not only can physical stores give us a feeling of purchase but also provide us with a chance to spend time with our family. For those who like shopping around the stores, online shopping may be boring to them. And for those families which can't get together often, shopping in physical stores may bridge the gap between family members.

From the reasons above, I hold the firm belief that physical stores will live on in digital age with their unique and enduring charm.

该生在仿写时，仿写了原文的结构（总—分—总）同时，仿写了类似话题（physical stores & online stores），也仿写了很多原文中重要的词汇和短语，如：a burning question, live on, reliable, bridge the gap, physical stores, hit 等，此外，该生也用到很多较高级的结构，如定语从句，同位语从句、倒装句、强调句型等，真正做到学以致用，在用中学，同时也帮助学生打好了高级词汇、结构的语用基础，为新高考新写作做好输入工作。

（二）读后改写，促进学生多维写作

1. 改文体

在教学过程中，笔者经常鼓励学生改变文章的体裁和文体，多种角度进行学生思维的训练，并且尽量与新高考的作文的要求同步。某期报刊上原文文稿如下：

Flying high with great courage.

"If at first you don't succeed, try, try, again". If any people have proved the truth of this saying, it's the Wright brothers. On International Civil Aviation Day（国际民航日）, which falls on Dec 7, we have the opportunity to remember and celebrate them.

Thousands of aircraft take off and land each day, carrying people and cargo（货物）safely from one part of the world to another hundreds and thousands of kilometers away.

But this wouldn't have been possible without the courage of these brothers from Dayton, Ohio, US. The pioneers of motorized（机动化的）aviation（航空飞行）underwent huge challenges in the process of inventing human flight. But in the end, bruised and beaten, they succeeded. They realized an ambition people had had for thousands of years: to be able to fly through the sky like a bird.

Courage was a quality the Wright brothers had a lot of. Every time they went up in one of their prototype（模型）aircraft, they knew that triumph（成功）could quickly turn into disaster. The Wrights flew up to 100 times a year, so they lived with the knowledge that death was only a small failure away.

Wright brothers expert David McCullough shared a detail that shows just how brave the brothers were. It's a fact that the brothers only ever flew alone, never together. The reason was, as McCullough wrote in his book The Wright Brothers, "If one got killed, the other would still be alive to carry on with the mission."

That is proof of the brothers' courage, which ancient Greek philosopher（哲学家）Aristotle defined as "the first of human qualities that guarantees the others".

Not that the Wrights didn't have many other qualities.

These were men who weren't born to wealthy parents. They were small town boys, with only enthusiasm, intelligence, and a will for hard work in their favor. After their great courage, it was these qualities that allowed them to succeed where others had failed.

The Wrights' "can-do" attitude is said to be typically American. But really, it's an attitude that human beings have displayed throughout history, everywhere in the world. When we think about the brothers today, we think of their human spirit. And if we want to succeed in life, trying to be more like the Wright brothers is certainly a good start.

学完该文之后，笔者鼓励学生改写，可以以莱特兄弟其中之一为主人公，以第一人称 I 写一篇日记，描述成功试飞当天的情景，并指导学生在这篇日记中用一些心理活动的描写，如飞机试飞前，飞机试飞中，飞机成功试飞之后，人物的情感都是不一样的，要学会用不同的语言来描述人物的情感，同时也可以加入一些情景的描写。这样读后改写的指导与新高考背景下读后续写的思路不谋而合。读后续写文章中的语言切忌太泛，太空洞，而应通过一些具体情感，环境，动作等描写来体现人物的内心活动。

学生佳作案例2：

When I picked up the pen, I can still hardly prevent my excitement form spilling out. Today promised to be a highlight in human's history because my bother and I have accomplished experimenting the human flight successfully.

Early in the morning, I watched my brother boarding the plane with my heart beating wildly. The reason why we never fly jointly is that it guarantees one of us can continue the mission in case another is hit by a crash. The plane flew into the broad sky like a big bird but this beautiful scene didn't relax my hanging heart at all. All of a sudden, the plane began to shake a little, making my heart sink into the bottom. To my great relief, with my brother's huge effort, the plane gradually flew smoothly and landed safe and sound. The moment he landed, I gasped heavily, unaware that for a moment I had ceased to breathe. At the sight of my brother's face that glowed with delight, I lit up and felt struck a mixture of excitement and relief into my heart. Tasting the tears that streamed down my face, I was overwhelmed by memories——the huge challenges we underwent, the misunderstanding people displayed and so on. But now, though bruised and beaten again and again, we eventually made it.

该生把主人公情感变化描写得栩栩如生：试飞前的情感：worried，用到的描写句子是 I watched my brother boarding the plane with my heart beating wildly. 试飞中看到飞机晃动时的情感：frightened，通过下句来体现：The plane flew into the broad sky like a big bird but this beautiful scene didn't relax my hanging heart at all. All of a sudden, the plane began to shake a little, making my heart sink into the bottom. 试飞成功之后的情感：relieved，proud，通过下句来体现：The moment he landed, I gasped heavily, unaware that for a moment I had ceased to breathe. At the sight of my brother's face that glowed with delight, I lit up and felt struck a mixture of excitement and relief into my heart. Tasting the tears that streamed down my face, I was overwhelmed by memories. But now, though bruised and beaten again and again, we eventually made it. 写日记时的情感：

excited. 通过下句体现：I can still hardly prevent my excitement form spilling out.

该生并没有很空洞地写人物情感的变化，而是通过一些具体的描写来达成目标，给读者一个很形象的画面感。经过长时间这样的尝试，学生就会把这样的描写迁移到的新高考写作题型"读后续写"中，让"读后续写"的文章"活"起来。

2. 改结构

除了改文体，笔者还尝试让学生改变一些文章的结构，形成新文。下面是某期 21 世纪英文报刊中的一篇类似辩论体裁的文本：

Should employees lose weight？

Editor's note：To get employees to lose weight，a company in Shaanxi awards money to those who slim down every month. And a Henan company requires staff to watch CCTV news every day at noon，otherwise they will be fined（罚钱）. Do you think these things are helpful？

Yes

Cao Beiyuan，16：

From my point of view，this idea is good for those who lack self-discipline. In fact，people are likely to be lazy if they can't get an immediate result from something. The idea of rewarding people for their good habits not only makes them have a positive attitude toward life and work，but also pushes them to keep those habits.

No

Dai Chuanyan，16：

Though doing exercise and following news are important for personal development，companies should talk to employees and respect their ideas. Furthermore，it may lead to a negative impact（影响）as employees could lead an unhealthy diet in order to receive more money，which could possibly cause them to work inefficiently.

对于这篇文章，笔者鼓励学生改其结构，写成一篇由三段构成的文章。Para. 1 introduction，Para. 2：advantages of losing weight，Para. 3：disadvantages of losing weight. 这样可以有意识地激发学生框架意识，并指导学生用自己的语言来替换和归纳文中所给的要点，这对学生概要写作能力的提高也是非常有帮助的。

学生佳作案例3：

These days, the news that a company in Shanxi awards money to those who slim down every month catches the eye of public.

On one hand, it contributes to some negative impact on employees. First of all, apparently, trying to lose weight can be tough, which may badly affect their attention on work. Besides, owing to the temptation of money, reluctant as the employees are, they may still struggle to accomplish the mission of losing weight, which both make their mental and physical health in poor condition.

Not that the measure doesn't have benefits. To some extent, not only can it develop employee's self-discipline but it also can improve their fulfillment by losing some weight, which can have an enduring effect on themselves. Besides, if they make it reasonably, it can boost their confidence and build up their health as well. To conclude, whether it brings benefits or harm remains to be seen.

该文结构完整，思路清晰。该生既对全文进行了改写，也用到了很多非常多的高级结构，如：定语从句，同位语从句，倒装句，名词性从句；此外，该生还用到很多非常好的高级词汇和一些衔接的词汇和短语。总之，该篇是一篇改写过的佳篇。

（三）读后感想，促进学生情感升华

作为教师，我们要指导学生挖掘文本的情感因素，引导学生设身处地感受文中人物的内心情感，让学得到积极的情感体验。情感体验可以使学生走进文本，理解和体会作者的思想情感，产生共鸣，并引发自己积极的情感，从而更深刻地理解和把握文本（张冠文，2015）。作为教师，我们应该积极创设各种情景来激发学生的情感，让他们把所体验的情感态度与自己的写作融为一体。

对于同样一篇文本 Flying high with great courage，除了改写，笔者指导学生再次进行"多维写作"的尝试。本文重点提到了莱特兄弟在飞机试飞过程中遇到的艰辛和失败，但是正是他们"can-do"attitude 使他们取得最终的胜利。这种"can-do"attitude 也是学生学习和生活过程中所具备的战胜困难的必胜法宝，所以笔者就借题发挥，创设语境，指导学生对这个"can-do"attitude 谈谈自己的认识，或者写一次"can-do"attitude 让自己克服困难而成功的实例，激发学生积极情感，达成与作者共鸣的效果。

学生佳作案例4：

The Wright brothers are known for their outstanding contribution in the process of human flight. Among all the qualities they had, their extraordinary courage impressed me most.

It really struck my heart when I read the details that they never flew together in order to make sure at least one of them could carry on with their dream. Close to potential death, they still showed us the real definition of courage. Apparently, their ambition wouldn't have been accomplished without courage and they can still inspire us today. On many people's way to triumph, it is exactly the lack of courage that holds them back. Sometimes, we are merely reluctant to even have a try, not that we don't have the capabilities to succeed. So, next time, just have a bold attempt without wincing.

此外，每期报纸的美文阅读是笔者指定学生必须精读的部分。这部分内容语篇不长，语言非常地道，所体现的主题都是一些非常正能量的话题，如亲情，友情，人性美，为人处世的一些基本道理。这部分的内容既让学生学习到一些非常优美的词汇，短语和句型，又是对学生情感教育的一次机会。某期报刊上的美文阅读的主题"tolerance"。对这个话题，笔者让学生谈谈自己对"tolerance"的理解，为学生课后作文的生成打好支架。该感想部分可以分为 3 个要点：Para.1: definition of tolerance. Para. 2: Why we should be tolerant? Para. 3: what should be remembered while giving tolerance? 通过这样的指导，既减少了学生成文的难度，也让学生学会宽容，但同时宽容的同时也要具备一定的"锋芒"，不能盲目地无节制的宽容。这样的讨论激发和提升了学生的思维能力，尤其是评判性思维的能力。

学生佳作案例5:

What is tolerance？ Tolerance is the generosity of giving our forgiveness, which teaches us to put ourselves in the shoes of others. Tolerance is of great significance as it can lead to a more harmonious society.

However, these days the ignorance of tolerance is common, which results in loads of conflicts of pointless things. So it's time for us to raise our awareness of tolerance. We should establish the thought that no person without imperfections can be found in the world and thus everyone has the duty of giving our forgiveness to those who make mistakes. Besides, not only is being tolerant for other people, but also it is for ourselves because the more things you tolerate, the less things you hate.

However, it is also not proper to be tolerant of anything. When it comes to things against principle, what we should give is not tolerance but criticism. Therefore, what we need to learn is not only to be tolerant but also what to tolerate.

（四）读后续写，促进思维拓展延伸

1. 训练读后续写，应对高考需求

每期报刊上的美文阅读除了作为读后感想的材料，也可以进行"多维"写作的训练。因该版内容往往是记叙文为多，而这种题材就为新高考的读后续写提供了一个很好的素材。遇到这类文章，笔者会尝试把它按照新高考读后续写的要求，在发放给学生完整的文本之前，对原文本进行改动，让学生尝试着讨论，然后续写，学会如何才能写好读后续写。在读后续写开始之前，教师也应该对学生做一些必要的指导。评分标准第五档要求表明：与所给短文融洽度高，与所提供各段落开头衔接合理；内容丰富，应用了5个以上所给短文中标出的关键词语；所使用语法结构和词汇丰富、准确，可能有些许错误，但完全不影响意义表达；有效使用了语句间的连接成分，使所续写短文结构紧凑。笔者按照这些要求对学生进行指导。下面是某期报刊经过笔者处理过的文稿：

Jason, our son, was born with cerebral palsy（脑瘫）. My wife Margaret and I often comforted him as he faced many challenges in his early years.

It was heartbreaking to see him regularly chosen last for baseball, but he was a happy child and well liked by his peers throughout elementary school. His most difficult time came when he began high school.

One afternoon, Jason returned home in tears. He threw his bag on the floor and shouted: "I'm never going to school again！" He was covered with food that other kids had thrown at him on the school bus on the way home. Jason later told us what had happened.

A few days earlier, Jason had signed up for the school running team.

That day, a few older students made fun of his performance on the track and made him the target of their one-sided food fight…

_____

_____

_____

But that day, one of the students said: "Sir, I would like to nominate Jason for athlete of the month." …_____

_____

_____

首先，笔者指导学生确定要续写的主题——"can-do attitude", determination can win. 在此基础上，指导学生分析续写内容的合理性，被同学嘲笑之后，Jason 做了些什么，是什么使得他最后让学生选他为"月最佳运动员"；分析人物 Jason, my wife and I, Jason's classmates 情感的变化和原因，最后的结果，这些都可以通过具体的一些语言描写，情景描写，动作描写等来达成目标，与新高考"读后续写"的要求是一致的。

学生佳作案例6：

That day, a few older students made fun of his performance on the track and made him the target of their one-sided food fight. Feeling upset for my son, my wife and I tried to persuade him to get out of the team but in vain. Jason decided to stay on the team even though the harassment continued. One freezing snowy day, as the other kids exercised in the school gym, they noticed one runner ——

Jason——jogging around the snow-covered track, tired but determined. From that day on, the same scene was seen by Jason's classmates every day. A month passed by and then came the time to choose an "athlete of the month".

But that day, one of the students said: "Sir, I would like to nominate Jason for athlete of the month." "He works harder than any of us, Sir," the student continued. Hearing these words, the coach was in great surprise. Turning to the whole class, the coach asked whether they all voted for Jason. Tears welled in Jason's eyes as he told us what happened next. "Mom ... Dad ... everyone in the class put their hand up." His mother and I, also in tears, looked on as he proudly displayed his certificate. Whenever I despair, I think of this story. I remind myself that challenges are not overcome by force, but by patience, determination, and faith.

2. 训练读后续写，促进思维提升

除了应对新高考的读后续写的新题型，我们也可以跳出这个"枷锁"，对报刊上的一些内容进行思维拓展提升的训练，提高学生的综合素质。下面是某期报刊原稿的部分：

Hi, I'm Dale Fox and I work as an editor for TEENS. This is a column where I help solve all kinds of our readers' problems. I hope I can help you with yours.

Q

Dear Dale,

My grades are not stable, although I work very hard on them. On the last final examination, I faced a big drop. I'm feeling anxious, thinking that the result won't be worth the effort I've made.

Li Yangmin

此文后面有编辑 Dale Fox 的建议，但是笔者鼓励学生，要摆脱后面给定的建议。假设你是这位编辑，给 Li Yangmin 写封回信，给出你的建议。这样的环节设计可以培养学生的思维能力，同时要求学生要用到高级的词汇、短语和句型。

学生佳作案例 7：

I'm sorry to hear that you are undergoing frustrations in your study. Actually, it's normal to face difficulties for senior high students like us. After all, we are on the tough mission of studying hard and getting better grades.

Trapped in such hardship, you are supposed to rebuild your confidence first. It's usually confidence that boosts the positivity of study and continuously gives you power. Secondly, turning to others for help is an effective means. Parents' and friends' assistance is irreplaceable especially when you are cast down. Definitely, they won't be reluctant to offer you help. Besides, the key to addressing the problem is your own struggles. As an old saying goes, "No pains, no gains". Only when you throw yourself completely into it with great passion can your efforts pay off. As long as you keep on trying, you won't make your attempts in vain. To be honest, I went through such a stiff period like yours not long ago. I wouldn't have got out of it if my friends hadn't provided me a window into coping with setbacks. Just endeavor our best to do it and I firmly believe we will make it finally.

（五）读后编写，提升综合语用能力

每期的报刊学习之后，笔者都会让学生进行词汇整理，鉴于很多学生只整理，但是不会运用的问题，笔者就设计了读后编写的环节。学生词汇整理完毕后，笔者让学生把所学的重点词汇，短语和句型编写成一篇有逻辑，衔接自然的短文，或几个单独的段落，中间空一行，划出所有的报纸上用过的词，要求至少要用到所选定文章的 10 个词汇以上。好的文章或段落打印成文，编成班级优秀习作小报，印发给学生一起学习，并在教室外面进行粘贴。这样既可以鼓励先进，也可以给其他学生做一个示范，带动更多的学生朝这个方向发展。除了打印部分优秀习作之外，笔者也打印学生佳作中的部分段落，尤其是那些基础相对偏弱的学生写的佳句和佳段。当这些学生的作品在班级小报上出版后，这对其本人和其他同学都是一种莫大的肯定和鼓舞，激发他们学习英语的信心，尤其是写作的信心。

学生佳作案例8：

Nowadays, there are more and more misunderstandings between parents and children, which is so-called generation gap. It is estimated that 75% of the parents often complain their children's unreasonable behavior while children usually think their parents too harsh to them and old-fashioned.

But why are there so many misunderstands between parents and children ? The main reason lies in different growing environments, which lead to dead silence in the house sometimes due to lacking common interest. In addition, with the fast development of modern life, both of them get distracted by mobile phones and thus they always leave others out and seldom talk with each other face to face.

It's high time that something should be done. For one thing, children should show more respect to parents and shed light on misunderstandings. For another thing, it is advisable for parents to show care and understanding for their children. All these measures will certainly bridge the generation gap and the harmonious atmosphere will stay for eternity.

该生所生成的文本中，所用到的很多关键词都来自某一期的报纸上的重点词汇，短语和句型。倡导学生在学中用，在用中学。

四、成果与注意事项

所有依托英文报刊进行的读后写作，都是为新高考改革下的"应用文"和"读后续写"服务的。无论是哪种形式的读后写作，都是对学生概括能力，高级结构和词汇运用能力，上下文衔接的能力和思维创新能力培养的手段，而这些能力正是新高考的应用文写作和读后续写必须具备的能力。依托报刊进行"多维写作"的尝试之后，笔者惊喜地发现这种尝试取得了可喜的成果。学生写作时恰当使用高级词汇和句型的意识强起来了，写作思维活起来了，写作的畏难情绪减小了，写作热情和积极性提高了，学生已经爱上了写作。每次作文完成之后，学生都充满期待，希望自己的文章能刊登在班级的小报中。由书写体变成铅字的过程，让学生的自豪感和成就感倍增。虽然自己的文章未被刊登，但是在欣赏同伴的佳作，包括那些基础不是特别好的同学的佳作时，学生也会在心里默默地加油。从教师的角度看，学生每次写的作文，无论是其话题，形式，语言，思维，总有一些学生的佳作会给笔者带来惊喜，从学生成文中，笔者也能学到很多东西。当然，依托报刊进行"多维写作"的尝试中，教师应当注意以下几个方面：第一，搭建写作支架，引导学生在阅读文本中提取信息，激发学生"多维写作"欲望，为之后作文的生成打好思维，情感，语言等方面的支架；第二，分层设计任务，在写作任务的布置过程中，切忌"一刀切"和"千文一面"，要根据学生不同的层次，设计不同的任务，让学生根据自己的情况自行选择，这样就可以保证最后文章生成的多样性；第三，始终"以生为本"，"多维写作"的课堂要求能充分调动学生的主观能动性，让学生自己去发现"多维"的潜在性；第四，鼓励学生使用高级词汇，句型的同时，要强调使用的恰当合理性，不能不顾语境强行使用，防止使用不自然之嫌。

五、小结

依托英文报刊进行"多维"写作的训练可以帮助学生打下良好的语言基础，拓展和激发学生的多重思维，升华和提升学生的情感态度，激活学生的想象力和创造力，把原本有局限性的文本变成了灵活的、广泛的写作。这样的写作活动能激发学生的学习兴趣，达到全员参与，使各个层次的学生都有所收获。从而使学生搭乘"报刊"航班，抵达"佳作"彼岸。

一"境"到底:"双新"背景下高中地理情境作业设计的实践与思考

浙江省淳安中学　方　勇

摘　要: 在"双新"背景下,传统的作业设计模式很难适应新课改的要求,论文基于"双新"背景中对地理作业的设计提出的新要求,探究"双新"背景下地理情境作业方式的创新,将"双新"背景下的高中地理情境作业开发途径归结为:依托地理时事情境,厚植爱国主义情怀、借鉴生活体验情境,培养善察勤思习惯、巧用新闻热点情境,激发积极参与热情、创设学术研究情境,提升创新思辨思维、立足研学实践情境,增强融入社会本领等方面。通过对地理校本作业的开发实践,取得了较好的效果:提升了教师对地理校本作业的理解,提高了自身的专业化发展;激发了学生参与作业的热情、促进了学生学科核心素养的发展。

关键词: 双新;高中地理;情境作业;实践研究

在"新课标、新高考"引领下,教师的教学观念、教学实践、评价方式等发生重大改变。地理学科核心素养是落实立德树人根本任务的重要途径。指向核心素养发展的作业设计,不仅是学科活动的重要载体,还承载着育人和导向功能的实体。学科作业作为教与学的交叉点,是课堂教学的延伸和补充,是教师进行教学反馈、开展学习评价的重要方式。有效的校本地理设计和实施,集中聚合了对以"人地协调观、综合思维、区域认知、地理实践力"为主要内容的地理核心素养培养,地理作业的改革与创新是地理新课程改革的重要环节。

一、"双新"背景下呼唤地理作业方式的创新

（一）当前高中地理作业设计与实施中存在的问题

通过调查了解各地区各学校的普遍情况，目前在高中地理教学过程中，对地理作业的编制设计和实施采用比较普遍的做法是传统型的作业设计类型。例如：由备课组统一征订一套辅导资料（内含课时学习的课外检测和单元检测），再由教师根据本校本班学生的学习情况，从资料中选择性进行布置、批改和讲评，较少自己编制设计创新的作业并予以实施。这种办法看似效率高、扎实推进、针对性强，其实暴露出很多内在的问题。

1.结构单一，功能窄化

高中地理作业的设计多以知识巩固和应试教育为目的的通式检测，缺少针对实践性问题的真实情境设计，不利于学生创新能力、综合思维能力和地理实践力的培养和提升。通式检测类作业因题目多，缺少新意，致使学生完成兴趣不浓，多数学生只是疲于应付，甚至抄袭现象屡见不鲜，使得作业布置失去了其本质意义。加上教师在次日新授课前讲评花费的时间多，影响课堂教学任务完成。如此反复，陷入恶性循环之中。

2.情境"虚假"，素材陈旧

目前地理作业题目材料陈旧，有的已经完全不适合新时代、新教材、新高考的要求。教师在尝试在创设地理作业情境时，由于缺乏经验，同时为达到答案标准化、少争议的效果，命题者往往人为设计伪生活化的良性问题情境，导致情境的"失真"，这与"双新"背景相违背，不利于学生地理核心素养的培养。

3.评价单一，缺乏激励

传统作业的评价方式只有教师评价，缺少学生自我评价和学生相互评价。造成这种评价方式单调的原因是因为教师多以得分为目标进行结果性评价，很少涉及在开放情境下对学生学习态度、学习品质以及问题解决能力等表现性评价和对学生综合思维表现的过程性评价。这种简单的评价形成"打击多，激励少"的局面，不利于学生学习能力的提升和学习兴趣的培养。

4.学练脱节，知识前置

随着新教材实施，地理教学内容编排上进行了大规模调整。实践过程中发现，选用传统习题，常常出现涉及知识点前置问题，使得很多题目存在"超纲"现象，造成上课和作业脱节，对正常教学造成影响。

基于此，视时代需求和校情、学情的要求，因时因地制宜地设计基于真实情境的校本化的地理作业，日益被提上日程。

（二）"双新"背景下地理学科作业设计的新方向

2019年11月，教育部考试中心研制并发布了《中国高考评价体系》，明确了"一核四层四翼"（见下图一）的评价体系。

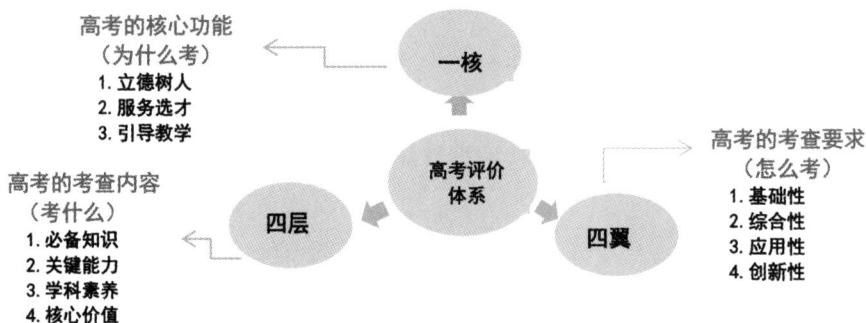

图一　"一核四层四翼"中国高考评价体系

高考评价体系规定了高考的考查载体——情境，以此来承载考查内容，实现考查要求。在今后各学科的考试中，必会突出学科知识的实际应用。地理学科知识与生活联系紧密，问题情境化的必然的发展方向，这就要求在平时地理教学过程中要特别注重地理问题情境化的设计。

情境是运用文字、数据、图表等形式，围绕一定主题加以设置，为呈现解题信息、设计问题任务、达成测评目标而提供的载体，是为激发学生的认知建构与素养表现搭建的平台。

教育部考试中心各学科命题专家制定了"基于高考评价体系的学科考试内容改革实施路径"，对高考各门学科的情境分类、具体内容、命题指向进行明确。地理学科实施路径概括如下表一：

表一　地理学科情境类型及命题指向分类表

情境分类	具体内容	命题指向
生活实践情境	按照现实生活中地理事象及其变化的内在逻辑而呈现的真实情境	主要用于考查学生对地理原理的迁移与应用。可将学科内容融入自然环境与社会生产生活中，着力体现综合性与应用性的考查要求。
学习探索情境	以地理学科专业语言与符号，按照学科逻辑而呈现的真实情境	主要用于考查学生对地理基础知识的理解与调用，并可规避学生成长环境的差异，着力体现基础性的考查要求。
	按照学术研究的一般路径而呈现的真实情境	主要用于考查学生对地理问题的建构与解决，间接渗透着学科思想与学术意识的导引，着力体现创新性的考查要求。

在平时的课堂教学和地理作业中应在真实地理情境下进行设计，将地理问题情境化，落实地理学科核心素养的培养要求。在地理作业设计时要改变以往的做法，要依托时代要求，依据教材变化，结合校情和学情，创设真实有效地理情境，开发校本化地理作业。

二、"双新"背景下的高中地理情境化校本作业设计的实践研究

《2017版高中地理课标》在"教学实施建议"中指出"建议在选择情境时考虑几个方面：贴近学生知识水平、生活实际和社会现实，使学生理解情境；蕴含问题，给学生提供探究的空间；体现关联性，让学生在一个贯穿全过程情境中经历地理思维发展的过程；与课程标准和地理教科书内容联系，便于学生找到基本的依据和资源。"在地理教过程学中实现地理问题情境化，是培养地理学科核心素养的有效途径，也是近些年的地理高考题，命制的新的变化和趋势。

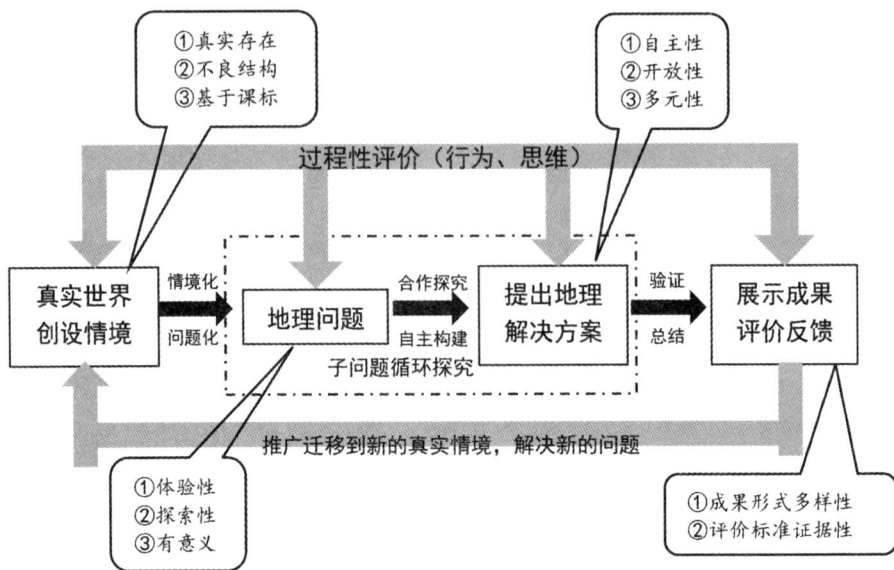

图二　问题式教学设计的一般流程

（一）依托战略时政情境，厚植爱国主义情怀

目前使用的新版教材将海洋知识和海洋权益；大都市的辐射功能；产业转型地区的结构优化、长江流域协作开发与环境保护、一带一路倡议与国际合作等国家重点战略部署；我国粮食、水资源、矿产资源、石油资源、海洋空间资源及碳排放、自然保护区与生态、污染物跨境转移等资源、环境安全编入其中。可以肯定的是围绕上述问题，以其作为背景材料，进行考试题目命制一定是今后的重点。因此，在平时作业题的设计时，可以大胆融入时事热点话题，精选命题素材为情境设计相关题目。

案例一：阅读图文材料，完成下列要求。

东数西算，指通过构建数据中心、云计算、大数据一体化的新型算力网络体系，将东部算力需求有序引导到西部，优化数据中心建设布局。数据中心占地面积广、耗电量大。内蒙古乌兰察布有着"草原云谷""中国草原避暑之都""空中三峡—风电之都"等称号，在这里集聚了多座数据中心，作为8个国家算力枢纽节点之一，乌兰察布正积极参与建设东数西算工程。

（1）与东部相比，指出在乌兰察布建设数据中心的优势区位条件有哪些？

（2）随着各数据中心相继落户，对乌兰察布城市化的促进作用有哪些？

（3）简述"东数西算"工程的实施对东西部区域协调发展的影响。

【答案】略

紧跟时代步伐，展示"世界眼光，中国立场"，提升学生地理学科方面的品格和能力，培养家国情怀和社会责任。"关注地方、国家和全球地理问题及可持续发展问题"，充分体现地理课程在立德树人方面的独特性。

（二）借鉴生活体验情境，培养善察勤思习惯

"学习生活中的地理，学习对生活有用的地理"是《新课标》的重要理念。将地理理论知识的学习和应用相结合，建立起地理知识之间的关联，引导学生关注问题情境与周围其他事物的关系，了解其演化的历史，帮助学生进行地理学科的视域融合，特别是该事物与人类活动的关系，引导学生经常注意观察对象所在特殊区位，多看、多问、多思考，从而提升学生区域认知、综合思维和人地协调观素养。如在探究港口建设区位条件时，结合停在 Q 湖畔的趸船，设计了关于趸船适应性和功能的探究性作业。

通过对学生常见而又陌生的复杂情境问题的地理作业设计和实施，极大增强了学生勤观察、勤思考的学习品质。对待这种陌生的情境的问题，平时应有意识地强化对应训练，在错题分析时除教师分析指导外，也可做现场调查，培养学生严谨的治学态度。

（三）巧用新闻热点情境，激发积极参与热情

著名教育家布卢姆说过"学习最大的动力，是对学习材料的兴趣"。由此可见，增强学生完成地理作业的主动性，提升地理作业效果，就必须选择学生感兴趣的命题素材，创设真实且有价值的探究情境，选择新闻热点事件作为命题情境，命制学生关注度高又紧扣地理核心知识的题目，能最大限度地激发学生主动参与作业的热情。并以此为契机，因势利导，升华学生地理核心素养。如在区域地理学习《干旱地区的可持续发展》时，以"多哈——史上最贵的足球世界杯"设置一个开放性题目，让学生探究卡塔尔世界杯成为"史上最贵"的世界杯的地理原理。

在这种问题的探究中，不仅培养了学生多途径获取又用信息的能力，又提升学生区域认知、综合思维的素养。并且，学习地理的兴趣点也得以强化。

（四）创设学术研究情境，提升创新思辨思维

学术研究情境是一种兼具真实性、科学性、开放性与不良结构的问题情境[5]。研究近年来的高考题目，以地理学术期刊和地理专著、高校教材为参考，结合生活、生产实践中的素材命制的学术研究情境试题频繁出现。设计这类作业，对提升日常地理课堂教学层次、培育地理学科核心素养培育、促进教师专业成长等具有重要引导作用。这类题目对学生的能力要求高，突出对学生即时理解素材能力、综合运用科学的思维方法、有效整合地理学科系统知识能力的考核，对培养学生地理学科核心素养，提升学生创新能力都有很大作用。

案例二：在学习《地表形态和人类活动》时，设计了一个学术研究情境的题目。

三角湾是指在潮流作用强和河流挟沙量少的河口，溺谷经强烈冲刷，扩形成喇叭口河口湾。丁坝是一种水利工程设施，是一段伸入河水或海水中的堤，与堤岸构成"丁"字形。图1为德国莱茵河下游河段示意图，图2为我国钱塘江入海口河段示意图。完成下题。

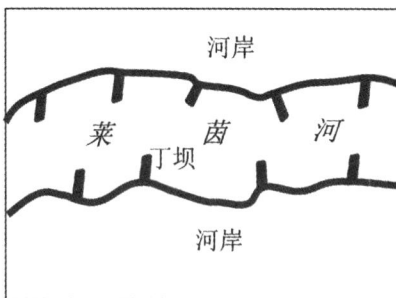

第1、2题图1

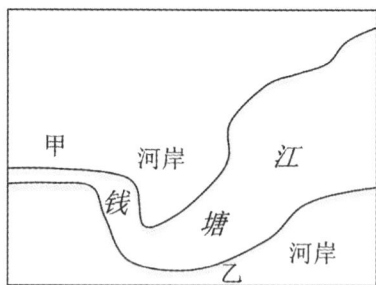

第1、2题图2

1.推测莱茵河修建丁坝的主要目的是（ D ）

A.拦截河道浮冰 　　　B.削减汛期洪峰

C.拦蓄河流淡水 　　　D.增加航道水深

2.与莱茵河不同，钱塘江丁坝只在一侧修建，其位置最可能位于及其作用为（C）

A.甲岸　抬高潮水水位　　　B.乙岸　利于船舶停靠

C.甲岸　减少潮水侵蚀　　　D.乙岸　减少流水侵蚀

三角湾和丁坝都是学生陌生的地理事物，是一个不良结构的真实情境，用作命题的情境，考查学生研究材料含义的能力以及考查学生对区域背景的现有认知水平及整合相关知识的能力。三角湾和丁坝一个是自然地理事物，一个是人为工程。通过完成作业，学生明白，人类实施的工程项目（人文事物）要么是利用自然，要么是解决自然事物存在的问题的。通过平常的精准训练，使得学生在探究思考的过程中，提升创新思维和思辨思维。

（五）立足研学实践情境，增强融入社会本领

中共中央国务院《关于深化教育教学改革全面提高教育质量的意见》提出"重视情境教学；探索基于学科的课程综合化教学，开展研究型、项目化、合作式学习"。项目式学习是一种以学生为中心的教学方法。它提供一些关键素材构建一个情境，学生团队通过在这个环境下解决一个开放式进阶问题的经历达到学习的目的。地理学习强调实践和理论相结合，利用校园和校外丰富的实践资源，开展观察、观测、调查等活动，对培养学生地理核心素养意义重大。我们应该结合教材内容，利用丰富的乡土资源，设计一些以地理实践情境为主的项目式作业。如利用学校内部的植被、土壤、岩石等资源，设计植被、土壤、岩石类型判别和特征分析实践作业；利用周末或寒暑假期，设计人口、城市化、产业布局等社会调查和天文观测、地质地貌观察等。

案例三：立竿见影—日影观测活动方案（极简版）

阶段1.活动准备；阶段2.实地观测；阶段3.数据处理（数据后期纸质化）；阶段4.自主和小组合作探究（形成报告）；阶段5：师生交流。阶段6：表现性评价。

日影观测活动学生评价量规

评价指标	评价内容	自评			互评			师评		
		优秀	良好	加油	优秀	良好	加油	优秀	良好	加油
获取和处理信息	观察和测量方法正确，计算能力强，绘图准确									
解决问题与反馈信息	运用理论知识能力强，表达交流观点清晰									
实践态度	对活动生长有探究兴趣，高度重视，认真对待，积极参与									
创新能力	善于观察、分析、思考，能提出创新观点和独特见解									
组织合作	分工明确，配合默契，共享信息，合作探究疑难问题									

该案例关注了活动的具体过程，实践具有很好地操作性，任务明确，聚焦于设计目的，思考探究问题有层次有梯度，既照顾不同层次学生的参与度，也符合学生的认知规律，有一定的进阶性，制定表现性评价量规，以实现评价方式多元化。

三、结语

经过一年多的地理校本化作业的开发实践的稳步推行。备课组教师分工明确、团结协作，完成了一个学段的一整套以基于真实情境的地理校本作业的设计和实施。备课组教师对地理校本化作业设计的理解有了极大提升。从最初的畏难到自觉主动而行，教师自身的专业化水平也有了新的发展。学生参与作业的热情也得到较大激发，学科核心素养正得到稳健的提升。作为普通县级高中，在作业开发实践过程中也面临着诸多的困难，如情境化素材的获取、地理问题的设计、时间和精力的保证等。这就相关配套制度的制定和落地，也离不开一线地理教师的进一步努力。

四、在学科实践中聚焦思维发展

新课程强调学生的学习应"像学科专家一样"思考和行动，先做后思，先思后做，边思边做都将成为未来课堂学生学习的常态。

指向科学思维培养的高中物理
混合式教学设计和实施

浙江省淳安县第二中学　徐健荣

摘　要：混合式教学模式是培养高中生科学思维能力的重要途径。因为，混合式教学结合了传统的课堂教学和在线学习资源，旨在充分利用两者的优势，提升教学效果。基于此，本研究在设计和实施过程中，首先分析当前高中物理教学中科学思维培养的困境；接着，分析了混合式教学对科学思维的促进作用。本研究的结论为高中物理教学的改革提供了新的思路，强调了科学思维培养的重要性及教学策略，推动教育实践的不断创新与发展。

关键词：科学思维；高中物理；混合式教学；教学设计

高中物理作为学生科学素养培养的重要课程，对于培养学生的科学思维能力起着重要的作用。然而，传统的教学模式往往以灌输知识为主，缺乏针对学生思维能力的培养和引导。科学思维是一种系统性、合理性和创造性的思维方式，它强调基于证据和逻辑推理的问题解决方法。在高中物理新课教学中，培养学生科学思维具有重要的意义。随着新课程的推行，教师们面临着如何有效培养学生科学思维的挑战。希望通过本论文的研究和实践，为高中物理新课程的教学改革和学生科学思维的培养提供新的思路。

一、科学思维的离场：当前高中物理教学的困境检视

在高中物理新课教学中，了解学生物理思维现状及存在的障碍是制定培养策略的基础。以下是学生物理思维现状及障碍的几个方面：

（一）概念理解："抽象困扰"引致的捉摸不透

物理学涉及许多看不见、摸不着的概念，如电场、磁场、能量、波函数等。

在日常生活中不容易观察到或体验到，它们往往不能通过直观的感官体验来理解，使得学生缺乏直观感受，理解困难。理论模型，物理学中的一些概念和理论是通过数学模型来描述和解释的。对于没有接受过深入数学训练的学生来说，理解和应用这些数学模型可能会造成困扰。空间概念，物理学中的一些概念涉及空间结构和几何关系，例如三维坐标系、向量和矢量运算等。对于学生来说，想象和理解这些空间概念可能需要一定的抽象思维能力。微观世界，物理学研究的范围涵盖了微观世界，例如原子、分子和基本粒子等。这些微观概念在日常生活中不容易观察和直观理解，因此学生可能需要通过模型和比喻来理解这些抽象概念。相互作用和场，物理学中的许多概念涉及相互作用和场的概念，例如重力、电磁场和波等。这些概念可能不容易直接观察和感知，学生需要通过理论和实验来理解和应用这些抽象概念。

（二）模型建构："现象误描"引致的模型偏失

在物理学习中，学生容易出现"现象误描"引致的模型偏失，即学生对物理现象的理解出现偏差，导致在构建物理模型时产生错误。这种问题可能源于多种因素，如对现象的误解、对模型的过度简化或忽略关键细节等。具体而言，学生可能只停留在对物理现象的表面描述，没有深入思考背后的原理和模型。这可能是因为他们对基础知识的掌握不够扎实，导致在学习高级内容时出现困难。缺乏实例和应用案例，物理学的理论模型和数学表达通常比较抽象和复杂，对学生来说可能难以直观理解。如果他们缺乏具体的实例和应用案例来说明理论模型与实际现象之间的联系，就很容易陷入描述和背诵的模式中。考试导向和应试压力，在一些教育体制下，考试成绩往往是评价学生学习成果的重要指标。为了追求高分，学生可能更倾向于记忆和背诵，而忽视对物理模型和理论的深入理解和应用。这种应试导向和压力可能会削弱学生对物理学本质的探究和理解的动力。

（三）实际应用："知行割裂"引致的学难致用

学生在物理学习中常常会遇到"知行割裂"的问题，即他们在课堂上学习了理论知识，却难以在实际应用中运用这些知识。这种情况导致物理知识停留在书本上，无法解决现实中的问题，进而影响学习兴趣和效果。传统的物理教学往往以理论知识为主，侧重于公式推导和计算，而缺乏与实际问题的联系。学生可能只是被要求掌握知识点，而缺乏实际应用的机会和指导。这样的教学方法可能导致学生只关注记忆和应付考试，而忽视了知识在实际问题中的应用价值。物理是一门实验科学，需要通过实践来巩固和应用所学知识。然而，由于实验条件、设备和时间的限制，学生在学校中往往无法进行大量的实验实践。缺乏实践机会可能使学生难以将理论知识与实际问题相联系。物理学涉及一些抽象的概念和复杂的数学推导，这对一些学生来说可能是一种挑战。学生可能会觉得难以将这些抽象的概念和数学方法应用到实际问题中。缺乏对物理知识的深入理解和直观感受，也会导致学生在实际问题中的应用意识不足。学生在学习物理时，如果只停留在书本上的理论知识，很难将其应用到实际问题中。缺乏有启发性的案例和实例，无法激发学生的兴趣和创造力，也会限制他们将知识应用于实际问题的能力。

二、指向科学思维培养的高中物理混合式教学

随着教育信息化的不断推进，混合式教学在高中物理教育中的应用越来越广泛。这种教学模式结合了线上与线下的优势，不仅丰富了教学手段，更有助于培养学生的科学思维能力。

（一）混合式教学的内涵

混合式教学强调线上与线下教学的有机结合，充分利用两者的优势。线上部分通常包括视频课程、电子教材、在线测验和讨论论坛，提供灵活的学习时间和自主学习的机会；线下部分则包括课堂讲解、实验操作、讨论交流和辅导答疑，强调面对面的互动和实时反馈。通过这种结合，学生不仅能够灵活安排学习时间，还能在课堂上获得及时的指导和帮助。

首先，混合式教学倡导自主学习与合作学习的融合。在线上学习阶段，学生可以根据自己的节奏和需求，自主选择学习内容和进度，培养独立思考和自我管理能力。在线下课堂上，教师通过小组讨论、合作实验和项目研究等方式，促进学生之间的合作与交流，培养团队合作精神和集体解决问题的能力。自主学习与合作学习的结合，使学生在个性化学习和团队协作中均能受益。

其次，混合式教学利用现代信息技术，将多种教学资源进行整合。除了传统的纸质教材和课堂讲义外，还包括电子书、视频、音频、动画、模拟实验和互动软件等。这些丰富的资源不仅能满足不同学生的学习需求，还能通过多感官的刺激，提高学习兴趣和效果。

再次，混合式教学强调学习过程的个性化和数据驱动。通过在线学习平台，教师可以实时监控学生的学习进度和成绩，了解每个学生的学习情况和需求。基于这些数据，教师可以对教学内容和方法进行调整，为学生提供个性化的辅导和支持。数据驱动的教学使教师能够更加精准地把握学生的学习状态，提高教学的针对性和有效性。

最后，混合式教学在评价方式上也具有多元化的特点。除了传统的考试和作业，还包括在线测验、实验报告、项目展示、课堂表现和学习日志等多种形式。多元化的评价方式不仅能全面反映学生的学习效果，还能激励学生在不同方面的发展。通过对学习过程和结果的全面评价，教师可以更好地了解学生的学习进展，进行及时的反馈和调整。

总而言之，混合式教学作为一种现代化的教育模式，通过线上与线下的有机结合、自主学习与合作学习的融合、多种教学资源的整合、学习过程的个性化与数据驱动、教学评价的多元化以及技术支持与教学创新，有效提升了教学质量和学生的综合能力。在高中物理教学中，应用混合式教学设计，不仅能够培养学生的科学思维，还能为他们未来的学习和发展奠定坚实的基础。

（二）混合式教学：培育学生科学思维的重要途径

科学思维能够帮助学生深入理解物理知识，而不仅仅是记住公式和定律。物理学是一门研究自然界基本规律的科学，它的很多概念和原理都需要通过逻辑推理和批判性思维来理解。物理学中的很多问题都具有一定的复杂性和挑战性，需要学生具备良好的问题解决能力。科学思维强调逻辑推理和批判性思考，这有助于学生在面对复杂问题时能够冷静分析，找到合理的解决方案。例如，在解决电磁学中的问题时，学生需要分析电场和磁场的相互作用，运用相关的物理定律进行推理和计算。通过科学思维的训练，学生能够提高解决问题的效率和准确性。

科学思维不仅对物理学科有重要意义，对学生的全面发展也具有深远影响。科学思维培养了学生的批判性思维能力，使他们能够独立思考、质疑权威、不盲从。同时，科学思维还培养了学生的逻辑推理能力和创造力，使他们在面对各种挑战时能够从容应对，提出独到的见解。这些能力不仅在物理学科中有用，对其他学科以及学生未来的职业发展也都大有裨益。将科学思维融入物理教学，可以显著提高教学的有效性。教师在教学过程中，可以通过问题引导、实验探究、小组讨论等方式培养学生的科学思维。例如，通过设计开放性问题，鼓励学生自主探究，培养他们的批判性思维和创新能力。通过实验探究，让学生在动手操作中理解物理概念，培养他们的逻辑推理能力。通过小组讨论，促进学生之间的交流和合作，激发他们的科学思维。

混合式教学极大地促进了学生科学思维的培养。混合式教学通过在线平台提供丰富的多媒体资源，如视频、动画、模拟实验和互动课件。这些资源直观生动，有助于学生理解复杂的物理概念和原理。混合式教学强调学生的自主学习。在线上学习阶段，学生可以自主选择学习内容和进度，根据个人需求进行深度学习。自主学习过程培养了学生的独立思考和自我管理能力。这种自主学习模式鼓励学生主动思考和探究，培养了他们的批判性思维和逻辑推理能力。

混合式教学重视合作学习。在线下课堂中，教师通过小组讨论、合作实验和项目研究等方式，促进学生之间的互动与交流。合作学习不仅帮助学生加深对物理知识的理解，还培养了他们的团队协作和沟通能力。实时反馈与个性化指导，强化问题解决能力

混合式教学利用在线学习平台，可以实时监控学生的学习进度和理解情况，并提供个性化的反馈与指导。教师可以根据学生的表现，及时调整教学策略，提供有针对性的辅导。混合式教学中的数据分析工具可以收集和分析学生的学习数据，如在线测验成绩、学习时长、视频观看记录等。这些数据为教师提供了重要的参考依据，有助于他们了解学生的学习状态和需求，进而优化教学设计。例如，教师可以通过数据分析发现哪些知识点是学生的薄弱环节，并在课堂上进行重点讲解和练习。数据驱动的教学方式提高了教学的针对性和有效性，进一步促进了学生的科学思维发展。混合式教学采用多元化的评价方式，包括在线测验、课堂表现、实验报告、项目展示等。这些评价方式不仅能全面衡量学生的学习成果，还能激励学生在不同方面的发展。

例如，通过实验报告评价学生的实验设计能力和数据分析能力，通过项目展示评价学生的创新思维和团队合作能力。多元化的评价方式促使学生在科学探究过程中不断思考和反思，提升了他们的科学思维能力。

混合式教学通过提供多元学习资源、增强自主学习能力、促进合作学习、实时反馈与个性化指导、利用数据分析和丰富的评价方式，有效促进了高中生科学思维的培养。这种教学模式不仅使学生能够更好地理解和应用物理知识，还培养了他们的独立思考、批判性思维和创新能力，为他们未来的学习和发展奠定了坚实的基础。

三、指向科学思维培养的高中物理混合式教学策略

混合式教学结合了传统课堂教学和在线学习的优势，可以有效促进学生的科学思维能力。鉴于此，我们可以从以下几个方面开展物理混合式教学，培育学生的科学思维。

（一）激发学生的好奇心，激励学生的求知欲

引入与生活相关的物理现象，利用线上资源通过短视频展示生活中的物理现象，如彩虹形成、冰箱制冷、电磁炉加热、变压器变压等。在课堂上，教师解释这些现象背后的物理原理，并引导学生思考其他生活中的物理现象。在课堂教学中可以引入实际的应用场景，激发学生的好奇心和兴趣。例如，在上《变压器》这节课时可以准备一个真实的变压器实物，并让学生亲自拆开观察，以增加他们对学习变压器的兴趣。

其次，可以推荐一些与物理知识相关的教育游戏，如《愤怒的小鸟》中的抛物线运动、*Kerbal Space Program* 中的航天力学等。设计游戏化的在线测验，学生通过答题闯关，巩固物理知识。在课堂上组织物理知识竞赛或游戏挑战，激发学生的竞争意识和学习兴趣。设置积分和奖励机制，鼓励学生积极参与课堂活动和在线学习。

最后，可以设计一些带有探究性质的学习任务，如让学生自己设计变压器实验，随着参数的变化观察输出电压的变化，并分析结果。通过实际操作和观察，学生可以亲自体验、发现和验证变压器的工作原理，从而激发他们

的好奇心和求知欲。分享一些与变压器相关的案例，如三峡发电站的大型变压器等。这些案例可以帮助学生将抽象的物理概念与现实生活联系起来，可以有效地激发学生的好奇心和兴趣，这将为学生培养科学思维提供了坚实的基础，促进他们对物理学习的主动性和积极性。

（二）设计问题启发思考，提供方法培养思维

为了有效实施混合式教学，可以设计一系列与上课内容相关的问题，帮助学生更好地解决问题。问题应当具有挑战性和开放性，能够激发学生的好奇心和求知欲。例如，设计与日常生活或前沿科技相关的问题，"为什么彩虹是弧形的？""如何利用物理原理设计一个节能的家用电器？"。让学生感受到物理知识的实际应用价值。例如，介绍电磁感应中的互感现象和涡流，让学生在理论基础上进行分析和推理。引导学生运用科学思维的方法，如归纳、分类、比较、推理等，来解决问题。

另外，可以提供一些解决问题的方法和指导。引导问题分析，帮助学生了解问题的背景信息和相关知识，培养他们从多角度分析问题的能力。通过提问、小组讨论等方式，引导学生找出问题的核心，并逐步深入探讨。例如，针对"如何减少电动车的能量损耗？"这一问题，可以引导学生思考摩擦力、空气阻力等因素。例如，针对"为什么我们的手机充电需要使用变压器？"或"为什么大功率电器使用的插座与小功率电器不同？"这一问题可以引导学生思考电磁感应的产生条件。让学生分组讨论并让学生分享自己观察到的生活现象，并尝试用物理知识解释。

（三）引导学生进行实验，鼓励学生进行观察

在混合式教学中，引导学生进行实验和观察是培养科学思维的重要方法。设计一些使用家庭常见材料的简单物理实验，让学生在课后进行实验操作和观察。

首先，提前为学生准备好实验指导，包括实验的目的、步骤、所需材料和器材等。确保学生了解实验目标和操作方法，提高实验的质量和有效性。进行操作性实验：设计适合学生能够操作的实验。例如，通过拆解生活中用到的变压器，让学生了解变压器的结构，同时意识到实际的变压器与实验室的

变压器模型结构是一样的。

其次，设计引导性问题，引导学生进行观察和思考。以《牛顿第一定律》教学为例，设计问题以确保学生理解实验的基本概念和原理。例如，问题1：在这个实验中，我们要验证牛顿第一定律。请你描述一下什么是牛顿第一定律。问题2：观察实验中的小车，当我们不施加外力时，小车的运动状态如何变化？为什么？引导学生分析实验过程中的每一步，理解各步骤的意义和目的。鼓励学生关注实验细节，逐步建立逻辑联系。例如，问题1：在实验中，我们需要先校准传感器。请解释为什么校准传感器是重要的步骤？问题2：当我们改变实验条件（如增加小车的质量）时，结果有何变化？你认为这反映了什么物理规律？提出假设，让学生通过实验验证假设的正确性。鼓励学生进行预测，并解释预测的依据。例如，问题1：如果我们增加小车的质量，你认为小车的加速度会如何变化？请你预测并解释理由。问题2：假设在没有摩擦力的情况下，小车会一直保持匀速运动。请你设计一个实验步骤来验证这个假设。引导学生对实验数据进行分析，得出结论。鼓励学生用图表和公式来解释实验结果。例如，问题1：请绘制出实验中小车速度随时间变化的图像。你能从图像中看出什么规律？问题2：根据实验数据，计算小车的平均加速度。结果是否符合你的预期？为什么？

（四）注重实际情境分析，经历模型建立过程

在高中物理教学中，注重实际情境分析和经历模型建立过程是培养学生科学思维和实际问题解决能力的关键。通过将物理知识与现实生活相结合，并引导学生亲身参与模型的建立，教师可以帮助学生更深入地理解物理概念，提升他们的综合素养。

实际情境分析是物理教学的起点。教师应选择与学生生活经验相关的实际情境，引导学生从日常生活中发现物理现象。例如，在讲授力学时，可以利用交通工具的运动、建筑物的结构稳定性等情境，展示物理原理在现实生活中的应用。通过分析汽车刹车时的制动距离，引入运动学和力学的相关知识；在讲解热学时，可以利用家用电器如冰箱、空调的工作原理，讲述热力学定律。这种方法不仅能激发学生的学习兴趣，还能使他们更直观地理解物理概念。

一方面，可以采用问题驱动的教学方法，通过实际情境中的问题激发学

生的探究兴趣。在教学过程中，教师可以提出与实际情境相关的问题，例如"为什么不同材质的球在同一高度落下会有不同的弹跳高度？"或"为什么家庭电路中要并联电器设备？"通过这些问题，引导学生主动思考和探究物理现象，应用所学知识进行分析和解决。这种方法能够培养学生的主动学习能力和创新思维。

在实际情境分析过程中，教师应指导学生详细分析物理现象和问题，识别关键变量和条件。这一过程有助于学生学会从复杂的现实情境中抽取主要因素，简化问题，并建立合理的物理模型。例如，在分析汽车刹车问题时，学生需要考虑速度、摩擦力、刹车距离等因素，通过建立力学模型来解释现象和解决问题。教师应鼓励学生使用图表、示意图等工具，帮助他们更好地理解和表达物理现象。

在模型建立过程中，教师应引导学生逐步构建物理模型。从简单模型入手，逐步增加复杂性。比如，在讲解自由落体运动时，教师可以先引导学生建立一个不考虑空气阻力的简单模型，通过实验和观察确定重力加速度。然后，逐步引入空气阻力的影响，建立更复杂的模型。这个过程中，学生可以通过实验数据的分析和对比，逐步理解不同因素对运动的影响。

另一方面，设计与实际情境相关的实验是模型建立过程的重要一环。通过实验，学生可以亲身验证物理模型的正确性和适用性。例如，在学习自由落体运动时，设计相应的实验让学生测量物体下落的时间和距离，并与理论计算进行对比。实验数据的分析与讨论能够帮助学生更好地理解物理模型的应用，并培养他们的科学探究能力。教师应指导学生在实验过程中记录数据、分析数据，并通过实验结果验证模型的准确性。

唤醒　内化　应用：指向思维提升的普高数学小实验设计创新

浙江省淳安县汾口中学　洪之来

摘　要：课题在高中数学新课程标准背景下，从需求原则、最近发展区原则、愿景发展原则等设计数学"小实验"活动。从唤醒思维、内化思维、应用思维等三个方面设置活动，促进促进学生思维能力、实践能力和创新意识的发展，探寻事物变化规律，增强社会责任感。

关键词：唤醒　内化　应用

高中数学课程标准（2017年版2020年修订）（简称新课程标准）明确指出数学教育促进学生思维能力、实践能力和创新意识的发展，探寻事物变化规律，增强社会责任感。针对设计数学"小实验"的方式创建教与学新方式，打破传统作业和授课模式，用体验实践方式提升学生数学思维、养成探究思维。

一、数学小实验界定

数学小实验是指在高中新课程标准指导下数学研究性学习活动课。从观察分析、调查研究、模拟操作、数据分析等实验方法研究数学核心概念过程，唤醒思维初心、内化思维方法、应用思维成就。研究问题经历提升学生数学思维的活动。数学小实验具有四个特征：

（一）起点"小"，激发思维兴趣度

设计研究起点是数学思维活动备用常见基本知识点，促使学生参与研究性实验活动，在活动有着成功体验。

（二）成本"小"，提升思维温暖度

陶行知说社会就是学校，数学小实验材料来源学生生活中生活用品、学农基地、自然风景、社会规律。

（三）内容"小"，提升思维热情度

农村普高生思维存在差异性，选择实验活动内容小且开放，基础薄弱的学生跳一跳要能完成任务。

（四）反馈"小"，凸显思维精准度

用钉钉平台，把数学小实验成果反馈给任课教师，任课教师在课堂教学反馈。

二、数学实验设计意义

（一）唤醒思维，"需求"中驱动

马扎诺学习行为模型，面临新的任务时，首先由自我系统来判断任务的意义以及自己愿意投入的程度。依据马斯洛需求，从生存、安全、爱和尊重等方面需求选择数学"小实验"活动题材，让学生在体验活动中感悟学习数学重要性，激发数学兴趣。

（二）内化思维，"最近"中助推

具身认知是身体、环境、活动三者协同作用的结果，身体体验、情境融合尤为重要。最近发展区原则，评测学生数学六个核心素养，学习的起点、盲点可视化，根据盲点从思维角度从低高依次建立对应"小实验"研究学习项目，让学生体验中，获取成功和自信。

（三）应用思维，"愿景"中发展

应用思维是生会看、会想、会表达的数学思维。"愿景"是为之奋斗希望达到的美好蓝图，目标完成使命及人生核心价值认同。布鲁姆教育教育目标理论可知：当应用数学思维价值融入学生追求人生"愿景"中，激发持久性主动用数学思维解决问题。

三、数学小实验实施

（一）数学小实验之"思维唤醒"

数学"小实验"活动题材从破解学生实际生活问题为研究突破口，按照马斯洛需求理论，用"小实验"直观体验幸福生活背后的幸福奋斗。在"小实验"探究研学活动中，破解学生生活疑惑，给与学生生活明确目标，让学生更适应生活；同时给与学生新视野解决数学问题，激发学生学习数学的活力，适应新课标学习，适应未来发展。

实验1：寻找成功者足迹，唤醒数学思维

1.实验引导：激发学生成功追求欲望

有着梦想，才有追求；有了追求，才有希望。年轻时的梦想是做一个成功人士，为社会做更大的贡献。家乡成功人士是我们学习榜样，他们的智慧令我们羡慕，他们的执着令我们佩服，他们的奉献让我们感到社会的温暖。成功者一定有着成功的方法。寻找家乡成功幸福者足迹，让成功者引领我们走向幸福。

2.实验设计：创建亲近成功者机会

寻找成功者足迹注意事项：一是从家乡寻找基层成功者，方便学生探究成功者家风、生活习惯以及成功具体事迹；二是探究时间放在春节，相对探究信息比较多，能更全面了解成功者成功因素；三是成功者价值取向要符合社会主义核心价值观，探究内容要有正能量。

3.实验反馈：唤醒数学思维（见表1）

表1　寻找成功者足迹，唤醒探究思维

采访者：高二（8）班　王晶　成功者的姓名　方升文			
寻找 项目	看到（听到）的内容	想到的	感到
大门对联	千家喜迎新春到，万户恭迎福运来	人们对未来充满希望	人们面向未来的良好心态
倾听一个故事	当街上所有人都回家了，唯有他坚持岗位	家人团聚	必须有付出才有收获
了解他家家风	不求荣华富贵，但求做人正直	自己要做人也学习	有点愧疚对父母的教导
了解他家家训	平安、健康、正直向上	有些人却偏离这些基本的教训	要向他学习

在寻找成功者足迹活动中，发现家乡美，培育家乡情感；寻找成功者足迹过程中，体会分析思维、推理思维、归纳法，让数学思维方法在学生探究活动不断得到锻炼和提升。

（二）数学小实验之"思维内化"

教育家杜威强调"做中学"，实践出真知。让学生做自己喜欢做的事情，从学生做事情过程中提升数学学习兴趣，赋予数学生活的气息和活力。如数学运算过程情境化、故事化、文学化，改变枯燥数学抽象的形象，激发学生学习数学自信和培养学习数学的情感。用数学方法分析生活，了解生活变化规律，适应生活；为学生今后个性发展奠定基础，适应未来发展；让学生更有激情学习数学，提升数学思维能力，适应学习。

实验2：走进生活细节，内化思维方法

1.实验引导：学习有用数学，激发数学思维

具身认知是身体、环境、活动三者协同作用的结果，身体体验、情境融合尤为重要。从"想学"到"会学"，需要学生主动参与和学习反思。架构生活与数学桥梁，每天做一个小实验，让你爱上高中数学。

2.实验设计：实践学习数学，设置真实情景

电和煤气烧开水是生活最常见，高中生必须学会操作，符合高中身心特

点。在设计数学实验需要在安全保障下才能进行，是实验开展的前提。设计路径是开放性，引导学生多种算理实践；同时每一种路径需要具体数据支撑，需要数学思维的严谨性和创造性。在实验过程中，让学生数学融入生活，解决生活一些问题，是学生于数学有着更多亲切感。

设计实验比较用电和煤气那种实惠（如烧饭，烧水时间统计，计算作业出单位时间费用进行比较）

3. 实验反馈：真实统计反馈，践行数学思维

表 2　数学小实验之运算内化比较法分析表

从单价角度进行探究	从能量转化角度探究	从同体积水结果角度探究
方玲的作业 方玲 提交于 周二 07.19 20:03 天然气烧水一小时要天然气0.35立方米，半小时需要天然气0.175立方米，一方气按2.75元计算，需花0.48元。用电的话，应该烧不了半小时，电磁炉15分钟估计就好了，按2KW/H计算，0.5元一度电，1小时需要1元，15分钟需要花0.25元，用电合适。	用电和用煤气烧水哪个更省钱 每公斤煤气热值11000大卡，一度电热值3600000J，水比的比热容为4200焦每摄氏度，1大卡＝4.18千焦，燃气灶热效率55%，热水壶的热效率为90%，煤气价格约为9.1元每斤，电费约为0.58元每度。 假设水初温度为20℃，烧到100℃ 烧一公斤水煤气所需花费为 $1 \times (100-20) \div 55\% \div 9.1 \div 2 \div 11000 \approx 2.6$元 $4200 \times (100-20) \times 10 \div 9 \times 0.58 \div 3600000 \approx 0.1$元 $2.6 > 0.1$ 所以用电烧水更便宜	

布鲁姆的教育目标分类理论可知：有体验，有尝试、有交流促进学生高级思维的发展。学生在用"小实验"研究学习中，运用数学解决问题时，不断地经历直观感知、观察发现、归纳类比、空间想象、抽象概括、符号表示、运算求解、数据处理、反思与建构等思维过程。

（三）数学小实验之"思维应用"

根据学习金字塔理论，"做中学"可以掌握75%。设计数学"小实验"给予学习参与实践，用数学观察世界，用数学语言表达世界，在操作中理解数学，提升数学素养。

实验3：玩着学习数学，激发数学应用

夸美纽斯指出："找出一种教育方法，使教师因此而少教，但是学生可以多学；使学校因此可以少些喧蓄、厌恶和无益的劳苦，独具闲暇、快乐及坚实的进步。"

1. 实验引导：用技术玩数学，成就未来梦想

根据马斯洛需求理论所知，用数学知识设计自己期待物品和场景，实现

自我价值，是激发学习数学最直接的动力。用信息技术为载体，设计数学图像和用数学知识制造出机械图像、设计家庭小院子。通过设计应用小实验，展示信息技术在数学学习重要性，可以把复杂数学解释式用美丽图像表示，促进学生更改的理解函数图像的意义；结合信息，运用数学知识设计生产零件和美丽家庭庭院，满足创新生产和幸福生活发展需求。

2.实验设计：任务驱动，构建美好生活

布置设计任务有三个特点：一是指明应用数学知识点进行设计；二是开放的问题，设计对象让学生自己选择，充分发挥学生创新的能力；三是优秀作品给予评价，促进学生设计持续发展。

设计活动提倡三种观点：一是参与就是成功，对学生作品要求低，但是对参与度要求高，这样能够促进所有学生都参与设计活动；二是设计就是开放。信息技术是学生生活不可缺少的，但是学生只把手机、电脑当成游戏工具，而没有使用学习，用设计活动解放学生只玩游戏不学习习惯，推进用手机进行学习数学活动；三是差异发展。

3.实验反馈：数学进入生活，生活用数学

如下面是学生优秀作品。如（表3）是学生运用信息技术设计生产零件和家庭小院设计。

表3　学生运用信息技术设计生产零件和家庭小院设计

类型	模具制造	小庭院设计
案例示意图		
活动设计	用一些零件，请多角度观察并绘制图像	根据家里小庭院，你设计让他更美
活动意义	培养学生空间想象能力和动手制造能力	培养家国情怀的思想，让数学美融入生活，增强数学魅力
数学素养	空间想象素养	创新素养

幸福生活是每一个人追求。用数学思维设计幸福每一个元素实验活动，在活动中促进学生更高层理解幸福内涵，幸福是一种欣赏思维创新，幸福是一种人生奋斗经历，幸福是一种自我成功体验，让学生拥有更多人生幸福，树立积极人生观奠定基础。

四、结束语

用希望的爱呵护数学思维初心，设置实验活动陪伴哺育思维梦想，唤醒对数学思维的兴趣；用陪伴的爱磨炼数学思维成长，内化思维成长方法，用实验方法落实数学核心素养；用分享的爱创造数学思维高度，思维方法解决实际问题，形成观点。

学习有路"疑"为径，思维无涯"探"作舟

——新高考背景下解三角形复习思考

浙江省淳安县第二中学　唐慧维

摘　要：解三角形是高中数学的重要组成部分，体现的是几何图形与代数的关系，主要考查正弦定理余弦定理，本文就解三角形在涉及三角形的中线、角平分线、三等分线等问题时，主要探讨方程思想在解题中的应用，充分体现方程思想在解题过程中的指导性。

关键词：数学思想；方程函数

一、问题的提出

2022年我们浙江省将参加全国高考，用的试卷是全国卷1，为此，我们给2023届学生先做了2022年的全国新高考卷1的三角函数题，结果全班只有1–2个人会做第2小题，在之后的联盟考试中三角函数（大题）的平均分才2.3分，而在以前浙江卷我们的三角函数题的平均是13分左右（满分15分），这么大的反差，是什么原因呢？因此我们有必要研究一下全国卷的三角函数发生了什么变化？我们该怎么做才能更有效地复习三角函数？我们应该需要用什么样的数学思想来武装学生，才能使三角函数这个"送分题"的分数真正的送到学生的口袋中呢？

二、理性思考

撇开一些客观原因，如上课不认真等，从数学专业的方面分析，有以下几个原因：

（一）教材已"新"，教师仍"旧"

新课标新教材着力于以学生为主，提高学生的核心素养，把握数学本质，安排"观察""思考""探究""归纳"等栏目，启发学生思考，强调数学思想和方法的引导，突显学生才是学习的主人，培养学生形成系统的学习习惯。又在习题的"拓广探索"部分，设计了一些开放探索型题目，以给学生探求问题的机会，培养学生勇于探索的创新精神。新教材在设"疑"方面做出了很好的示范，我们应善于利用教材中的这些"疑"，在教学中适时恰点地提出这些问题进行激发思维，或者要求学生在阅读教材时，除了注意思考教材中设置的这些问题，还要体会问题和情境之间的关联，让学生感悟提出问题以及怎样表述问题，训练学生寻"疑"、探"疑"的意识和能力。

然而，我们许多教师没有认真去分析、学习教材，仍用老的教学方式教育学生，采用填鸭式教学，以老师为主，学生配合的方式上课，因此学生没有真正会学习，学生接受的知识的过程是被动的，不主动的，学生的学习兴趣是得不到培养的，更不能培养学生发现问题，分析问题，解决问题的能力，而且不以学生为主，学生的个性以及人与人的交往能力都缺乏锻炼。

（二）方式已"变"，学生仍"固"

新教材强调数学学习方式上的多样化，强调数学学习方法上的循序渐进性，强调数学学习要学会独立思考，突出学生在学习过程中会"疑"，致力于培养学生会"探"。要求教师在讲解例题时，结合学生的实际情况做好解题分析，重视提炼其中的数学思想方法，让学生感悟数学解题过程中的数学思想方法的形成过程，以提高学生会"疑"、会"探"的能力。

而我们学校的很多学生仍然以以前的学习方式学习，不主动学习，得过且过，没有上进心，造成基础知识薄弱，知识点不熟练，公式没有记熟，导致思维受阻，比如升幂公式，学生就算看到 1+cos2x 都没任何想法。前面所学的知识往往是后面学习的基础，因此，如果学生对前面所学的内容达不到规定的要求，就会导致后面的知识理解产生阻碍，就不能及时掌握知识，就会在学习过程中不断地产生"疑"。

总之，我们在教学过程中应当以学生为主体，努力培养学生的探索精神，提高学生的求知欲，锻炼学生的意志力和思维能力，使学生产生战胜困难，战胜自我的信心，培养学生敢"疑"。在教学过程中，注重数学定义，公式的理解，锻炼学生对数学思想的应用，培养学生善于归纳，善于反思的数学思维习惯，形成寻"疑"、探"疑"、会"疑"的学习方式。

三、近五年浙江高考与全国卷比较

（一）近五年浙江卷的知识点、能力与素养

浙江卷	题号	知识点	能力与素养要求
2022	6	三角函数图像与性质	逻辑推理、数学运算
	13	三角恒等变形	逻辑推理、数学运算
	18	解三角形	逻辑推理、数学运算
2021	8	三角恒等变形	逻辑推理、数学运算
	14	解三角形	逻辑推理、数学运算
	18	三角函数图像与性质	逻辑推理、数学运算
2020	13	三角恒等变形	逻辑推理、数学运算
	18	解三角形	逻辑推理、数学运算
2019	14	三角恒等变形	逻辑推理、数学运算
	18	解三角形	逻辑推理、数学运算
2018	13	解三角形	逻辑推理、数学运算
	18	三角恒等变形	逻辑推理、数学运算

（二）近三年全国卷的知识点、能力与素养

年份	试卷	题号	知识点	能力与素养要求
2023	新高考1	8	三角恒等变形	逻辑推理、数学运算
		15	三角函数图像与性质	逻辑推理、数学运算
		17	解三角形	逻辑推理、数学运算
	新高考2	7	三角恒等变形	逻辑推理、数学运算
		16	三角函数图像与性质	逻辑推理、数学运算
		17	解三角形	逻辑推理、数学运算
	全国甲卷	理7	三角恒等变形	逻辑推理、数学运算
		理10 文12	三角函数图像与性质	逻辑推理、数学运算
		理16	解三角形	逻辑推理、数学运算
	全国乙卷	文14	三角恒等变形	逻辑推理、数学运算
		理16 文10	三角函数图像与性质	逻辑推理、数学运算
		理18	解三角形	逻辑推理、数学运算
		文17	解三角形	逻辑推理、数学运算
2022	新高考1	6	三角函数图像与性质	逻辑推理、数学运算
		18	解三角形	逻辑推理、数学运算
	新高考2	6	三角恒等变形	逻辑推理、数学运算
		9	三角函数图像与性质	逻辑推理、数学运算
		18	解三角形	逻辑推理、数学运算
	全国甲卷	理11	三角函数图像与性质	逻辑推理、数学运算
		文5	三角函数图像与性质	逻辑推理、数学运算
	全国乙卷	理15	三角函数图像与性质	逻辑推理、数学运算
		文11	三角函数图像与性质	逻辑推理、数学运算
		理17	解三角形	逻辑推理、数学运算
		文17	解三角形	逻辑推理、数学运算
2021	新高考1	4	三角函数图像与性质	逻辑推理、数学运算
		6	三角恒等变形	逻辑推理、数学运算
		19	解三角形	逻辑推理、数学运算
	新高考2	18	解三角形	逻辑推理、数学运算
	全国甲卷	理9 文11	三角恒等变形	逻辑推理、数学运算
		理16	三角函数图像与性质	逻辑推理、数学运算
	全国乙卷	理7	三角函数图像与性质	逻辑推理、数学运算
		文4	三角函数图像与性质	逻辑推理、数学运算
		文6	三角恒等变形	逻辑推理、数学运算

四、课堂教学实践

（一）内容和内容分析

1. 内容：方程思想在解三角形中的应用

2. 内容解析：

解三角形就是求三角形的三条边三个角，涉及三角形的中线、三等分线、角平分线及三角形面积等问题，灵活应用余弦定理、正弦定理求解三角形，体现几何与代数关系。在解三角形的过程中，蕴含着数形结合、方程思想、数学推理、等思维方法；在求解三个角与三条边时，通常需有应用正余弦定理，用方程思想来解决求边角关系，在求解过程中突出数学推理等核心素养。

（二）学生起点分析

在一轮复习中，学生对三角函数的各个公式基本掌握，基本具备三角函数、恒等变换、解三角形的基础知识，具有学习数学思想在三角形中的应用的基本知识储备。同时在一轮复习中，学生对于正弦定理余弦定理能解决的问题种类也基本掌握，但学生数形结合作图能力不强、方程思想、函数思想理解不够深刻，因此在遇到中线、三等分线、角平分线等问题时不能的灵活应用所学的知识解答问题，甚至对题中的条件无法用所学的知识表示出来。

（三）教学目标与目标分析

1. 目标：

（1）理解三角形知识原理，灵活运用正弦定理、余弦定理。

（2）会用向量表示中线、三等分线等，并能用正弦余弦定理列出方程。

（3）提升方程思想，数形结合，数学计算，数学推理等数学核心素养。

（4）提升学生学习力，创新应用能力，养成自信，勇于探索科学的数学精神，养成良好的数学习惯。

2. 目标解析：（达成目标的标志）

（1）能对题目进行分析，进而能有效地选择采用正弦定理还是余弦定理解决问题。

（2）能根据条件有效的列出条件所表示的方程，能进行较好数学运算，较清晰数学推理，从而解决问题。

（3）在探究学习过程中，学生形成寻疑、探疑、释疑的自主学习方式。

（4）能自信的展示自己的解答过程，能大胆主动合作交流，班级形成良好的学习氛围。

（四）教学重点与难点

1. 教学重点：方程思想在解三角形的应用，在解答过程引导学生寻疑、探疑、释疑。

2. 教学难点：根据条件写出对应的方程，并解方程，如何引导学生寻疑、探疑、释疑。

（五）教学流程

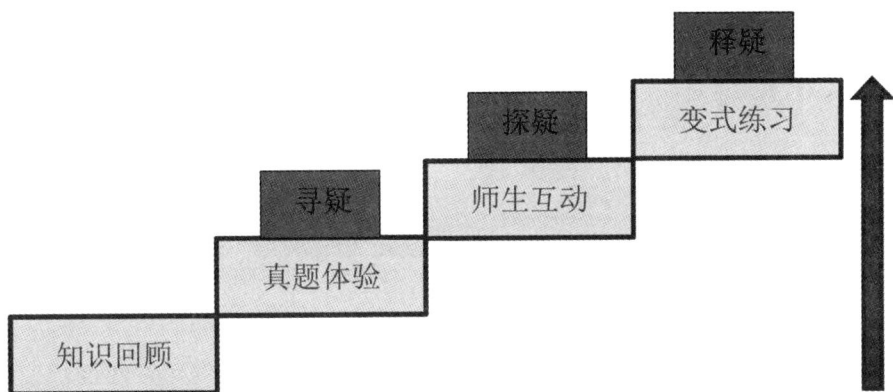

教学流程图

1. 知识回顾——敢"疑"

①. 正弦定理：$\dfrac{a}{\sin A}$ = _____ = _____ =2R（其中 R 为 ΔABC 外接圆半径）

②. 余弦定理：a^2= _____ ；$\cos A$= _____

③. 三角形面积公式：

$S = \dfrac{1}{2}ab\sin C$ = _____ = _____ = $\dfrac{1}{2}(a+b+c)r$（其中 r 为 ΔABC 内

切圆半径）

设计意图：回顾知识点，把本节课要用的基础知识回顾一下，为本节课的顺利展开提供保障，为后面的数学思想学习做好铺垫，为学生敢"疑"提供信心。

2.创设情境——寻"疑"

（2021新高考卷）记 $\triangle ABC$ 的内角 A，B，C 的对边分别为 a，b，c.已知 $b^2=ac$，点 D 在边 AC 上，$BD\sin\angle ABC=a\sin C$.

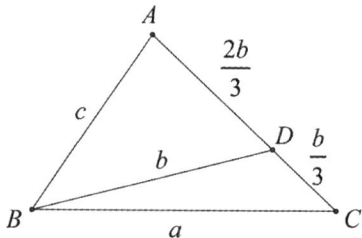

（1）证明：$BD=b$.

（2）若 $AD=2DC$，求 $\cos\angle ABC$.

学生疑问1：第1问像正弦定理去分母后的结果，想用正弦定理解题，结果比较绕？

学生疑问2：我知道第1问的结论一般是为第2问铺垫的，但是我没法把 $BD=b$ 这个条件用起来？

学生疑问3：我把条件都表示出来，但是我算不出来。

学生疑问4：没有一个条件是具体的数据，我没信心把题算出来。

设计意图：以解高考题遇到的疑问来引入，揭示本堂课需要学习数学思想，展示教学过程中的寻"疑".

3.师生互动——探"疑"

引例：（2023·广东·高三联考）在 $\triangle ABC$ 中，a，b，c 分别为内角 A，B，C 的对边，若 $\sqrt{3}\sin(A+B)=\sin A+\sin B$，$\cos C=\dfrac{3}{5}$，且 $S_{\triangle ABC}=4$，则 $c=$（　　）

A. $\dfrac{4\sqrt{6}}{3}$　　B.4　　C. $\dfrac{2\sqrt{6}}{3}$　　D.5

师：请大家动手解一下本道题.（时间过了5分钟）

师：每个条件我们可以怎样处理？

生1：条件 $\sqrt{3}\sin(A+B)=\sin A+\sin B\Rightarrow\sqrt{3}\sin C=\sin A+\sin B\Rightarrow\sqrt{3}c=a+b$.

条件 $\cos C=\dfrac{3}{5}$，可以采用余弦定理，条件 $S_{\triangle ABC}=4$ 可以采用面积公式.

师：非常好！大家掌声鼓励一下.（此时教室里响起了热烈的掌声）

师：为什么 $\sqrt{3}\sin(A+B)=\sin A+\sin B$ 这个条件，你化成边的关系？

生1：因为本题求的是边长，因此把所有条件都转化成边的关系。

师：说得很对，很有思想，把你的过程展示一下（投影）

引例：（2023·广东·高三联考）在 $\triangle ABC$ 中，a，b，c 分别为内角 A，B，C 的对边，

$\sqrt{3}\sin(A+B)=\sin A+\sin B$，$\cos C=\dfrac{3}{5}$，且 $S_{\triangle ABC}=4$，则 $c=$（ B ）

$\sqrt{3}c=a+b$

A. $\dfrac{4\sqrt{6}}{3}$ B. 4   C. $\dfrac{2\sqrt{6}}{3}$ D. 5

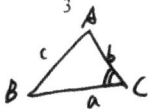

$S=\dfrac{1}{2}ab\cdot\dfrac{4}{5}=4 \Rightarrow ab=10$

$\sqrt{3}c=a+b$

$c^2=a^2+b^2-2ab\cdot\dfrac{3}{5} \Rightarrow c^2=3c^2-20-12 \Rightarrow 2c^2=32 \Rightarrow c^2=16$

小结：

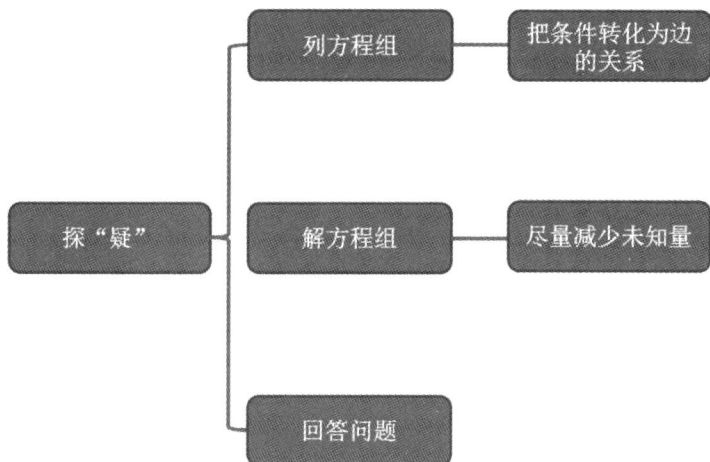

设计意图：本题求的是边，把题目中的条件都转化成边的关系罗列出来，把命题转化为解方程组，通过本题引出本课的主题方程思想在解三角形中的应用，让学生体会探"疑"的过程.

4.变式练习——释"疑"

变式：（2023新高考卷2节选）在 $\triangle ABC$ 中，内角 A,B,C 的对边分别为 a，b，c，$\triangle ABC$ 面积为 $\sqrt{3}$，D 为 BC 的中点，且 $AD=1$. 若 $b^2+c^2=8$，求 b，c.

师：本题是 2023 年新高考卷 2 的

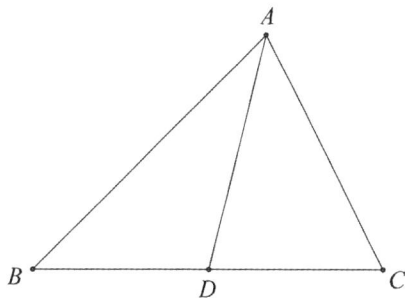

第 17 题，同学们能否根据上题讲过的思路来试着解答这题本题？（给 5 分钟尝试）

师：有谁来展示一下？（点一名同学发言）

生 2：我把面积表示成 $S = \frac{1}{2}bc\sin A = \sqrt{3}$，$AD$ 是中线，所以我把 $AD = 1$ 转化成向量的中线公式，所以合起来是，$\begin{cases} \frac{1}{2}bc\sin A = \sqrt{3} \\ b^2 + c^2 = 8 \\ \overrightarrow{AD}^2 = \frac{1}{4}\left(\overrightarrow{AB} + \overrightarrow{AC}\right)^2 \end{cases}$

化简后得 $\begin{cases} bc\sin A = 2\sqrt{3} \\ b^2 + c^2 = 8 \\ 4 = b^2 + c^2 + 2bc\cos A \end{cases}$，解得 $\begin{cases} A = 120° \\ b = 2 \\ c = 2 \end{cases}$.

师：面积有三个公式，你为什么选择这个？

生 2：因为求 b，c，所以把面积表示成含 b，c 的式子.

师：这个方程组你是怎么解出来的？

生 2：$\begin{cases} bc\sin A = 2\sqrt{3} \\ b^2 + c^2 = 8 \\ 4 = b^2 + c^2 + 2bc\cos A \end{cases} \Rightarrow \begin{cases} bc\sin A = 2\sqrt{3} \\ 4 = 8 + 2bc\cos A \end{cases} \Rightarrow \begin{cases} bc\sin A = 2\sqrt{3} \\ bc\cos A = -2 \end{cases}$，

两式相除可得 $\tan A = -\sqrt{3} \Rightarrow A = 120°$，回代方程有 $\begin{cases} bc = 4 \\ b^2 + c^2 = 8 \end{cases} \Rightarrow b = c = 2$.

师：非常棒！可以说他的解法已经是最优解了. 那么还有其他解法吗？特别是 $AD = 1$，除了用向量的中线公式，还能用什么思路去处理呢？

生 3：我是用余弦定理处理的，角 B 在 $\triangle ABD$ 和在 $\triangle ABC$ 中是一样的，

$$\cos B = \frac{c^2 + \frac{a^2}{4} - 1}{2 \times \frac{a}{2} \times c} = \frac{c^2 + a^2 - b^2}{2ac} \Rightarrow a^2 = 2\left(b^2 + c^2 - 2\right) = 12 \Rightarrow a = 2\sqrt{3}$$

因此，所有多了 a，所有再利用余弦定理把 a 用起来建立方程组. 所有我的解法是

$$\begin{cases} bc\sin A = 2\sqrt{3} \\ b^2 + c^2 = 8 \\ \cos B = \dfrac{c^2 + \dfrac{a^2}{4} - 1}{2 \times \dfrac{a}{2} \times c} = \dfrac{c^2 + a^2 - b^2}{2ac} \\ a^2 = b^2 + c^2 - 2bc\cos A \end{cases} \Rightarrow \begin{cases} bc\sin A = 2\sqrt{3} \\ b^2 + c^2 = 8 \\ a = 2\sqrt{3} \\ 12 = 8 - 2bc\cos A \end{cases} \Rightarrow \begin{cases} bc\sin A = 2\sqrt{3} \\ bc\cos A = -2 \end{cases},$$

所以 $\tan A = -\sqrt{3} \Rightarrow A = 120°$，回代方程有 $\begin{cases} bc = 4 \\ b^2 + c^2 = 8 \end{cases} \Rightarrow b = c = 2$．

师：非常好，为两位同学鼓掌，两位同学从两个角度对中线长的处理，也形成这道题的两种解法，进一步说明只要我们把题目中的条件罗列出来建立方程组，一般来说有几个未知量建立几个方程，就可以解决问题．

设计意图：巩固本节课的主题，再次要学生体会方程思想的应用，通过这个练习题我们说明有关中线的问题，建立方程的思路可以用向量的中线公式，也可以通过同一个角在不同的三角形中的余弦值相等建立等量关系，从而建立方程组，解决问题，达到释"疑"的效果。

四、研究成效

（一）数学学习习惯得到提升

良好的学习习惯是数学学习取的有效成果的必要条件，我们在教学过程中应有意识地培养学生的数学学习习惯，在课堂上，我们注重启发学生的独立思考的习惯，因为独立思考是学生会"疑"的基础，还要培养认真听讲的习惯，要求学生提高专注度，听讲不仅仅是听老师讲，还要学会倾听学生的发言，并大胆地说出自己的"疑"。在自己"疑"的地方要集中注意力听别人讲，听别人对问题是如何"探"的。同学之间的影响是巨大的，我们应适当把会"疑"的学生树立成榜样，发挥榜样的作业，让更多的人会"疑"，数造一个良好的数学氛围。

（二）学习方式得到提升

学习方式对于学习数学来说非常重要，新课标新教材是以学生为主，学生才是课堂的主人，改变传统的学习方式才能更好地体现学生为主，在学习方式上培养学生会"探"，学生会"探"的前提是学生已掌握扎实的基础知识，在这个基础上需要理清解题的基本思路，然后尝试改变一些条件，看一看原来的思路是否还适用，是不是有其他方法，并且讨论其他思路的适用性。多尝试多比较，一题多解，才能把一系列问题都想清楚。数学家华罗庚曾说过：学习数学的过程就是把书从厚读到薄的过程。在厚读到薄的过程中，就是要学生多做、多看、多想，于万变中求不变。这个过程需要学生学会"探"，多动脑。爱迪生曾说：天才是 99% 的汗水和 1% 的灵感。对于大多数学生来说，我们可以让他们通过多做题，多想题，多接触一些基本的数学思维等方式去培养学生会"探"的能力。

（三）数学素养得到提升

学会，是以老师为主导，使学生被动的学会的一些知识，技能。而会学是以学生为主体，是学生在数学学习过程中，充分发挥学生的主观能动性，是学生主动地学习、主动地领悟一些知识，技能，会学与学会是递进式的逻辑关系，因此我们在教学过程中以情境为载体，以问题为导向教学设计，让知识与能力结合，真正做到"授之以鱼不如授之以渔"。

而教师要让学生由"学会"到"会学"，就必须将目光从侧重教学内容向侧重学法指导这一方转移。

基于思辨力培养的高中语文
批判性阅读教学探究

杭州市淳安县汾口中学　余如成

摘　要：批判性阅读可以培养学生思辨力，进而理性审视社会现象。本文首先分析了当前高中语文阅读教学的困境在于思辨力的缺场；接着阐述了如何设计高中语文批判性阅读教学以培养学生思辨力；最后，深入论述了高中语文批判性阅读教学的实施策略。真正实现批判性阅读对作品意义的生成和建构，实现学生思辨力的培养和提高。

关键词：批判性阅读；思辨力培养；高中语文教学

一、思辨力的缺场：当前高中语文阅读教学的困境分析

新课程改革以来，尽管课堂教学中的独白和灌输逐渐被自主、合作、探究等新型学习方式所取代，但是由于教师对新型学习方式的内涵、原理、实施策略等方面理解不到位，使得自主、合作、探究等学习方式在实施过程中出现了许多问题。对学习活动要解决的核心问题，往往只停留在识记和理解的层面上，尤其是学生思辨力培养的缺失，极大程度上弱化了学生核心素养的提升。具体表现为以下方面：

（一）"活动至上"弱化学生语文思辨力培养

新课标提出学习任务群这一课程内容组织方式后，有教师认为学习任务群倡导"任务型教学""项目式学习"等，就是要让学生动起来，而动起来的方法就是搞活动，所以建构教学内容不从语言文字入手，反而想尽办法架空文本。有的凌空蹈虚，组织学生大谈阅读感受；有的只把文本作为引介某种文化观念、某条文艺理论或某段文学史趣谈的"楔子"；有的直接把影视歌舞的

177

观摩排演或某些趣味游戏作为教学内容，而对其与语言文字的内在逻辑联系不加审查。这些课看起来很热闹，实则弱化了学生语文思辨力的培养。

（二）"知识中心"架空学生语文思辨力培养

在当前的高中语文阅读教学中，一些教师仍然坚守着知识中心的教学观念，他们倾向于过分强调学生对知识点的记忆和重复，而忽视了学生对知识的理解和应用能力。这种教学方式实际上与学生思辨力培养的目标形成了错位。思辨力是语文素养的重要组成部分，它要求学生能够在理解和应用知识的基础上进行批判性思考。然而，在知识中心的教学模式下，教师往往只关注知识的灌输，而忽视了知识与文本内容的联系，导致学生无法深入理解知识的实际含义和应用场景。这种教学方式不仅使学生感到枯燥乏味，而且难以激发他们的学习兴趣和主动性。更重要的是，知识中心的教学方式限制了语文课程的育人功能。语文课程不仅仅是知识的传授，更是培养学生人文素养和综合能力的重要途径。然而，在过分强调知识传授的情况下，学生往往只关注知识的积累，忽视了自身能力的全面发展。思辨力作为语文素养的重要组成部分，对于培养学生的独立思考能力、创新能力和批判性思维具有重要意义。然而，在知识中心的教学模式下，学生思辨力的培养被严重忽视，这无疑不利于学生的全面发展。

（三）"言文分离"割裂学生语文思辨力培养

这一点在古诗文教学中尤为严重。教师的确是从语言、审美、文化等不同维度挖掘文本的教学价值，但只看重每个分析维度所得的结论性知识，而不顾及彼此之间的关联，更不留心审美、文化等方面的教学内容是如何从语言文字中被提取出来的，等于忽视了思维在素养发展中的贯通作用。这样建构出来的教学内容，常被归纳为几组不同类型的知识，落实到课堂上也往往按照对知识类型本身的认知顺序，先讲语言，再讲文学或文章学，最后讲文化现象或文化观。看起来该讲的都讲了，而且很有"层次"，实际上是把一篇课文拆成了一节语言课、一节文学课、一节文化课，因为没有通达连贯的思维过程，学生的语文思辨力很难发展。

二、走向"批判性阅读"：基于思辨力的高中语文阅读教学设计

美学理论认为，文本的意义充满了未定性。一方面，因为文本自身存在创作中的空白；另一方面，因为读者与文本的对话是一种不对称的交流，这种不对称的交流，产生了许多空白和未定点，造成文本意义的未定性。对此，教师要善于在课堂上创设问题情景、留有足够空间、把握阅读契机等等，适时地引导学生进行批判性阅读，以培养学生思辨力。

（一）创设批判性阅读情境

创设批判性阅读情境是批判性阅读的一个重要环节，把学生置于思辨新问题的气氛中，使学生在思考、解决问题的动态过程中主动参与学习，真真切切地去敲响思辨的大门。所创设的问题情境应处于学生的"最近发展区"，从而使学生明确任务，激发情趣，内化生成，进而激起思辨的热情。精要的批判性阅读问题情景创设，不仅能使学生主动参与学习，而且能使学生学会如何去提出问题、解决问题，如此，学生就能逐步叩响思辨的大门。

（二）留出批判性阅读空间

参与才会主动，体验才有感受，学生也只有通过自己的阅读思维活动，才能产生鲜活的生成性成果。为此，教师课前预设要富有弹性，注意"留白"，要摒弃单维的、严密的、封闭的、主观的线性教学设计，追求多维的、灵活的、开放的、动态的"弹性"设计，为课堂引导学生批判性阅读留下足够的弹性时间和空白地带，为知识的动态生成、学生的自主建构留有余地，以便在批判性阅读中能宽容地、开放地纳入始料未及的"思辨"之果。这样留出空白的课堂设计，大胆地对教材进行取舍，给学生体验思考的时间，使学生对文本始终处于一种新鲜好奇的感受中，引导学生进行批判性阅读，以"留白"艺术去敲击学生思辨的大门。

（三）把握批判性阅读契机

课堂教学的对象是有思想、有个性的生命体，从这个意义上说，课堂批

判性阅读资源无处不在。教师应时刻关注并抓住契机，做批判性阅读资源的催发者、发掘者和提炼者，使批判性阅读绽放出生命的异彩。一是充分利用课堂的质疑资源。在很多时候，尤其是当教师鼓励学生质疑时，课堂会出现一些始料未及的情况，由此而引发的非预设生成对学生的发展有深远的影响；二是善于利用学生的创意资源。在课堂上会出现许多创意型课堂资源，教师应及时捕捉放大，使其锦上添花；三是妥善处理错误型资源，学生有时也会产生认知偏差或失误，而这些偏差或失误，只要处理得当或许能思辨出"别样的美丽"。

三、基于思辨力培养的高中语文批判性阅读教学实施策略

（一）触摸作者文思

学生与文本的对话，是阅读教学的中心。在日常的阅读教学中我们往往轻视或者忽视教学对象对文本的知情权，在学生尚未熟悉文本，甚至在根本没有接触文本的基础上就提出教学要求，展开教学活动。有效的阅读教学必须尊重阅读的主体——学生，遵循阅读的规律；那种游离文本、任意生成的做法，势必导致"教育引导价值"的缺失。触摸文思应包含三个方面：

一是整体感知文章。学生思维能力的培养，是从理解文本开始的。余党绪老师认为，文本是思辨的前提与根基。文本隐含着作者对这个世界独特的理解与解释，隐含了其特定的视角、立场与视野，当然也隐含了其特有的价值倾向与思维特性。通过文本实证，发现文本的事实与逻辑，"还原"文本的真相，这是阅读的第一要务。例如：《优胜记略》和《续优胜记略》是一种怎样的逻辑关系？它们与阿Q形象又有着怎样的联系？阿Q精神胜利法隐含着怎样的价值取向？……走近阿Q，理解阿Q，形成思维的感性认知，这是课堂教学的起点。我们可以引导学生完成任务1：阿Q具有怎样的人生经历？请给阿Q设计一张名片。任务1指向小说的整体感知，通过"给阿Q设计一张名片"这一任务，可引导学生在理解文本的过程中，直观感受人物形象特点。

二是仔细研读文章。在整体感知文章的基础上还应仔细研读文章。比如接上一教学案例，我们可以引导学生完成任务2：《优胜记略》《续优胜记略》

叙述了哪些故事？可否调换顺序？任务 2 指向小说的情节概括，梳理文本内部的逻辑关系。

三是总体把握文章。譬如：我们可以继续引导学生完成任务 3：阿 Q 精神胜利法是怎样形成的？请为其下一个定义。任务 3 指向精神胜利法形成的历程，目的是让学生真正走进人物内心深处，把握人物形象。

（二）跳出作者文思

阅读作品的过程，是发现和建构作品意义的过程。触摸文思的理想结果便是阅读者对文本有所发现、有所感悟，而跳出文思是研读到一定深度时的智力与心理的必然反映，是自主思辨的开始，对阅读具有无可估量的推进意义和精神价值。因此，教师要随时注意把握学生思辨过程中的"跳出"环节，鼓励学生勇于"跳出"文章原有思路。

例如，屈原与司马迁都是中华民族历史上的杰出人物，一个毅然赴死，一个忍辱而生。他们为什么会有如此不同的人生选择？我要求学生结合文中的相关语句，跳出文本，谈谈个人的认识。学生经理性审视发现，屈原把人格、理想看得比生命更重要，不愿随波逐流，在他的政治理想破灭后，在他的祖国沦丧后，"宁赴湘流，葬于江鱼之腹中"，以死来体现生命的意志和尊严。司马迁为自己规定的人生使命便是要完成千古史记，成就人生的大事业，实现人生的价值，所以隐忍苟活，"就极刑而无愠色"。司马迁和屈原树立了两种人格榜样：一个择生，一个择死；一个以生践志，一个以死明志。这对后世知识分子产生了巨大影响。

"跳出"是因为发现了新问题，"跳出"是为了发现新问题。只有勇敢地跳出原有文思，批判性阅读才得以进行，学生思辨的大门才得以开启。思辨探究，是理解文本之后的深入反省，也是批判性思维的具体体现。批判性阅读就是要拓宽学生思考的空间，使思考从一维走向多维，从浅表走向深层，从碎片化走向链条化，让他们思维的全部过程得以展现，寻求对文本更深层的理解与认知。若要拓宽思维空间，就需运用一定的方法引导学生发现疑点和矛盾，形成认知冲突，激发学生的思考。

（三）进入主体体验

阅读教学是学生、文本、教师多边互动、融合、提升的复杂过程，而学生的主体体验，正是使这一过程能进入最佳状态的重要保证。"新课标"强调了教师"应引导学生设身处地去感受体验"，"尊重学生在学习过程中的独特体验"。主体体验是新我与旧我间的"反省式对话"，是批判性阅读的重要一环。

如：苏轼的《念奴娇·赤壁怀古》，"人间如梦，一尊还酹江月"此句到底该如何理解？学生通过个体体验和合作理性审视，尤其是充分调动已有阅读积淀和利用课外知识参照系，做出了两种解释：一种理解是此时苏轼善于自我解脱，自解自慰，比较达观；一种理解是此时的苏轼有些消沉，愤懑无法排解，只好寄情山水。

然后，我以培养学生思辨力为出发点，进一步让学生去参阅有关苏轼的知识，再一次理解这句话，体验到苏轼的一生，其思想主要是尊崇儒学，有用世之志。但苏轼早年也受到道家思想的影响，入仕后，由于政治上不断受挫折，佛、道思想影响逐渐加深，故而在同一首诗里，既有人生如梦的感叹又有超脱旷达的抒情，这不足为怪。

同时，我们还认识到，个体的体验有很大局限性，思辨需要自我思索，也需要借助外力，如同桌合作、小组合作、同专题学生合作、教师参与式合作等，共享他人的思辨资源。同时将目光迁向课外，如将课堂迁到图书馆、阅览室，查找相关的图书文献资料，触类旁通，获取有针对性的第一手资料。另外还可利用现代信息技术，上网筛选信息和下载有用资料。凡此种种，在批判性阅读中，学生便能充分享受到思辨的乐趣，提高思辨的广度和深度。

批判性阅读正是强调学生解读文本的过程不应是静止的、复现的"镜式反映"，而是结合了自己的独特体会后的一种重新构建，内容应具有丰富性，思维应具有发散性，解法应具有探索性，效能应具有创造性。教师所要做的是为学生创设一个多维空间，从多个角度实现文学作品意义的思辨。

批判性阅读的提出与实施，是建立在对现今语文教学深刻理性审视的基础上的一种新建设、新实践，是深刻领会课程改革精神的一种新思路、新探索。随着批判性阅读基本流程的展开，学生思辨力得到训练，核心素养得以提升。

基于科学思维培养的高中生物学教学策略

——以"细胞的结构"教学为例

杭州市淳安县威坪中学　方旭红

摘　要： 生物学科核心素养中的"科学思维"的培养是新一轮课改和新教材特别强调和突出的一面，基于科学思维培养进行课堂教学就是显得非常重要。本文以浙科版 2019 版高中生物新教材必修 1"细胞的结构"一章的课堂教学为例，在对基于科学思维培养的高中生物教学的价值意蕴分析的基础上，讲述基于科学思维培养的高中生物教学的基本策略和具体的课堂教学实践。

关键词： 科学思维；价值意蕴；生物教学；细胞的结构

一、基于科学思维培养的高中生物学教学的价值意蕴

新一轮课程改革强调培养学生的核心素养，其中科学思维是生物学核心素养的重要组成部分。通过科学思维的培养，可以帮助学生形成积极的科学态度，发展终身学习和创新实践能力。

在高中生物学教学中，着重培养学生的科学思维，不仅能够帮助他们更深入地理解生物学知识，提升其知识应用与问题解决能力，助力其综合能力的全面发展，并真正提升学生的生物核心素养。生物学科核心素养中的"科学思维"的培养是新一轮课改和新教材特别强调和突出的一面。《普通高中生物学课程标准》中指出的，生物学课程要求学生主动地参与学习，在亲历提出问题、获取信息、寻找证据、检验假设、发现规律等过程中习得生物学知识，养成科学思维的习惯，形成积极的科学态度，发展终身学习及创新实践能力。显而易见，科学思维构成了生物核心素养的重要一环，它能够锤炼学生以客观视角认识和实事求是的思维能力，进而推动其生物核心素养的全面形成。

为此，科学思维的培养不仅是生物学科教学的目标之一，也是学生全面发展、提升综合素质的重要途径。

第一，有助于促进学生科学认知发展。科学思维的培养能够帮助学生形成尊重事实和证据、崇尚严谨和务实的求知态度。在生物学习过程中，学生将学会运用归纳与概括、演绎与推理、模型与建模、批判性思维等方法探讨生命现象及规律，从而更好地理解和把握生物学科的本质。

第二，有助于提高学生解决实际问题的能力。科学思维不仅仅是一种认知过程，更是一种解决实际问题的思维习惯和能力。通过培养和发展学生的科学思维，学生将能够更加灵活地运用所学知识，分析和解决生活中的实际问题，提高实践能力和创新能力。

第三，有助于学生形成正确的世界观和价值观。科学思维的培养有助于学生形成科学的思维方式和价值观念。在生物学习中，学生将接触到许多关于生命、自然和环境的科学知识和观点，这些知识和观点将对学生的世界观和价值观产生深远影响。通过科学思维的培养，学生能够更加理性地看待世界和人生，形成积极向上的生活态度。

二、基于科学思维培养的高中生物学教学的基本策略

为了有效分析基于科学思维培养的高中生物学教学实践，本文以浙科版2019版新教材必修1《细胞的结构》一章的教学为例，深入阐述和分析基于科学思维培养的高中生物学教学的基本策略和教学实践。

（一）科学思维培养资源的充分挖掘

浙科版2019版高中生物学新教材非常重视科学思维的培养，在其教材文本中既有明显的科学思维的能力掌握要求，也有典型的科学思维案例，还包括体现科学思维的阅读材料、学生活动和习题检测等。要开展基于科学思维培养的生物教学，就需要充分挖掘教材中所有与科学思维相关的资料，并明确资料与科学思维培养的关系。在必修1《细胞的结构》一章中，有关科学思维的资料主要包括：

第一类，章节前言和本章小结中非常显性的有关科学思维类型及其掌握

要求的内容。比如本章前言部分："本章学习应聚焦的关键能力：2. 通过学习细胞膜结构模型、设计制作细胞结构模型等系列活动，发展批判性思维、模型与建模的科学思维方法"。本章小结部分："基于细胞结构中所呈现的生物学事实和证据，运用归纳与概括、演绎与推理、模型与建模等方式探讨、阐述生命现象及规律，养成探究性的科学思维习惯。"

第二类，隐含在正文叙述、小资料、课外读及课后练习中体现科学思维过程和方法的内容。比如细胞学说的提出和发展体现了"归纳与概括"的科学思维方法；细胞核控制细胞的遗传和代谢正文叙述及其相关小资料体现了"归纳与概括"的科学思维方法；细胞内各结构协调配合，共同执行生命活动正文叙述及其小资料体现了"模型与建模"的科学思维方法；生物膜的研究历程体现了"演绎与推理"的批判性思维方法。

第三类，感受和体验科学思维方法的学生活动内容。尝试制作真核细胞的结构模型体现了"模型与建模"的科学思维方法。

可以说，能反映或体现科学思维的内容，在新教材里的每个章节都有涉及，有的可能是非常显性的，也有的可能是隐含在教材正文、小资料、课外读内容里。但所有这些内容与科学思维的培养都是密切相关的，所以在进行科学思维培养过程中，一定要充分挖掘教材文本中这些与科学思维培养的相关资料。

（二）科学思维培养路径的合理规划

明确了章节需要掌握的科学思维的类型和掌握的具体要求，也挖掘了非常丰富的科学思维培养教材资源，那么如何进行基于教材文本进行科学思维的培养呢？我们深知，教材资料中所蕴含的科学思维过程与方法具有高度的综合性。然而，每一份资料都有其独特的侧重点和深入探讨的领域。这种差异性为我们提供了多角度、多维度的学习视角，有助于更全面地培养学生的科学思维能力。同时，我们必须认识到，科学思维的培养并非一蹴而就，而是一个系统化、长期且循序渐进的过程。这就要求我们在进行科学思维培养时，必须持有长远的眼光，进行持续、有计划的教学与实践。

因此，基于科学思维培养的课堂教学，首要任务是进行细致的单元整体设计。这意味着我们需要对每个教学单元进行周密的规划，明确教学目标，设计符合学生实际的教学活动，制定合理的评价标准。通过这样的设计，我们能够更有效地引导学生逐步深入理解和掌握科学思维，从而达到培养科学思维能力的目标。在这个过程中，我们还需注重教材资源的整合与利用，确保每一份资料都能在科学思维培养的路径上发挥其最大的价值。通过不断的实践与反思，我们可以不断优化教学设计，使之更符合学生的认知规律和学习需求，从而更有效地提升学生的科学思维能力。综上所述，基于教材文本进行科学思维的培养，需要我们进行细致的单元整体设计，充分利用教材文本资料，以及持续优化教学实践，合理规划教学路径（图1），以真正达到科学思维培养的目标。

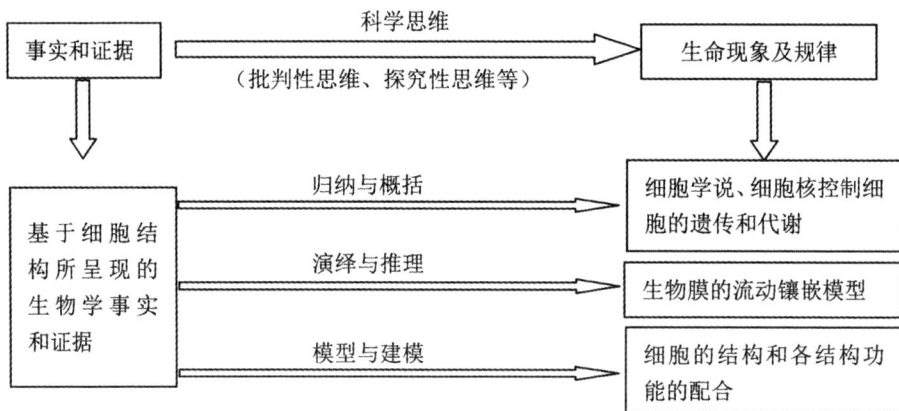

图 1 《细胞的结构》章节科学思维培养路径

通过对科学思维培养的路径规划，一方面可以明确章节教学中对学生科学思维培养的整体要求，另一方面可以明确针对不同教学内容可以侧重某一方面的科学思维内容进行培养。

（三）科学思维培养过程的教材处理

"教材是静态、普适的文本；教学是生长的、鲜活的、充满个性的对话。"所以，基于科学思维培养进行课堂教学，教师需在精心规划的基础上，对教材进行深入解读。这一解读过程不仅包括理解教材内容的字面意义，还涉及对其中蕴含的科学方法和思维逻辑的捕捉。通过对教材文本的合理重组与再现，教师可以使其更加贴近学生的实际需求，同时突显生物学科的知识逻辑。

此外，对学生的深入研究也是不可或缺的环节。教师需要充分了解学生的前知识结构、认知能力以及他们的学习风格和兴趣点。这样，教学内容的组织才能既符合生物学的知识逻辑，又适应学生的个体差异，确保教学内容与学生原有知识和认知的有效衔接。

将教材文本转化为生动的课堂教学内容和师生互动的对话，是科学思维培养的关键步骤。这一过程中，教师应注重呈现教材文本中所蕴含的科学思维过程，让学生不仅学到知识，还能理解并模仿科学家的思维方式。通过这样的教学设计，学生的科学思维能力将得到逐步的培养和提升。

基于科学思维的课堂教学，需要教师在合理规划的前提下，通过对教材的充分解读，对教材文本进行合理的重组、呈现，并结合对学生的充分研究，从而在学生的原有知识和原有认知前提下按照生物学科的知识逻辑合理组织教学内容，将教材文本生成课堂的教学内容和师生之间的对话，充分呈现教材文本中的科学思维过程，以促进学生科学思维的逐渐形成和建立。

三、基于科学思维培养的高中生物教学的课堂实践

（一）关键字提取：展现科学思维过程

如果缺乏教师在教学过程的提炼和总结，学生对科学思维的感悟和理解其实是不清楚和模糊的，当然更难以达到自觉和培养。所有基于教材文本进行科学思维培养过程中，对能直接体现科学思维过程的教材文本，通过关键字进行适当提炼，就显得非常必要了。在"细胞学说的提出和发展"中，2019版新教材中，"细胞学说的提出和发展内容"与原来教材相比，最明显的变化就是它对细胞学说的发展过程做出了非常详细的说明，而这个发展过程其实就是归纳与概括科学思维的最好体现。所以对于细胞学说的提出和发展中的科学思维过程可以通过对教材文本进行关键字提取进行科学思维的展现（图2）：

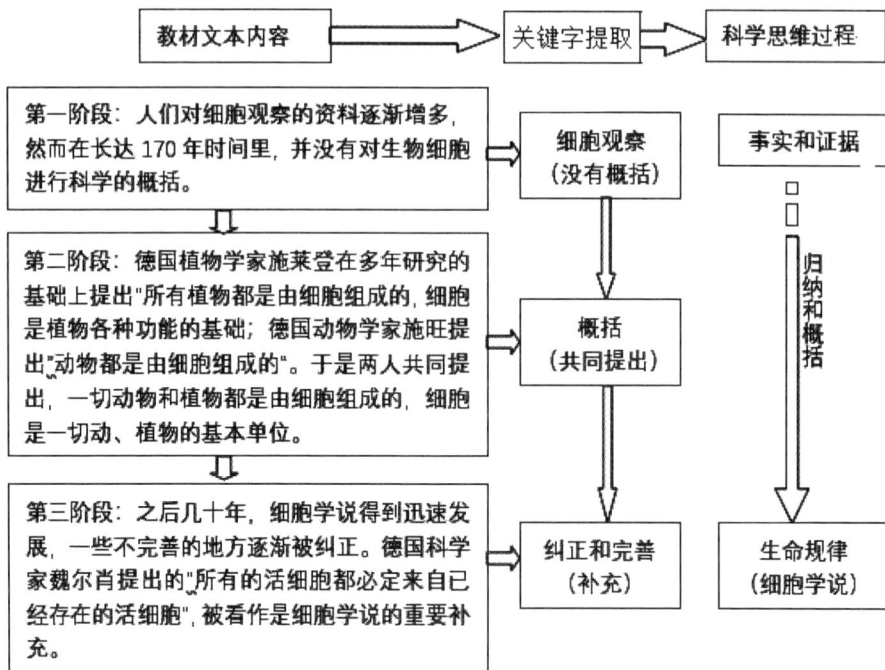

图 2 "细胞学说的提出和发展"教材文本与科学思维过程

通过教材文本的关键字提取，可以明确地看出在细胞学的建立过程中科学家所遵循一般科学思维过程："事实和证据→归纳和概括→纠正和完善→细胞学说（生命规律）"。而通过这样的方式对教材文本进行处理后，学生对科学思维过程的感悟和理解也就变得非常直观和清晰了。

（二）流程化剖析：体验科学思维发展

生物学中的很多规律都是经过科学家长时间不断地发现和各种研究逐渐完善和发展的，通过教材中所呈现的科学史以流程化方式进行解读，可以更好地让学生理解生物科学的发展以及其中科学思维的作用。教材中对生物膜的流动镶嵌模型理论是这样说明的："1972 年，辛格和尼尔森根据多个实验的证据提出生物膜的膜的流动镶嵌模型，奠定了生物膜结构的功能的基础。"这段话中所涉及的多个实验的证据是体现科学思维的一个非常好的材料，通过对"（课外读）生物膜的研究历程"的进行以下流程化的解读，可以让学生对科学思维获得一个很好的体验和培养过程：

细胞膜"三明治"模型的提出流程剖析：1895 年，欧文顿通过膜通透性的上万次实验提出"膜是由脂质组成的"；到 1925 年，戈特和格兰德尔关于红细胞膜面积的实验推测"细胞膜由双层脂质组成"→再到丹尼利和戴维森发现细胞膜的表面张力比油—水界面的张力低得多推测细胞膜中含有蛋白质→从而提出 蛋白质 – 脂质 – 蛋白质细胞膜的"三明治模型"。对这一流程的分析，让学生很好地体验基于生物学证据的演绎与推理科学思维发展过程。

细胞膜不同模型发展流程剖析：基于 1959 年，罗伯逊电镜观察到暗 – 亮 – 暗三条带推测暗的是两边的是蛋白质，中间亮的是脂质，在"三明治模型"的基础上提出了"单位膜模型"。再到细胞融合等实验证明细胞膜不是静态的刚性结构，生物膜中的蛋白质是可以流动的；冰冻蚀刻实验观察到细胞膜上的蛋白质以不同深度镶嵌在膜上等新证据的出现，又提出"生物膜的流动镶嵌模型"；20 世纪 80 年代，结合生物膜有许多胆固醇聚集的微结构区进一步提出生物膜的"脂筏模型"。通过细胞膜不同模型发展流程剖析让学生很好地体验基于生物学证据和逻辑推理基础上的批判性思维。

在上述教学过程中，将细胞膜的研究和细胞膜的模型建立过程进行了流程图化的展示，一方面，学生对生物膜的研究和探究过程有了非常直观的理解；另一方面，通过横线和纵线两方面，学生沿着科学家对生物膜的研究历程，可以很好地体会科学家对一般生命现象和规律基于生物学事实和证据的演绎与推理的科学思维方法与不断质疑和不断发展的批判性思维方法，从中获得很好的科学思维体验和培养。

（三）重构化设计：建立科学思维模型

所有的课堂教学都不会是照本宣科，教师一定要在对教材的充分解读的基础上，对教材进行合理的重构化设计，使它可以在学生的原有知识和原有认知前提下按照生物学科的知识逻辑合理组织教学内容，以促进学生科学思维的逐渐形成和建立。

细胞在结构和功能上是一个统一的整体，教材中是通过"生物膜系统把细胞各部分结构联系在一起"和"细胞内各结构协调配合，共同执行生命活动"两部分内容进行阐述的。而这两部分内容其实都是通过"分泌蛋白的合成、加式和运输"这一具体细胞活动进行说明的，同时教材中引用了两侧小资料

"蛋白质的合成和分泌""囊泡—细胞里的搬运工"对此进行了具体的证据支持，同时还在课后的"思考与练习"中进一步强调了这一内容。对此过程中科学思维的具体表现过程可以通过以下方式进行教学处理（表1）。

表1 "细胞在结构和功能上是一个统一的整体"教材文本的重构化设计

环节	教材内容的重构设计	教材图示	思维过程
1	基于蛋白质的合成、转运、加工和分泌所需要的细胞结构，有人提出了细胞内外的生物膜系统（蛋白质的合成和分泌）模型，你认为这种模型设计是否合理		提出模型
2	如果上述模型合理，那么用一定量放射性元素标记的氨基酸来培养某种腺泡细胞，试猜想各种细胞结构检测到放射物质的先后顺序如何		猜想
3	右图是科学家用3H标记的多只豚鼠的胰腺腺泡细胞，然后分别在不同时间获得细胞，观察到的不同结构所含放射性同位素情况。试分析：这个实验结果可以为前面提出的细胞内生物膜系统（蛋白质的合成和分泌）模型提供证据吗		证据验证
4	如果该模型是合理的话，你还可以从哪些方面对此提出一些新的猜想，并可以作为支持该模型的证据？请尝试通过查阅资料来证明你的猜想。 提示：思考方向： （1）不同膜结构的面积变化 （2）高尔基体膜的极性分析 （3）……		进一步猜想和验证

通过对教材内容的上述重构化处理，主要目的是从科学思维的角度让学生理解模型的提出与建立，并在分析、猜想、检验等具体思维实践过程中，形成和发展在证据和逻辑推理基础上的科学思维方式。

四、结语

基于科学思维培养的生物教学，一定要对教材的整体科学思维整体编排和整体设计有很好的梳理和把控，知道每一个教学文本中呈现的科学思维与整套教材科学思维编排的关系。既要考虑如何与学生已有的科学思维建立联系，又要思考如何将教材文本中依次呈现的不同的科学思维点联系起来，然后在教材的完整框架下对科学思维的具体培养进行整体化的思考和设计。同时，作为教师一定要明确科学思维的应用不是只限于课堂，真正的科学思维除了让学生在课堂教学中对科学思维进行体会和体验外，还应该结合各种探究实践活动加强科学思维的训练和科学思维的日常应用，从而让学生真正形成和发展在证据和逻辑推理基础上的科学思维方式，并促进学生科学思维习惯的养成。

基于元认知策略的高中生历史自我
诊断能力的培养途径

浙江省淳安县第二中学　任小聪

摘　要：元认知策略是指认知主体对自身各种认知活动的计划、监控和调节。它是促进高中生历史自我诊断能力培养的有效策略。文章基于元认知策略促进学生自我诊断能力培养的理论，分析当前高中生历史自我诊断能力方面的现状，以优化学生的学习策略作为突破口，从激发元认知活动，创造思维环境，设计检测目标三个方面阐述了元认知策略，并实施策略培养高中生历史自我诊断能力。

关键词：元认知策略；自我诊断能力；高中历史

教育部2022年工作要点中提到要深入推进"双减"。继续把"双减"工作摆在突出位置、重中之重。在这样的时代背景下，为了取得减负提质的实效，教师需要更加关注先进的教育思想和理念，关注信息化环境下的教学改革，关注学生个性化、多样化的学习和发展需求，着力发展学生的核心素养。在课程实施上，要求进一步改进教学方式，学习方式和评价机制，将教、学、评有机结合，促进学生的自主学习、合作学习和探究学习。基于此，本文将优化学生的学习策略作为突破口，将元认知策略运用于教学当中，培养学生的自我诊断能力，以此发挥学生的主体性地位，实现高效化学习。

一、自我诊断能力的内涵和学生现状分析

自我诊断能力指的是学生在学习过程中，诊断自己学习情况的各方面表现，辨别、思考、分析、总结、找出问题并及时调整优化学习方法，最后解决存在的问题的心理品质。自我诊断能力也属于深度学习的一种，上升到水

平较高的理解、应用、分析、综合、评价层次，涉及的是理性思维、创造性思维、问题解决等相对复杂的高阶思维活动。

在历史学习过程中，学生很少能够主动积极地诊断自己的学习情况。即使学生在自我诊断时发现了问题，就会设法解决。但从改进策略来看不够具体科学，可操作性较低。最常见的就是课后作业完成批改后，面对错题，学生往往在错题分析时只求正确答案，不主动追求知其所以然。也常在诊断自身的解题失误归因为粗心，审题不清，实则思维定式，停留在原有的解题思路或者自身的逻辑推理之中，无法找到解决的对策。

同时，高中生普遍存在的问题是对历史学习兴趣不高，对教师课上传授的知识不加以思考一律接纳，缺乏质疑精神和独立思考的能力，这是因为新课改后部分教师依旧墨守成规地沿袭"填鸭式"教学，忽视了学生的学习体验、自我诊断能力的培养及核心素养的形成。学生面对庞大的知识体系不能主动建构，又因为学习习惯差导致成绩下降，愈发降低学生学习历史的兴趣，不能很好地发挥学习潜能。

从以上普遍存在的现象来看，学生自我诊断能力的培养是当前历史教学亟待解决的问题。

二、元认知策略的内涵和意义

美国心理学家弗拉维尔在 20 世纪 70 年代提出了元认知的概念，元认知通常被宽泛而相当松散地定义为，以各种认知活动的某一方面作为其对象或对其加以调节的知识或认知活动。之所以称之为"元认知"，在于其核心意义是"关于认知的认知"，在解决某个问题时，儿童不仅思考，而且还学习着怎样对思维、任务、策略和解决问题的过程加以思考。元认知领域不仅包含你对认知的认识，而且包含你怎样支配你自己的认知。其中元认知策略，指的是对自己的认知活动进行监视、控制和调节。国内外学者将元认知策略细分为三个动态结构，即执行认知任务前的计划、准备策略，认知任务进行中的自我监控策略以及认知任务结束后的反馈、评估策略。大量心理学研究结果证实，元认知能力与学生的学习能力、学业成绩有着密切的联系。元认知能力的发展呈现螺旋形上升趋势，见图表 1。元认知能力强的学生学习能力强，学习效率高，学习成绩反馈好，反之亦然。

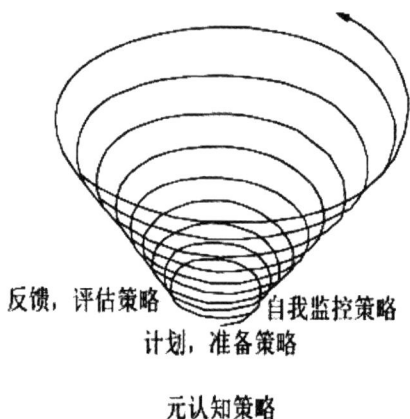

图表 1

引导高中生努力提高历史学习自我诊断能力是新课改模式下的客观要求，是学校教育发展的必然趋势，是学生个体成长的内在需求。我们基于元认知策略的培养高中生历史自我诊断能力的思路，见图表 2。

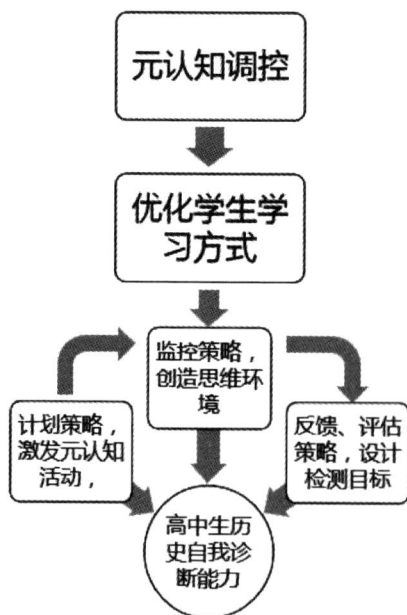

图表 2

三、基于元认知策略的自我诊断能力有效培养

（一）激发元认知活动，开展计划策略

1.提升历史学习兴趣，增强学生自我诊断的责任感

要提升学生历史学科自我诊断能力，首先要设法激起学生学习历史的兴趣，尽可能地调动学生学习的积极性，让其更主动积极地参与历史学习。例如，学习选择性必修1，第14课"当代中国的外交"时，学习活动设计如下：

导入部分可以用当代外交天团的精彩发言视频剪辑，配上导语，"近两三年，西方媒体把中国的外交叫作战狼外交，因为与近代中国的屈辱外交相比，当代中国的外交天团在对外交往中表现出了越来越自信、越来越硬气的风貌，越来越用平视的视角来看待中国与欧美国家的关系。"

【设计意图】：教师应当多提供鲜活有趣的历史内容，让学生在趣味历史的学习过程中掌握历史常识，感受人文学科的魅力。同时还要让学生对比联系中国近代外交和当代外交的区别，让学生认识到中国外交发生了巨变，在学习之前产生兴趣，认识到自我诊断的必要性，让他们树立起自我诊断是对自己学习负责的概念，自我诊断能力不管是在宏观的终身学习上还是微观的现阶段的历史学习上都是有裨益的。

2.认知自我，匹配学习策略

学生自我的认知风格存在个别差异，有场独立型和场依存型两种。从认知能力来看，注意和记忆上的个别差异也会影响学习策略的使用，对于注意的稳定性、转移能力、分配能力都很好的学生，在做学习计划时，可以鼓励学生将文、理学科穿插进行复习，可以在提高效率的同时使大脑得到科学的休息。生物钟、学习进程、性格差异及情绪特征等因素都影响计划策略的开展，所以要重点关注学生的个人差异，引导学生充分认知自我的生理和学习状态，才能在教师的帮助下积极改进，扬长避短，奠定自我诊断能力培养的基础。

因此，教师在教学设计时需注意面对不同认知风格的学生，采用一种普适的方法，激发学生的元认知活动，培养学生自我诊断意识。讲授新课之前要以引导学生主动建构历史学习的整体单元框架为核心，理解掌握核心主题内容。

以中外历史纲要上册第四单元为例，本单元标题为"明清中国版图的奠定与面临的挑战"，主要涉及的概念为"明清专制集权的强化""现代中国的版图逐渐定型""明清经济、文化、对外关系的发展""中国社会面临的危机"。这些概念与中国古代史的主题"统一多民族封建国家"有着严密的逻辑关系，见图表3。

图表3

【设计意图】：教师在设计时需注意单元教学模式高度强调学习内容的整体性和结构性以及学习过程的建构性和进阶性，学生在学习时，每掌握一个单元，就在头脑中建立一个锚点，以此为框架自主吸纳和处理信息。这为学生实行计划策略奠定了基础，能够很好地帮助学生形成自我诊断意识。这样一来，学生通过课堂上的学习，建构起学习内容的整体框架，锁定核心任务，形成严密的逻辑结构，利于形成计划策略的任务目标。

3.课前预习，自我提问

教师除了传授知识给学生，更要注重学生学习策略的培养，教会学生重视课前的预习任务以及学习方法。预习应该先通读一遍课文，对教材内容有个大概了解，然后从三个层次进行自我提问：一是了解重点史实的时空要素及基本过程，二尝试用唯物史观判断史实的因果关系，三以现有的史料为依据，在充分理解的基础上对史实史事做出自己的价值判断。

以中外历史纲要下册第20课"社会主义国家的发展与变化"为例，首先学生在地图上找出二战后社会主义阵营中的国家，可以清晰地从图上发现苏联的版图占据绝大部分，中国的版图也相对比较明显，那么本课内容按照第一子目苏联的发展、改革与解体，第二子目东欧国家的社会主义建设、改革和剧变，第三子目中国社会主义的发展三部分组成，学生可以清晰认知这一课的空间定位。并且通过课文内容的浏览，可以发现社会主义阵营的发展与变化有许多共同点，如同受苏联模式的影响，国民经济比例不平衡，都希望通过改革摆脱苏联模式。最后学生可以根据三个不同的结局，苏联解体、东欧剧变、中国发展来进行一个思考与分析社会主义发展的问题。

【设计意图】：学生预习完后会提出疑问或得到启发，在上课时就会有针对性的设法解决。社会主义发展的历史趋势不可逆转，但道路是曲折的，一些国家在发展时出现严重曲折，社会主义好像被削弱了，但人民经受锻炼，从中吸取教训，将促使社会主义向着更加健康的方向发展。通过自我提问式的预习策略，符合了历史学科的核心素养的要求，能够很好地引导学生深入思考，对历史进行分析、解释和评论，培养学生的自我诊断能力。

（二）创造思维环境，开展监控策略

学生在学习过程中必须有意识地监督、控制和调整自己的实践活动或者思维活动，包括选用适当的策略、管理计划的时间、判断认知偏差，适时地调整计划、调节努力程度等。比如，学生发现死记硬背方法不利于历史知识转化为长时记忆后，转而采用在理解基础上识记的方法。如果学生分析或获取反馈信息出现问题，就不能及时调节，效率的降低与成功可能性的减少不可避免。

1. 发挥教师主导作用

首先还是要强调教师的主导作用，新课程改革倡导学生自主学习、合作学习和探究学习，强调"以学生为中心"。但实际上，不论是接受性学习，还是自主学习，教师都处于驾驭和调控教学全过程的地位。如果忽视了教师的主导作用，学生不仅难以掌握系统的基础知识，而且自我诊断能力的发展也容易走向歧途。并且学生自我诊断能力的提高和教师有效的指导是相辅相成的。教师通过创造思维环境，培养学生的监控策略，教会学生自我诊断的技能。

2. 思维可视化，外显自我诊断

由于学生很难感知监控这种潜在的、深层的心理活动，因此，如何将学生的元认知监控外显化从而通过具体可行的方法培养学生自我诊断的技能成为教师要解决的问题。在已有的培养和训练研究中，例如：沈强的 8W 培养模式，郝增、高健民的"准社会活动"模式，肖晓玛的激发动机、丰富策略、训练意志策略等，思辨论述的多，且多集中在语文阅读、数学解题、体育学习等学习领域，真正进行系统训练的很少。我们意向于探索培养学生自我诊断能力的行之有效的方法和高效、可操作性强的培养模式——"画出来，说出来。"

早在 20 世纪 60 年代，东尼·博赞就提供了一种工具——思维导图。这种工具不仅可以很好地帮助教师组织教学，也可以很好地将学生的元认知监控过程表现出来，做到思维可视化，以图像化的方式将思维的过程显示出来，做到抽象思维形象化、隐性思维显性化，在促进历史记忆加工和提高历史逻辑思维能力上有显著优势。

多数学生在复习历史时的第一反应是如此多的内容，如何记住它？这说明基本史实在学生脑中是完全割裂的，多数学生没有能够将众多史实进行选择分类，没能发现它们之间紧密的逻辑联系。

例如在中外历史纲要上册第六课"从隋唐盛世到五代十国"中，学生对于唐朝的民族关系总是一头雾水，教师可以引导学生将唐朝的民族管理在地图上显示出来进行记忆，见图表 4。

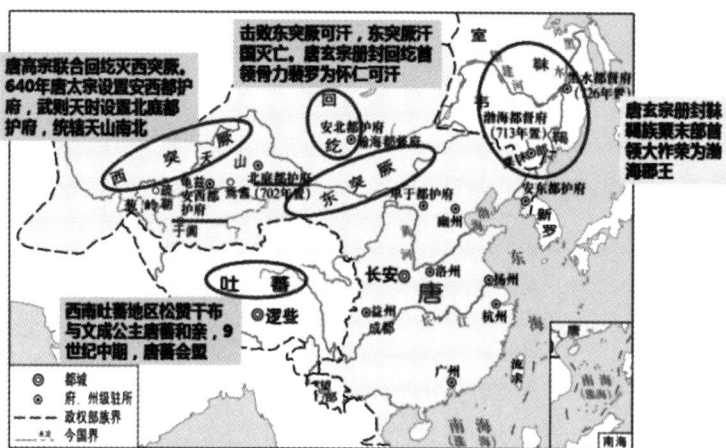

▲ 唐朝前期疆域和边疆各族的分布图（669 年）

图表 4

【**设计意图**】：能否让学生将零碎烦琐的史实整合成一个联系紧密的整体，以便于快捷准确地识记、调用知识，是复习成败的关键。

3. 创设教学情境，激发思维活度

思维可视化的教学流程与传统的教学流程较大的区别在于，思维可视化的教学更加强调学生的思维含量。思维可视化课程的流程是"以课标要求导学，学然后教，教后再优化策略"，即创设问题情境引导学生进行自主探究，充分激发思维活度，完成知识脑图的初次建构并发现问题或障碍，然后教师再进行给出优化的学习及问题解决策略，见图表5。特别是历史复习阶段，如果能够很好地使用思维可视化的工具，就可以认识到自己对史实结构性掌握的情况，以便更好地实行元认知监控策略，找出认知偏差，适时地调整计划、调节学习过程中的努力程度从而培养自我诊断的技能。

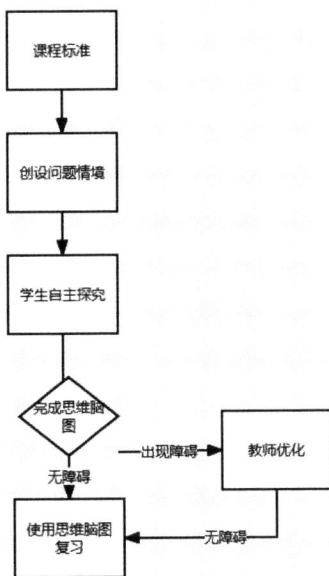

图表5

4. 自我解释，强化诊断

自我解释也是帮助学生进行元认知监控的一种好方法。自我解释是学生能够独立完成史实的叙述，向自身做出解释以理解新信息的认知活动。教师可以在教学过程中潜移默化地引领学生将史实叙述出来，并且让学生真正形成思维参与的习惯，而不是只停留在记忆笔记、背诵书本应付考试，这样做可以引导学生通过深刻的思考得到更清晰、更深入、更全面、更合理的历史解释，通过自我解释不断把自己的见解上升到更高的层面。历史复习时的自我解释能帮助学生成功的建构有意义的知识与情景模型，从而加深他们对史实的理解，提高元认知监控的精确性。

（三）设计检测目标，开展反馈、评估策略

对于学生来说，学习过程的一大难题是学会感判断，也叫反思或复盘。特别是高中历史多且繁，且刚上高中的学生还会依赖已有的初中历史知识，不愿意学习迁移高中的内容，多数学生都不能完全掌握基础史实。如果不解决这种问题，学生就容易对个人学习状态、学习过程、学习成果放弃自我诊断，不论在课堂上师生互动、自主探究还是课后做题、复习都跟不上教师的教学进度，薄弱的知识点越积越多，学生的成绩必将一落千丈。对于这种情况，本文提供了一种解决策略，就是设计检测目标，开展反馈、评估策略，养成学生自我诊断的习惯。

随着教学观从知识本位到素养本位的转变，教师在设计检测目标、开展反馈、评估策略、养成学生自我诊断的习惯的过程中，亦要明确素养目标。教师在设计检测目标时应思考：学生学习完可以获得哪些知识、技能或方法？我如何据此设计教学内容和问题？学生能否解决教师设计出的问题？问题的解决能否帮助学生完成技能获得、新旧知识联系的学习任务？根据提供的《浙江省普通高中学科教学指导意见》，教师可以将单元学习目标作为检测学生学习情况的标准，尽管单元学习目标中分成学习要点、水平1-2学习目标和水平3-4学习目标，但在表述上仍有些抽象，很难直接将其运用于教学之中作为学生自我诊断的标准。教师需要找出课程内容目标，学业质量水平表现中的关键动词与名词，一般它们指向了单元主题设计的重要概念，是学生需要理解的核心。然后根据单元主题内容，思考并罗列出本单元所涉及的历史学科核心概念以及概念包含的知识要点，以此作为学生自我诊断的目标。以中外历史纲要上册第一单元"从中华文明起源到秦汉统一多民族封建国家的建立与巩固"为例，见图表6。

第一单元从中华文明起源到秦汉统一多民族封建国家的建立与巩固				
国家形态		国家治理	自测结果	选择重读
早期国家	第一课 产生与 完善	从部落到邦国，早期国家发展经历了漫长的历程。伴随生产力进步，私有制产生和阶级分化产生了最早的国家夏朝。经历了商朝"一体多元与王国邦国并存"后，西周确立了以宗法制和分封制相结合的封邦建国体制。甲骨文和青铜器，以及相关文献相互印证了这一时期的社会生活和精神面貌		
	第二课 瓦解与 变革	春秋战国是邦国向帝国的历史转型期。诸侯纷争的剧烈阵痛中孕育出新的经济因素；列国变法的革故鼎新中孵化出新的治理体系；礼崩乐坏的精神迷离中催化出新的治国理念；战争频仍的乱世政局中铸就出新的华夏认同。统一多民族帝国在争霸的烽火狼烟中走上历史大舞台		
大一统帝国	第三课 初创与 奠基	秦顺应潮流，变法图强，终成统一大业，开创以皇帝制、三公九卿和郡县制度为标志的中央集权制度，开辟幅员辽阔的统一多民族国家疆域雏形。由于秦统治者一味重功利侍酷法，造成普天民怨，终落"二世而亡"之结局。秦朝骤兴骤亡给经历楚汉战争崛起的西汉留下了重要历史遗产和历史借鉴		
	第四课 再建与 巩固	汉承秦制，郡国并立之局。汉武帝独尊儒术，设内朝，剪王国，讨匈奴和经济垄断推动了统一多民族国家的巩固。但是"豪强"隐患和社会矛盾导致西汉灭亡。尽管汉祚中兴，但豪族势力膨胀和外戚与宦官之祸终致东汉政权名存实亡。两汉文化从一个方面折射出大一统时代的社会风貌		

图表6

【设计意图】：在设计时切忌考察学生的简单知识记忆和机械重复，更多侧重学生的深度学习情况，以及在新史料、新情境、新探究中对学科方法与思想的灵活运用，提高培养学生自我诊断能力的质量，落实核心素养的培养。

四、结语

总而言之，在教学评一体化视域下利用元认知策略培养学生的历史自我诊断能力，是"双减""双新"背景下的推陈出新的课题，对于落实学业质量，培养学科素养意义重大。因此，学校和教师必须要重视构建学生的元认知力，并积极采取各种有效策略来提高学生自我诊断能力，不仅可以优化学生的学习方式，从而大幅度提高学习效率，为学生今后的全面发展奠定坚实的基础。还对历史教师提出了更高的要求，充分掌握元认知相关理论并主动实践，使其能够在深入了解自己教学进展和教学质量的同时，作出合理改进。

五、在可见支撑中破解学习困境

学习是一场消耗能量、不断破解困境的过程。加强问题导航、评价跟进、学迹追寻等举措、工具的运用，能有效帮助学生走出困境，鞭策持续前行，助力素养生成。

"问题驱动"模式在高中选考复习中的应用研究

—— 以"高等动物的内分泌系统与体液调节"为教学案例

浙江省淳安中学　汪余菊

摘　要：本文以"高等动物的内分泌系统与体液调节"为教学案例，从借助教材插图设计问题串，提高学生图文知识的信息转换能力；借助教材对生物重要的概念、原理、结论关键字词的描述设计问题串，让扫清学生的知识盲点；借助教材知识构建的模型图设计问题串，让学生有效地突破教材的重难点；借助图表对教材类似概念设计问题串，纠正学生概念理解错误的偏差等四方面来阐述在生物选考复习中如何设计问题引导学生回归教材，有探究欲望地对知识的整合复习。

关键词：问题驱动；问题串

《普通高中生物学课程标准》指出："科学探究"是指能够发现现实世界中的生物学问题，针对特定的生物学现象，进行观察、提问、实验设计、方案实施以及对结果的交流与讨论的能力。学生应在探究过程中，逐步增强对自然现象的好奇心和求知欲，掌握科学探究的基本思路和方法，提高实践能力。生物学教学不仅是教师讲解和演示的过程，也是师生交流、共同发展的互动过程。教师应该提供更多的机会让学生亲自参与和实践，重视信息化环境下的学习。教师应结合具体的教学内容，采用多种不同的教学策略和方法，达到教学目标。需要为探究性学习创设情境。例如，提供相关的图文信息资料、数据，或呈现生物的标本、模型、生活环境的图片或影像资料，或从学生的生活经验、经历中提出探究性的问题，或从社会关注的与生物学有关的热点问题切入。而教材是知识的重要载体，教材中的生物学用语、概念等都具有权威性和规范性，这几年的浙江选考命题都是以教材作为重要依据。问题驱动教学法是以学生为主体、以专业领域内的各种问题为起点，以问题为核心规划教学内容，让学生围绕问题寻求解决方案的一种学习方法。问题能驱动学生产生强烈的探究知识和解决问题的欲望，使学生在解决问题中获得成就感。所以在生物选考的一轮复习中，教师精心设计问题串，不仅可以有效引导学生回归教材，而且可以不枯燥乏味地进行知识的整合。本文以"高等动物的内分泌系统与体液调节"为例，阐述在生物选考复习中如何设计问题驱动引导学生回归教材。

一、借助教材插图设计问题串，提高学生图文知识的信息转换能力

这几年的选考试题中的插图有部分来自教材，学生虽意识到插图的重要性，但面对插图时，不知道如何对插图内容进行有效复习。教师可以深入挖掘插图的疑难点，创设一系列的问题串让学生对插图进行仔细研读和有效复习。

以必修 3 课本第 39 页的胰岛素与胰高血糖素在调节葡萄糖代谢中的相互关系的插图为例。

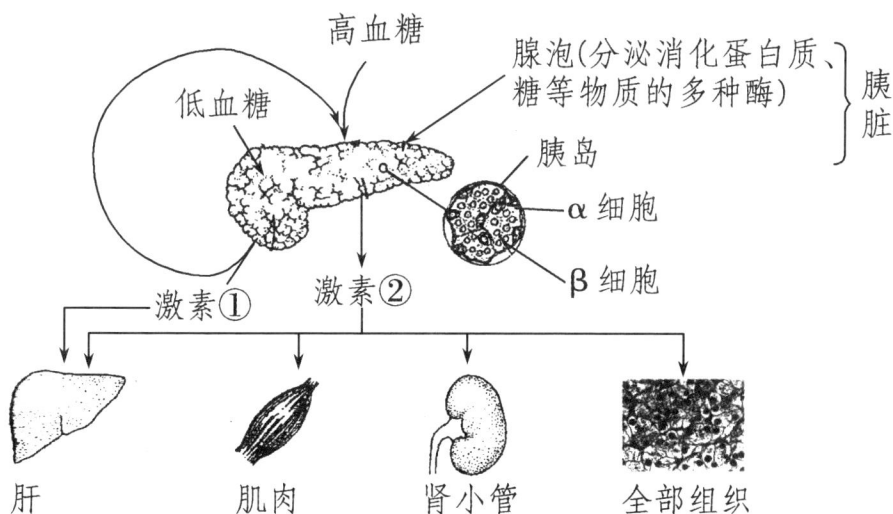

根据此插图教师可以创设以下的问题让学生思考解读课本内容：

问 1：胰岛中只有胰岛 α 细胞和胰岛 β 细胞两种细胞吗？

问 2：胰岛素与胰高血糖素作用的靶器官分别是？

问 3：胰岛素的分泌调节决定于什么？进食后胰岛素随即就增加吗？

问 4：胰岛素与胰高血糖素的作用分别是？

问 5：为什么选修 3 中动物细胞的培养的培养基中我们要加入胰岛素？

问 6：胰岛素起着降血糖的作用，为什么胰岛素可以促进肾小管对滤液中葡萄糖的吸收，重吸收之后血糖不是升高了吗？

以上的问题串由浅入深，有清晰的层次感，引发学生回归课本，仔细研读插图，积极思考。从而帮助学生解决了血糖调节的疑难点。通过问题 1、2、3 知道了胰岛细胞至少可以有五种；胰岛素的靶器官是全身，胰高血糖素的靶器官是肝脏；胰岛素的分泌调节决定于血糖浓度且超过一定值胰岛素才增加；通过问题 4 理解胰岛素和胰高血糖素的作用；问题 5 和问题 6 则进一步理解胰岛素的作用在于利用葡糖糖，而且和选修教材整合在一起。

二、借助教材对生物重要的概念、原理、结论关键字词的描述设计问题串，让扫清学生的知识盲点

经过新课的学习，学生整个高中阶段生物的知识框架基本已搭建完成，但教材中仍有些地方容易被师生忽略，如"某些""一些""主要"等词语，可能会成为学生知识结构的盲点，需要在后期备考时特别注意。一轮复习过程中，通过多种问题的设置使其具体化。

例如请学生研读课本第 33 页人体的内分泌系统，教师可以设置以下问题：

问 1：内分泌系统有哪几部分组成？主要的内分泌腺有哪些？人和脊椎动物的主要内分泌腺是哪个？

问 2：任何细胞都可以分泌激素吗？激素如何运至其发挥作用的特定器官？

问 3：激素可以组成细胞结构吗？可以提供能量吗？可以起催化作用吗？

问 4：在血液中可以检测到促甲状腺激素吗？

问 5：体液调节就是激素调节吗？

这些问题的设置目的都是为了理解人体内分泌系统这一核心概念。通过问题 1 帮助学生区分内分泌系统和内分泌腺。通过问题 3、4、5，让学生明白

激素和酶的区别，激素不具有催化作用，只具有调节生命活动的作用，它分泌到内环境，通过血液运输到全身，作用于特定器官。通过问题 6 让学生知道了体液调节和激素调节之间的关系。

三、借助教材知识构建的模型图设计问题串，让学生有效地突破教材的重难点

学生看书时，要么因为看不进去而快速浏览，要么会由于阅读疲劳而觉得回归教材没有切入点，不知怎么看。为解决以上问题，教师可以针对教材中一些重要的生理过程和重要概念，设计一些层层递进的核心问题串，通过这些问题引导，改变教材知识的呈现方式，避免学生阅读教材时的浅层参与，有效地突破教材的重难点。图像具有直观、形象等优势，在一轮复习过程中，教师可以引导学生认真研读教材，抓住教材关键词，理清它们之间的关系，构建模型图。并在此基础上设计问题，帮助学生进一步理顺它们之间的关系。

例如研读必修 3 教材第 34 至 36 页下丘脑和垂体的有关内容，找出下丘脑、垂体、甲状腺、甲状腺激素、促甲状腺激素、促甲状腺激素释放激素之间的关系，请学生画出激素分级调节的下面的模式图。

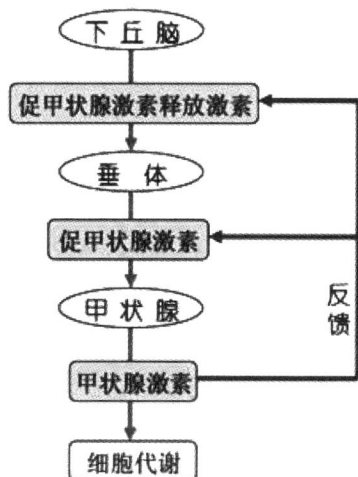

根据上面的模型图，教师再设计以下问题：

问1：寒冷刺激使下丘脑分泌激素增加的结构基础是反射弧吗？

问2：促甲状腺激素促进甲状腺激素分泌的调节过程属于神经—体液调节吗？

问3：甲状腺激素的化学本质？人体内的激素只有它含有碘吗？甲状腺激素作用的靶组织？

问4：甲状腺激素的生理作用？婴幼儿大脑发育的关键时期是？

问5：寒冷环境中，甲状腺激素、促甲状腺激素、促甲状腺激素释放激素的分泌量分别怎么变化？

问6：摄入碘的量不足，甲状腺激素、促甲状腺激素、促甲状腺激素释放激素的分泌量分别怎么变化？

问7：切除垂体后，甲状腺激素、促甲状腺激素、促甲状腺激素释放激素的分泌量分别怎么变化？

问8：甲亢患者比正常人的甲状腺激素、促甲状腺激素、促甲状腺激素释放激素的分泌量分别怎么变化？

通过以上8个问题，有效地帮助学生地把上面的六个关键词之间的关系从模糊到清晰、从表观到本质彻底地理清。

四、借助图表对教材类似概念设计问题串，纠正学生概念理解错误的偏差

高中生物教材中有很多组概念，它们要么在形式上、内涵上，要么在过程上有些相似，学生在学习的时候由于没有正确地对其区别把握，往往容易混淆。概念图是用来表示一事物与其他事物相联系的事物的图表，能够系统地展示生物知识，将其运用到高中生物教学中能够更好地帮助学生理解和掌握某个概念，能使学生回归教材，在比较中加深对教材知识的印象。例如我们在复习"高等动物的内分泌系统与体液调节"这一节内容时，可以对外分泌腺和内分泌腺、体液调节和神经调节、生长激素、甲状腺激素和雄激素的作用等进行比较。教师可以用表格的形式设计问题。

表 1　内分泌腺和外分泌腺的比较

比较项目	内分泌腺	外分泌腺
导管		
腺体分泌物去向		
腺体举例		

表 2　神经调节和体液调节比较

比较项目	神经调节	体液调节
作用途径		
作用范围		
作用时间		
反应速度		

对生长激素、甲状腺激素和雄激素的作用的比较可以提以下问题：

问 1：它们在促进生长方面对骨骼的作用有何不同？

问 2：它们作用的靶细胞分别是？

问 3：它们的分泌器官分别是？只有睾丸能分泌雄激素吗？

在高三的一轮复习过程中，可以用以上的四种方式设计问题，设计的问题要有层次性，要能激发学生的兴趣，促进学生积极思考，要面向全体学生，调动每个学生的学习积极性，在教师的引导下，回归教材，理解核心概念，构建知识之间的联系，为进一步提升学生的理性思维打好基础。

让三角恒等变换"有迹可循"

浙江省淳安中学　程恒元

摘　要：学生学习三角函数这块内容最怕的是三角恒等变换。公式多是三角函数这块内容的最突出的特点，三角恒等变换的难点是如何选取公式。角度、函数名称，运算结构（含次数）是三角恒等变换的三个基本方向。其中哪个差异最大，即可优先考虑从该方向考虑，对于综合性较强的三角恒等变换，我们不仅要有观察意识还要选好观察角度，牵住了"牛鼻子"问题就会迎刃而解了。

关键词：有迹可循；角度；函数名称；运算结构

教育部《普通高中数学课程标准（2017年版）》一书指出高中三角函数的内容包括：角与弧度、三角函数概念和性质、同角三角函数的基本关系、三角恒等变换、三角函数应用。学生学习这块内容最怕的是三角恒等变换。公式多是三角函数这块内容的最突出的特点，三角恒等变换的难点是如何选取公式。公式的功能往往取决于它的结构，而结构又往往反映在某种联系或差异上，所以寻找联系、发现差异，从而选择合适的公式加以转化，是解决三角恒等变换的基本策略。角度、函数名称，运算结构（含次数）是三角恒等变换的三个基本方向。其中哪个差异最大，即可优先考虑从该方向考虑，三角恒等变换就变得有法可依、有迹可循。

一、有迹可循抓住角度特征

观察条件中的角与结论中的角之间的差异，通过诱导公式、和差倍的三角函数公式等，将角度统一起来。角度的特征主要有：所求角与条件中的角及特殊角之间的关系、所求角与已知角之间的和差角关系、所求角与已知角之间的倍半角关系等等，观察角之间的联系，将未知角用已知角或特殊角表示出来，使之能直接运用公式。

（一）有迹可循抓住角度特征，化特殊角

例1

$\dfrac{\sin 10^o + \sin 50^o}{\cos 10^o + \cos 50^o}$ 的值是（　　　）

A. $\tan 10^o + \tan 50^o$　　　B. $\dfrac{\sqrt{3}}{3}$　　　C. $\sqrt{3}$　　　D. $-\sqrt{3}$

分析1：问题涉及 10° 和 50° 两个角，从消元角度看，可视 $50^o = 60^o - 10^o$。

解法1：

$$\frac{\sin 10^o + \sin 50^o}{\cos 10^o + \cos 50^o} = \frac{\sin 10^o + \sin(60^o - 10^o)}{\cos 10^o + \cos(60^o - 10^o)} = \frac{\sin 10^o + \frac{\sqrt{3}}{2}\cos 10^o - \frac{1}{2}\sin 10^o}{\cos 10^o + \frac{1}{2}\cos 10^o + \frac{\sqrt{3}}{2}\sin 10^o}$$

$$= \frac{\frac{1}{2}\sin 10^o + \frac{\sqrt{3}}{2}\cos 10^o}{\frac{\sqrt{3}}{2}\sin 10^o + \frac{3}{2}\cos 10^o} = \frac{\frac{1}{2}\sin 10^o + \frac{\sqrt{3}}{2}\cos 10^o}{\sqrt{3}(\frac{1}{2}\sin 10^o + \frac{\sqrt{3}}{2}\cos 10^o)} = \frac{\sqrt{3}}{3}，选B。$$

分析2：从均值的角度看，10° 和 50° 两个角的平均值 30° 是特殊角，可视 $10^o = 30^o - 20^o$，$50^o = 30^o + 20^o$。

解法2：

$$\frac{\sin 10^o + \sin 50^o}{\cos 10^o + \cos 50^o} = \frac{\sin(30^o - 20^o) + \sin(30^o + 20^o)}{\cos(30^o - 20^o) + \cos(30^o + 20^o)} = \frac{2\sin 30^o \cos 20^o}{2\cos 30^o \cos 20^o}$$

$$= \tan 30^o = \frac{\sqrt{3}}{3}，选B。$$

（二）有迹可循抓住角度特征，化倍半角

例2

已知 $\cos(\alpha + \dfrac{\pi}{6}) = \dfrac{3}{4}$，则 $\sin(2\alpha + \dfrac{5\pi}{6})$ 的值是（　　　）

A. $-\dfrac{1}{8}$　B. $\dfrac{1}{8}$　C. $-\dfrac{1}{4}$　D. $\dfrac{1}{4}$

分析：问题涉及 $\alpha + \dfrac{\pi}{6}$ 和 $2\alpha + \dfrac{5\pi}{6}$ 两个角，而 $2(\alpha + \dfrac{\pi}{6}) = 2\alpha + \dfrac{\pi}{3}$，再找 $2\alpha + \dfrac{\pi}{3}$

和 $2\alpha+\dfrac{5\pi}{6}$ 的关系，可得 $(2\alpha+\dfrac{\pi}{3})+\dfrac{\pi}{2}=2\alpha+\dfrac{5\pi}{6}$

解：因为 $\cos(2\alpha+\dfrac{\pi}{3})=\cos2(\alpha+\dfrac{\pi}{6})=2\cos^2(\alpha+\dfrac{\pi}{6})-1=2\times(\dfrac{3}{4})^2-1=\dfrac{1}{8}$，所以

$$\sin(2\alpha+\dfrac{5\pi}{6})=\sin[(2\alpha+\dfrac{\pi}{3})+\dfrac{\pi}{2}]=\cos(2\alpha+\dfrac{\pi}{3})=\dfrac{1}{8}$$，选 B。

（三）有迹可循抓住角度特征，化和差角

例 3

已知 $\alpha,\beta\in(\dfrac{\pi}{3},\dfrac{5\pi}{6})$，若 $\sin(\alpha+\dfrac{\pi}{6})=\dfrac{4}{5}$，$\cos(\beta-\dfrac{5\pi}{6})=\dfrac{5}{13}$，则 $\sin(\alpha-\beta)$ 的值为
（　　）

A. $\dfrac{16}{65}$　B. $\dfrac{33}{65}$　C. $\dfrac{56}{65}$　D. $\dfrac{63}{65}$

分析：问题涉及

$\alpha+\dfrac{\pi}{6},\beta-\dfrac{5\pi}{6}$，$\alpha-\beta$ 三个角，要求角 $\alpha-\beta$ 条件中的角

$\alpha+\dfrac{\pi}{6},\beta-\dfrac{5\pi}{6}$，易得 $(\alpha+\dfrac{\pi}{6})-(\beta-\dfrac{5\pi}{6})=\pi+(\alpha-\beta)$

解：

$$\sin[\pi+(\alpha-\beta)]=\sin[(\alpha+\dfrac{\pi}{6})-(\beta-\dfrac{5\pi}{6})]$$

$$=\sin(\alpha+\dfrac{\pi}{6})\cos(\beta-\dfrac{5\pi}{6})-\cos(\alpha+\dfrac{\pi}{6})\sin(\beta-\dfrac{5\pi}{6})$$

$$\because\alpha,\beta\in(\dfrac{\pi}{3},\dfrac{5\pi}{6}),$$

$$\therefore\alpha+\dfrac{\pi}{6}\in(\dfrac{\pi}{2},\pi),\beta-\dfrac{5\pi}{6}\in(-\dfrac{\pi}{2},0),\therefore\cos(\alpha+\dfrac{\pi}{6})=-\dfrac{3}{5},\sin(\beta-\dfrac{5\pi}{6})=-\dfrac{12}{13}$$

$$\therefore\sin[\pi+(\alpha-\beta)]=\dfrac{4}{5}\times\dfrac{5}{13}-(-\dfrac{3}{5})\times(-\dfrac{12}{13})=-\dfrac{16}{65},\because\sin[\pi+(\alpha-\beta)]=-\sin(\alpha-\beta)$$

$$\therefore\sin(\alpha-\beta)]=\dfrac{16}{65}.\text{选A。}$$

例 4

已知 $\alpha,\beta\in(0,\dfrac{\pi}{2})$，且 $\sin2\alpha=6\tan(\alpha-\beta)\cos2\alpha$，则 $\alpha+\beta$ 的取值不可能是（　　）

A. $\dfrac{\pi}{6}$　B. $\dfrac{\pi}{4}$　C. $\dfrac{2}{3}\pi$　D. $\dfrac{3}{4}\pi$

分析：问题涉及

2α，$\alpha-\beta$，$\alpha+\beta$ 三个角，要求角 $\alpha+\beta$，条件中的角 2α，$\alpha-\beta$，易得 $\alpha+\beta=2\alpha-(\alpha-\beta)$.

解：由 $\sin2\alpha=6\tan(\alpha-\beta)\cos2\alpha$ 得 $\tan2\alpha=6\tan(\alpha-\beta)$，而 $\alpha,\beta\in(0,\frac{\pi}{2})$，则 $\alpha+\beta\in(0,\pi)$，$\alpha-\beta\in(\frac{\pi}{2},\frac{\pi}{2})$，设 $\tan(\alpha-\beta)=m$，则 $\tan2\alpha=6m$，且 $m\in R$.

$$\tan(\alpha+\beta)=\tan[2\alpha-(\alpha+\beta)]=\frac{\tan2\alpha-\tan(\alpha+\beta)}{1+\tan2\alpha\tan(\alpha+\beta)}=\frac{5m}{1+6m^2}，m=0\text{时，}\tan(\alpha+\beta)=0,$$

$m\neq0$ 时，

$$\tan(\alpha+\beta)=\tan[2\alpha-(\alpha+\beta)]=\frac{\tan2\alpha-\tan(\alpha+\beta)}{1+\tan2\alpha\tan(\alpha+\beta)}=\frac{5m}{1+6m^2}=\frac{5}{\frac{1}{m}+6m}$$

$$\therefore|\tan(\alpha+\beta)|=\frac{5}{\frac{1}{|m|}+6|m|}\leq\frac{5}{2\sqrt{6}}=\frac{5\sqrt{6}}{12}<\sqrt{3}，\therefore\alpha+\beta\in(0,\pi)，\therefore\alpha+\beta\neq\frac{2}{3}\pi，\text{选C。}$$

二、有迹可循抓住函数名称特征

观察观察条件中的函数名与结论中的函数名之间的差异，为了缩小差异，需要进行函数名的变换。常见的有化弦为切或化切为弦，合一变形（$a\sin\omega x+b\cos\omega x=\sqrt{a^2+b^2}\sin(\omega x+\varphi)$）等等。

（一）有迹可循抓住函数名称特征，化弦为切

例 5

若 $\tan\theta=-2$，则 $\dfrac{\sin\theta(1+\sin2\theta)}{\sin\theta+\cos\theta}=(\qquad)$

A. $-\dfrac{6}{5}$ B. $-\dfrac{2}{5}$ C. $\dfrac{2}{5}$ D. $\dfrac{6}{5}$

分析：已知条件函数名为正切，所求式子函数名为正余弦且所求式子比较繁，所以从繁的式子入手，可化弦为切。

解：由 $\dfrac{\sin\theta(1+\sin2\theta)}{\sin\theta+\cos\theta}=\dfrac{\sin\theta(\sin\theta+\cos\theta)^2}{\sin\theta+\cos\theta}=\sin\theta^2+\sin\theta\cos\theta$

$=\dfrac{\sin\theta^2+\sin\theta\cos\theta}{\sin\theta^2+\cos\theta^2}=\dfrac{\tan\theta^2+\tan\theta}{\tan\theta^2+1}=\dfrac{4-2}{4+1}=\dfrac{2}{5}$，选C。

例6

在 $\triangle ABC$ 中，若 $3\cos^2\dfrac{A-B}{2}+5\cos^2\dfrac{C}{2}=4$，$\tan C$ 的最大值为（　　　）

A.$-\dfrac{3}{4}$　B.$-\dfrac{4}{3}$　C.$-\dfrac{\sqrt{2}}{4}$　D.$-2\sqrt{2}$

分析：所求式子函数名为正切，已知条件式子函数名为余弦且已知式子比较繁，所以从繁的式子入手，可化弦为切。

解：在 $\triangle ABC$ 中，$3\cos^2\dfrac{A-B}{2}+5\cos^2\dfrac{C}{2}=4$，即 $3\times\dfrac{1+\cos(A-B)}{2}+5\times\dfrac{1+\cos C}{2}=4$

化简可得：$3\cos(A-B)+5\cos C=0$，即 $3\cos(A-B)+5\cos(A+B)=0$

所以 $3(\cos A\cos B+\sin A\sin B)-5(\cos A\cos B-\sin A\sin B)=0$

即 $\cos A\cos B=4\sin A\sin B$，所以 $\tan A\tan B=\dfrac{1}{4}>0$，$\tan A$ 与 $\tan B$ 同号

在 $\triangle ABC$ 中，$\tan A$ 与 $\tan B$ 都为正。$-\tan C=\tan(A+B)=\dfrac{\tan A+\tan B}{1-\tan A\tan B}=\dfrac{\tan A+\tan B}{1-\dfrac{1}{4}}$

所以 $-\tan C=\tan(A+B)=\dfrac{\tan A+\tan B}{\dfrac{3}{4}}\geq\dfrac{2\sqrt{\tan A\tan B}}{\dfrac{3}{4}}=\dfrac{2\sqrt{\dfrac{1}{4}}}{\dfrac{3}{4}}=\dfrac{4}{3}$ 所以 $\tan C\leq-\dfrac{4}{3}$，选B。

（二）有迹可循抓住函数名称特征，化切为弦

例7

已知锐角 $\triangle ABC$，满足 $\tan B-\tan C=\dfrac{1}{\sin 2B}$，则有（　　　）

A.$\sin 2B-\sin C=0$　　B.$\sin 2B+\sin C=0$

C.$\sin 2B-\cos C=0$　　D.$\sin 2B+\cos C=0$

分析：已知条件函数名为正切、正弦，选项式子函数名为正余弦，宜化切为弦。

解：

$\because \tan B-\tan C=\dfrac{1}{\sin 2B}$，$\therefore \dfrac{\sin B}{\cos B}-\dfrac{1}{2\sin B\cos B}=\dfrac{\sin C}{\cos C}$，

$\therefore \dfrac{2\sin B^2-1}{2\sin B\cos B}=\dfrac{-\cos 2B}{\sin 2B}=\dfrac{\sin C}{\cos C}$，$\therefore \cos C\cos 2B+\sin C\sin 2B=\cos(C-2B)=0$，

$\because$ 锐角 $\triangle ABC$，$\therefore -\pi<C-2B<\dfrac{\pi}{2}$，$\therefore C-2B=-\dfrac{\pi}{2}$，$\therefore C+\dfrac{\pi}{2}=2B$

$$\therefore \sin 2B = \sin(C + \frac{\pi}{2}) = \cos C,选C。$$

（三）有迹可循抓住函数名称特征，合一变形

例 8

若函数 $f(x) = a\sin x + b\cos x,$ 当 $f(\frac{\pi}{3}) = 1$ 且 $f(x)$ 的最小值为 k 时，求 k 的取值

分析：对于形如

$a\sin\omega x + b\cos\omega x$ 的结构，可合一变换为 $\sqrt{a^2 + b^2}\sin(\omega x + \varphi)$ 形式。

解：$\because f(\frac{\pi}{3}) = \frac{\sqrt{3}}{2}a + \frac{1}{2}b = 1, \therefore \sqrt{3}a + b = 2, \therefore b = 2 - \sqrt{3}a$

$\therefore f(x) = a\sin x + b\cos x = a\sin x + (2 - \sqrt{3}a)\cos x = a\sin x - \sqrt{3}a\cos x + 2$

$\therefore f(x) = \sqrt{a^2 + (2 - \sqrt{3}a)^2}\sin(x + \varphi), \therefore k = -\sqrt{a^2 + (2 - \sqrt{3}a)^2}$

$\therefore k = -2\sqrt{(a - \frac{\sqrt{3}}{2})^2 + \frac{1}{4}} \le -1,$ 当且仅当 $a = \frac{\sqrt{3}}{2}$ 时，$k = -1, \therefore k \le -1$。

例 9

已知 a,b 为实数，若函数 $f(x) = |a\sin x + b\cos x - 1| + |b\sin x - a\cos x|$ 的最大值为 11，求 $a^2 + b$ 的值。

分析：对于形如

$a\sin\omega x + b\cos\omega x$ 的结构，可合一变换为 $\sqrt{a^2 + b^2}\sin(\omega x + \varphi)$ 形式。

解：

$\because a\sin x + b\cos x = \sqrt{a^2 + b^2}\sin(x + \varphi),\ b\sin x - a\cos x = \sqrt{a^2 + b^2}\cos(x + \varphi)$

$\sin\varphi = \dfrac{b}{\sqrt{a^2 + b^2}}, \cos\varphi = \dfrac{a}{\sqrt{a^2 + b^2}}.$

$\therefore f(x) = |\sqrt{a^2 + b^2}\sin(x + \varphi) - 1| + |\sqrt{a^2 + b^2}\cos(x + \varphi)|$

$= \sqrt{a^2 + b^2}(|\sin(x + \varphi) - 1| + |\cos(x + \varphi)|)$

$\le \sqrt{a^2 + b^2}(|\sin(x + \varphi)| + |\cos(x + \varphi)|) + 1$

$\le \sqrt{2(a^2 + b^2)} + 1 = 11,$ 从而 $a^2 + b^2 = 50.$

三、有迹可循抓住运算结构特征

三角函数总是以一定的结构呈现，根据条件和要求式子的结构特征，结合所学公式，确定变换的方向。处理的策略有三角公式的正用、逆用和变形用，齐次式化切，高次式降幂等等。

（一）有迹可循抓住运算结构特征，公式灵活运用

例 10

在 ΔABC 中，已知 A、B、C 成等差数列，求 $\tan\dfrac{A}{2} + \tan\dfrac{C}{2} + \sqrt{3}\tan\dfrac{A}{2}\tan\dfrac{C}{2}$ 的值。

分析：熟悉三角公式特征，变形应用公式，

即 $\tan\alpha + \tan\beta = \tan(\alpha + \beta)(1 - \tan\alpha\tan\beta)$。

解：$\because$ A、B、C成等差数列，$\therefore$ A+C=2B，又 $\because$ A+B+C=π，$\therefore$ A+C=120°

$$\therefore \frac{A}{2} + \frac{C}{2} = 60°, \therefore \tan\left(\frac{A}{2} + \frac{C}{2}\right) = \sqrt{3}$$

$$\therefore \tan\frac{A}{2} + \tan\frac{C}{2} = \tan\left(\frac{A}{2} + \frac{C}{2}\right)\left(1 - \tan\frac{A}{2}\tan\frac{C}{2}\right) = \sqrt{3}\left(1 - \tan\frac{A}{2}\tan\frac{C}{2}\right)$$

$$\therefore \tan\frac{A}{2} + \tan\frac{C}{2} + \sqrt{3}\tan\frac{A}{2}\tan\frac{C}{2} = \sqrt{3}$$

例 11

求 $\sin 10°\ \sin 30°\ \sin 50°\ \sin 70°$ 的值。

分析：转化为余弦角度刚好是二倍关系，再灵活运用二倍角公式化简。

解：$\sin 10°\sin 30°\sin 70°$

$$= \frac{1}{2}\cos 20°\cos 40°\cos 80°$$

$$= \frac{1}{2\sin 20°}\sin 20°\cos 20°\cos 40°\cos 80°$$

$$= \frac{1}{4\sin 20°}\sin 40°\cos 40°\cos 80°$$

$$= \frac{1}{8\sin 20°}\sin 80°\cos 80°$$

$$= \frac{1}{16\sin 20°}\sin 160°$$

$$= \frac{1}{16}$$

（二）有迹可循抓住运算结构特征，齐次式化切

例 12

已知 $\tan\alpha=-\dfrac{1}{3}$，计算 （1）$\dfrac{\sin\alpha+2\cos\alpha}{5\cos\alpha-\sin\alpha}$，（2）$\dfrac{1}{\sin2\alpha+\cos^2\alpha}$

分析：要求的式子是齐次分式或可化为齐次分式，所以弦化切处理。

解：(1) $\dfrac{\sin\alpha+2\cos\alpha}{5\cos\alpha-\sin\alpha}=\dfrac{\tan\alpha+2}{5-\tan\alpha}=\dfrac{-\dfrac{1}{3}+2}{5-(-\dfrac{1}{3})}=\dfrac{5}{6}$

(2) $\dfrac{1}{\sin2\alpha+\cos^2\alpha}=\dfrac{\sin^2\alpha+\cos^2\alpha}{2\sin\alpha\cos\alpha+\cos^2\alpha}$

$=\dfrac{\tan^2\alpha+1}{2\tan\alpha+1}=\dfrac{(-\dfrac{1}{3})^2+1}{2(-\dfrac{1}{3})+1}=\dfrac{10}{3}$

例 13

$\alpha\in(0,\dfrac{\pi}{2})$，且 $\dfrac{\cos(2\alpha+\dfrac{\pi}{2})}{\cos(\dfrac{\pi}{2}-\beta)}=\dfrac{1}{\sin(\dfrac{\pi}{2}+\beta)}$，则 $\dfrac{\tan\beta}{5-\cos^2\alpha}$ 的最小值为（　　　　）

A.$-\dfrac{\sqrt{2}}{10}$　B.$-\dfrac{\sqrt{5}}{10}$　C.$\dfrac{\sqrt{5}}{10}$　D.$\dfrac{\sqrt{2}}{10}$

分析：由条件得 α 与 β 的关系，所求式子就可以转化为一个变量，再化齐次，最后弦化切即可。

解：$\because \dfrac{\cos(2\alpha+\dfrac{\pi}{2})}{\cos(\dfrac{\pi}{2}-\beta)}=\dfrac{1}{\sin(\dfrac{\pi}{2}+\beta)}$，$\therefore \dfrac{-\sin2\alpha}{\sin\beta}=\dfrac{1}{\cos\beta}$

$\therefore \tan\beta=-\sin2\alpha$，$\therefore \dfrac{\tan\beta}{5-\cos^2\alpha}=\dfrac{-\sin2\alpha}{5-\cos^2\alpha}=\dfrac{-2\sin\alpha\cos\alpha}{5\sin^2\alpha+4\cos^2\alpha}$

$\therefore \dfrac{\tan\beta}{5-\cos^2\alpha}=\dfrac{-2\tan\alpha}{5\tan^2\alpha+4}=\dfrac{-2}{5\tan\alpha+\dfrac{4}{\tan\alpha}}\geqslant\dfrac{-2}{4\sqrt{5}}=-\dfrac{\sqrt{5}}{10}$

选 B。

（三）有迹可循抓住运算结构特征，高次式降幂

例 14

化简 $\dfrac{1-\cos^6x-\sin^6x}{1-\cos^4x-\sin^4x}$.

分析：已知条件为高次，运用 $\sin^2\alpha+\cos^2\alpha=1$ 将幂逐渐降下来。

解：
$$\frac{1-\cos^6 x-\sin^6 x}{1-\cos^4 x-\sin^4 x}$$

$$=\frac{1-(\sin^2 x+\cos^2 x)(\sin^4 x-\sin^2 x\cos^2 x+\cos^4 x)}{1-[(\sin^2 x+\cos^2 x)^2-2\sin^2 x\cos^2 x]}$$

$$=\frac{1-[(\sin^2 x+\cos^2 x)^2-3\sin^2 x\cos^2 x]}{2\sin^2 x\cos^2 x}$$

$$=\frac{3\sin^2 x\cos^2 x}{2\sin^2 x\cos^2 x}$$

$$=\frac{3}{2}$$

例 15

已知 $\sin^8\alpha+\cos^8\alpha=\dfrac{41}{128}$，$\alpha\in(0,\dfrac{\pi}{2})$，求 α 的值。

分析：已知条件为高次，运用 $\sin^2\alpha=\dfrac{1-\cos 2\alpha}{2}$，$\cos^2\alpha=\dfrac{1+\cos 2\alpha}{2}$ 进行降幂处理。

解：$\because \sin^8\alpha+\cos^8\alpha=\dfrac{41}{128}$ $\quad\therefore(\dfrac{1-\cos 2\alpha}{2})^4+(\dfrac{1+\cos 2\alpha}{2})^4=\dfrac{41}{128}$

$\therefore(1-\cos 2\alpha)^4+(1+\cos 2\alpha)^4=\dfrac{41}{8}$ $\quad\therefore 1+6\cos^2 2\alpha+\cos^4 2\alpha=\dfrac{41}{16}$

$\therefore\cos^4 2\alpha+6\cos^2 2\alpha-\dfrac{25}{16}=0$ $\quad\therefore 1+6\cos^2 2\alpha+\cos^4 2\alpha=\dfrac{41}{16}$

$\therefore\cos^4 2\alpha+6\cos^2 2\alpha-\dfrac{25}{16}=0$ $\quad\therefore\cos^2 2\alpha=\dfrac{1}{4}$，或 $\cos^2 2\alpha=-\dfrac{25}{4}$（舍）

$\therefore\cos 2\alpha=\dfrac{1}{2}$，或 $\cos 2\alpha=-\dfrac{1}{2}$，$\because\alpha\in(0,\dfrac{\pi}{2})\therefore\alpha=\dfrac{\pi}{6}$ 或 $\dfrac{\pi}{3}$.

四、结语

角度、函数名称，运算结构（含次数）是三角恒等变换的三个基本方向。其中哪个差异最大，即可优先考虑从该方向考虑，三角恒等变换就变得有法可依、有迹可循。对于综合性较强的三角恒等变换，我们不仅要有观察意识还要选好观察角度，牵住了"牛鼻子"问题就会迎刃而解了。

高中英语作文评改机制优化策略研究

浙江省淳安县汾口中学　方美蓉

摘　要：有效的作文评改是实施作文有效教学的必然选择。在作文评改中，创设"生生互动"和"师生互动"的平台，综合采用多种评改方式，充分发挥学生的主观能动性，是优化作文评改机制，实现作文评改有效性的理智选择。本文通过调查分析作文评改中存在的一些问题，论述了优化评改机制，实施互动式评改方式：（一）指导学生自我评改，奠定互动评改的基础；（二）实施小组合作评改，关注每个成员的发展；（三）推进班级评改交流，促进班级习作的提升；（四）注重师生互动评改，挖掘学生习作的潜能。实践证明该教学方法是行之有效的。

关键词：作文评改；互动；优化机制

一、高中英语作文评改现状

"写作教学理念的确定，能予人付诸行动的信念，使人在观念和行动上都有正确的方向"。如今新课程改革不断地深化，而我们的写作教学理念还是模糊的，我们的写作教学的行动步伐还跟不上我们的理念。我们的作文评改往往缺乏个性化和针对性：许多教师在批改作文时，往往只是打一个分数或等级，没有给出具体的评价和建议，从而导致学生重复犯错，写作水平难以提高。高中英语作文评改缺乏多元化的评价标准：即主要关注语法、词汇和句子结构等语言层面的正确性，忽视了写作中的思维逻辑、内容创新和表达技巧等，从而导致作文缺乏新意和深度；此外，高中英语作文评改还存在反馈不及时、学生参与度低等问题。由于教师工作量大、时间紧，作文批改往往需要耗费大量的时间和精力，导致反馈时间较长，这使得学生对自己的作文难以及时进行调整和改进。同时，由于学生在评改过程中的参与度低，他们往往只是被动地接受教师的评价，缺乏主动思考和自我反思的机会。一学期来，作文水平几乎是原地踏步，交上来的作文依旧错误百出，语句不通，内容单薄。学生视作文为"痛苦的负担"，老师也惧怕作文练笔了，久而久之，作文教学就逐渐被淡漠了。

为了验证学生写作问题产生的原因，笔者在教学期间对刚接手的两个班89名学生进行了问卷调查和跟踪访谈，收集到了包括写作需求、写作习惯以及写作的批改等方面的信息。表1：

表1

项目一	1.你重视英语写作吗？ A.重视 B.不重视 C.不清楚
	2.英语写作的动机是什么？ A.提高考试分数 B.完成老师的作业 C.兴趣（可多选）
	3.写作中最希望提高的是什么？ A.技巧 B.速度 C.其他（可补充）
	4.提高写作水平的最佳途径你认为是什么
	5.你最希望得到的指导是什么

调查结果如下：重视英语写作的学生占87%；写作的动机是提高考试分数的学生占100%；写作动机是完成老师布置的作业的学生占82%；所有学生都希望提高写作技巧；学生认为提高英语写作水平的最佳途径是多种多样的，但学生基本上都提到了有效批改。

于是我们又设计了第二份有关批改方面的调查表2：

表2

项目二	1.你喜欢上作文指导课吗
	2.你喜欢上作文评改课吗？老师的作文评语你会认真地去看吗
	3.你有修改自己作文或与同学相互修改作文的习惯吗
	4.你会主动请老师修改你的作文吗
	5.你愿意将自己的习作成果与同学一起交流吗
	6.你在写作上有成功的体验吗
	7.你的作文由谁评改？ A.老师 B.家长 C.同学 D.以上兼有
	8.习作多长时间被评改一次？ A.3到5天 B.一周 C.二周 D.一月
	9.老师怎样评改你的写作？ A.打分数 B.写评语 C.作眉批 D.兼有
	10.若有评改，评改内容主要是什么？ A.选材 B.语句 C.结构 D.主旨情感 E.表达技巧

调查结果如下：喜欢上作文指导课的学生占 70%，而喜欢上作文评改课的学生只占 32%，回答会认真看老师的评语的学生仅占 10%，有 70% 的同学回答不会认真看，12% 的同学回答有修改作文的习惯，主动请老师修改作文的只有 8%，几乎没有人愿意将自己的习作成果与同学交流，85% 的同学感到写作没成就感，学生作文是老师批改的占 95%，学生反应写作最多两周批改一次，且老师以打分数为主，评改的内容也是以词句的对错为主。

调查结果表明：高中阶段英语写作教学之所以效率低下，与作文评改有着直接的关系，而作文评改的观念落后，评改方式陈旧已成制约高中英语作文教学的瓶颈。因此，提高高中英语作文教学的效率，优化评价机制，改变作文评价方式显得十分重要。

写作教学效率低下，作文评改观念落后、方式陈旧。要想推动高中英语写作教学的不断发展和提升，我们必须积极寻求改进之道，必须优化作文评改策略。

二、高中英语作文评改优化策略

现代教育思想认为：教学过程中，学生自身的能动性是最重要的内在因素，起着决定性的作用。当今，广大教师把目光聚焦于有效教学，并注重发挥学生自身的能动性。有效的作文评改作为有效教学的题中之意，是实施作文有效教学的必然选择，不可回避。在作文评改中，创设"生生互动"和"师生互动"的平台，综合采用多种评改方式，充分发挥学生的主观能动性，是优化作文评改机制，实现作文评改有效性的理想选择。它可以多途径激发学生的写作"内需"，努力促使学生作文由"要我写"变成"我要写"，调动学生的写作热情，挖掘学生写作潜力，提高学生写作水平。

（一）互动评改方式的理论依据

1. 布鲁纳兴趣论

美国心理学家布鲁纳说过"学习最好的刺激是对所学学科的兴趣。"教育心理学的"积极反应法则"也告诉我们："让学习者自觉的进入学习的准备状态，主动激发学习动机达到学习目的。"兴趣是最好的老师，人的兴趣是与外界事物的需要密切相关的。需要即是欲望，欲望是否强烈往往决定着兴趣浓厚程度的高低。只要学生对所学内容有了强烈的需求感，就会产生浓厚的兴趣。因此，我们必须充分利用"兴趣"这个"启动器"，激发学生写作的内驱力。当学生对作文产生兴趣时，他们就会积极主动、心情愉悦地去写作。

2. 成功教育理论

成功教育的基本思想是：相信学习困难的学生都有成功的愿望、需要和潜能；主张通过不断帮助学生获得成功来激励学生的内部动力机制；坚持对学生实行鼓励性评价，促使学生发现自己，看到自己的力量，找到自己的不足，满怀信心地不断争取新的成功。"信心—成功"的心理学基本理论是成功教育理念的本源。成功教育的策略注重"尝试"，让学生独立自主的尝试；强调"自主"，让学生在动态思维中创造性的学习；倡导"互动"，确定新型的师生关系及角色意识；开放"时空"，为学生拓展自由的空间；完善"评价"，培养健全人格以换回教育的人文化。

（二）互动评改方式的操作原则

1. 目标认同原则

课堂教学是有目的、有计划、有组织、有指导的活动。它有明确的教学目标，从协同学的观点来看，教学目标是教学系统组织水平的标志，它对师生的教学活动起定向、维持、强化、激励和调控的作用。没有目标或者目标不明确、不完整，教学就会处于无序混乱状态。

2. 协调互助原则

协调是师生依据教学目标，教育科学理论和自己的实践经验，统一目标、统一认识、统一行动的过程。协调关系的过程产生同步、互补效应。同步是教学系统各要素运动变化在时序上的一致。互补是教学系统内部各要素间相互补充相互促进的关系。

3. 合作学习原则

合作学习是以学习小组为基本组织形式，系统利用教学动态因素之间的互动来促进学习，以团体成绩为评价标准，共同达成教学目标的活动。"合作学习"包括以下几个层面的内容：首先，"合作学习"是以学习小组为基本形式的一种教学活动，并且通常采用异质小组，使之具有一定的互补性。偶尔也采用同质小组来组织活动。其次，"合作学习"是以教学动态因素的互动合作为动力资源的一种教学活动，包括师生互动合作、生生互动合作。最后，"合作学习"是一种目标导向的教学活动，所有的合作活动都围绕着达成特定的共同目标而展开。

（三）互动评改方式的具体策略

1. 指导学生自我评改方法，奠定互动评改的基础

我国著名教育家叶圣陶曾经说过："学生作文老师改，跟老师命题学生做一样，学生处于被动地位，假如着重培养学生自己改的能力，教师只给引导和指点，该怎样改，让学生自己去思考去决定，学生不就处于主动地位了吗？养成自改的能力，这是终身受益的。"

（1）要积极创设学生自我评改的氛围

特别是在接班的初始阶段，要不厌其烦地向学生阐述英语写作修改的价值和意义，创设学生自评自改的氛围。如：我经常引导学生查找、感悟、一些名家关于修改文章的故事或名言，如"好文章是改出来的""文章不厌百回改"等名言，又如美国作家海明威把《老人与海》手稿读过近 200 遍才付印等故事。让学生明白好的习作是改出来的，从而增强学生英语写作的修改意识，最终让学生养成写完必修改的良好习惯。

（2）教师躬亲示范引导学生自我评改

俗话说，讲一千遍听，不如做一遍看。笔者的做法是在黑板上写学生同题作文，在黑板上写一大段，或开头，或结尾，或中间。然后在黑板上用红笔修改。怎样改写错的单词，怎样修改病句，怎样修改语句的表达，怎样添加和删除。

这样的做法在学生面前充分地"暴露"修改过程，可以让学生们看出老师或自己的同学原来是怎么思考的，后来又是怎样修改的。这也便于发现分析学生写作时的思维变化过程。而学生在写写改改，反反复复比较的过程中，也能不断提高认识，不断进步，真正获得写作能力。同时，当学生看到自己的作文经过修改，通顺、流畅多了，更具体、更完美了，也会产生一种成功的喜悦，他们的习作兴趣自然增强。

（3）教师指导学生自我评改的方法

在作文评改中，可将英语写作分解成内容要点（Key points）、语言连贯性（Text coherence）、重点词汇和语法的运用（Important words & grammar）、标点（Punctuation）和拼写（Spelling）、字迹书写（Handwriting）等五方面来检查自己的作文。并制定出包含 A　B　C　D 四个等级的量化标准。具体操作如下表：

评价级别 参照标准	A	B	C	D	自评	组评	师评
字迹书写拼写标点	字迹工整，拼写正确，作业整洁	字迹基本工整，拼写有少许错误，作业基本整洁	字迹欠工整，拼写有一些错误，有涂改现象	字体潦草，有多处拼写错误，有多处涂改			
语法词汇	应用了较多的语法结构和高级词汇	能应用一些语法结构和高级词汇	语法结构单一、词汇有限但不影响理解	文章语法错误较多，词汇有限，影响理解			
内容要点	要点齐全，内容完整，观点明确	要点基本齐全，内容较完整，有意义	要点基本齐全，内容较完整，有一定意义	要点不全，内容过于简单，缺乏意义			
语言连贯性	有效使用了语句间的连接词，全文结构紧凑	应用简单的语句间的连接成分，全文结构基本紧凑	较少使用语句间的连接成分，内容缺少连贯性	语句断断续续，行文不流畅，缺少连接词			
创造性	有创造性，表现力强	有一定创造性	创造性不够	没有创意			

笔者还要求学生每次习作后朗读自己的作文，通过朗读，也培养了学生的口语表达能力，通过调动语感来检查作文，初步检查格式、标点、语句上

有无不通之处，做到没有语法拼写错误，不写病句，语言通顺，内容有条理。接着检查立意、结构、选材是否合理。然后鼓励对修改前后的习作分别打出自评分。每当学生在自改后，作文比原先有明显好转的，教师还进行积极的鼓励，让学生体验到修改作文的乐趣，从而进一步激发学生自我评改作文的积极性。在一系列的作文教学中，让学生认识到：自改作文，不仅是把作文写好，更重要的是通过修改，调动已有的写作积累，提高写作水平。

2.实施小组合作评改，关注每个成员的发展

萧伯纳曾说过："你有一个苹果，我有一个苹果，交换后仍是一个苹果；你有一种思想，我有一种思想，交换后就有两种思想"。联合国教科文组织明确提出21世纪的学生应当"学会合作"。

（1）让学生明确互评互改的意义

"不识庐山真面目，只缘身在此山中"，修改作文也正如此。许多自己不能发现的问题，旁人一看就发现了，所以学生应参与对同学习作的评改。有许多同学一谈到互评互改，就认定是老师偷懒，内心有一种抵触情绪。所以教师在让学生互改之前，用一定的时间说明互改作文的优点，这样就为老师传达具体评改要求创造了一个良好的空间。学生也会很注意倾听老师对于评改的具体要求，这为小组互评互改打下了实效性基础。

（2）科学的拟定合作评改小组

根据自愿原则和互补原则把每个班的学生分成若干个小组，每组以4人为宜。这样一方面使和谐的人际关系有了心理保证，另一方面又为写作水平高低互补以合理的人员配备作为互评的能力保证。

学生一开始接触互评互改作文的形式，可能实效性不高，容易流于形式，所以在互评互改中，我们教师可指导学生依据前面学生自评自改中所制定的"定量"和"变量"的"写作评改单"进行互评互改，并通过书面的形式记录下来，并由小组长填好"作文评改记录

小组互评互改操作过程如下：

细读。为了对批改的文章有一个真实、深刻的第一印象，要强调仔细阅读作文，标出明显的拼写错误和病句，估计大概数字，记录下读文章的第一感觉。

精读。这是评改的核心、关键。必须仔细研究原文，依据"变量"边读，

边思，边改，细细品味文章，写出评改意见。

速读。从总体上把握，客观的予以等级的形式表现出来，教师要指导好学生掌握重肯定、轻否定、重鼓励的原则。

反馈。作文评改后要趁热打铁及时反馈，交流个人心得：小组合作评改后，再把作文发给学生自己，作者仔细看批改后的作文，要即看原文，又看评语，改正错词、病句，反复修改，直至满意。然后对照自己批改过的别人的优点（事先有过记录），写出此次作文的感受或受到的启发，以及对自己作文的修改意见。这样，可以使学生的作文每次都有一次升华的过程。

"三人行必有我师"，"三个臭皮匠顶个诸葛亮"。这样的小组合作评改活动是一种有系统、有结构的有效教学策略，能够有效地弥补个人自主修改所造成的单一思维不足，能促使学生在合作学习中分享彼此的思想、经验、和学识，激发灵感，增强思维的灵活性，并能促进反思，在激发学生写作热情的同时，也提高了学生的写作水平。不仅有利于培养学生的团队合作精神，而且有利于培养学生探索问题的能力，还有利于培养学生认真负责的态度，养成良好的写作习惯。

3. 推进班级评改交流，促进班级习作的提升

多媒体的广泛应用为推进班级评改搭建平台：以多媒体计算机和网络技术为核心的信息技术在教学中的广泛应用，正在悄然引发课堂教学的巨大变革。反映在作文评改教学中，教学信息组织的超文本方式，教学信息储量的大容量化，教学过程具有交互性、可控性、针对性、协作性和开放性。学习资源共享功能等优势，使学生作文评改的自主性和反馈功能大为增强。通过多媒体教学，推进班级评改交流，促进班级习作水平提升势在可行，同时，它使每一位学生的作品都有机会得到来自老师、同学的多元信息反馈。

小组互评为推进班级评改奠定基础。小组合作评改结束后，教师根据已批的作文和"作文评改记录表"，迅速检阅各组评议情况，及时总结本次作文的优点和存在的问题，分析改进方法，并对各评改小组推荐的优秀作文进行审读，从中选出最好的文章。然后做成课件，利用多媒体手段，在全班进行交流展示，并让作者当众朗读自己的作文，谈谈成功的体会。同时，让其他同学对这篇文章进行个性化点评，教师做总结性点评。这样，对于被评者，不仅提高了口语表达能力，还在别人的认可中品尝到成功的喜悦，增添了写

作的自信心。

同时，教师也选取学生小组评改中问题较多的一两篇文章，通过实物投影，引导学生根据评价标准进行评改打分，并说明理由，由于教师有意识地引导学生从"低级关注点"上升到"高级关注点"，即从关注语言的表达错误到关注文章的篇章结构，从关注语言本身到关注学生的情感态度。这种评价方式也符合新课程标准关于建立"有利于学生发展，对学生的学习起到促进作用"和"旨在促进学生全面发展的多元化评价体系"的理念。

4.注重师生互动评改，挖掘学生习作的潜能

学生自我评改作文和小组合作评改作文把教师从"愚公移山"式的苦役中解脱出来，让教师有更多的时间和精力进行部分作文的抽样评改，细致了解学生的写作动态，深入挖掘学生习作的潜力。教师在抽样精细评改中要充分利用师生互动这个平台，把握好"评"与"改"的关系，注重以教师的"评"促进学生的"改"这个理念，激发学生写作的热情，督促学生多写多改，深入挖掘学生习作的潜能。

（1）利用正反评语，引发师生互动

作文教学中，学生不仅关注自己所得的分数，对老师的评语更关注。本人通过调查发现学生反感的评价是"优""良""合格""不合格"或"A""B""C""D"四个等级，多数学生不希望在评语中看到一些空洞的套话，这就意味着，要想吸引学生关注评语，引发互动，激发学生写作兴趣，首先得架起好评语这座桥梁。那么，怎样才能架起好评语这座桥呢？在写评语时要做到"真""善""美"。

第一，春风化雨，滋润心田。带着情感去读学生的文章，读懂学生的情感，才能加深理解，甚至达到情感上的共鸣，我们才能写出让学生为之一动的评语，引发学生与老师之间的互动，架好沟通这座桥梁。从而缩短了师生间的距离。

第二，柔如烛光，点亮心灯。一位教育家说过"教学的技术不在于传授本领，而在于激励、唤醒和鼓舞"。在作文批改时，不论学生作文是优是劣，都要善于寻找"闪光点"，多写激励性的评语，给学生以鼓励，让他们尝到了写作的甜头，从而激发他们的写作兴趣，激励他们在写作上不断进步。这些激励性的评语并不是一些假话、套话，而是有很强的针对性、融入教师的真

情善意，让学生真正感觉到老师对他的关爱和期盼，从而缩小了师生之间的心理距离，促进师生之间的互动。

当然，评价有正面也有负面，"以正面评价为主"符合教育规律，但不能据此否认负面评价的作用，适时、适当、适度的负面评价也是有必要的。

（2）教师下水作文，激发师生互动

苏联教育学家苏霍姆林斯基特别强调教师的下水写作。教师下水和学生一起作文，至少有以下作用：

第一，教师下水有利于写前指导的有的放矢。教师的命题是不能脱离学生的生活实践和写作实践的。教师应该熟悉学生的这些实践，并用以检验命题是否恰当，这就很有必要亲自下水，动笔写一些，做到胸有丘壑，指导学生才能有的放矢。

第二，有利于激发师生互评的兴趣，对学生来讲，教师从"岸上"下了"水"，自然亲切了起来。老师这时候成了与学生一样的习作者，师生是平等的、相互欣赏、又相互批评。这时学生对作文非常感兴趣，和老师比赛，有时还超过老师，这是件十分惬意的事情。从写作心理角度分析，教师的下水文章是很有刺激的，它对于形成写作的"优势兴奋中心"，激发学生的写作兴趣是有很大的促进作用。教师的下水，可以用自己的下水实践开启学生的思维，达到举一反三的目的，以参与者的身份让学生评头论足，让学生在评改中得到启示，积累更多的写作材料，写作技巧，丰富自己的写作情感。

（3）师生阳光对话，增进师生互动

笔者认为，在作文教学中，教师可以与学生建立起一种民主的、愉快的、和谐的伙伴对话关系，在面对面地交流中以评促改，师生面对面的地互评互改是作文教学中最典型的因材施教的方法，是学生最愿意接受的一种方法，它沟通直接，突出反馈的作用，能帮助学生辨析习作的正误，为学生修改作文提供依据。

第一，对学生作文中的个别问题采用个别面批的方法。对于写作有困难的学生，通过亲切交谈，一边找原因，一边启发，一边引导学生自己修改。为培养学生修改作文的能力，挖掘学生习作潜能打好基础。特别是经过一个阶段的写作之后，学生需要整合写作资源，需要提高构思表达的技巧。如果能有一种活跃灵动的对话，启示他在立意和表达上不断地"再朝前跨一步"，他便有可能把自己的写作潜能充分挖掘出来。笔者在教学中发现，学生喜欢这种师生之间一对一地面评面改交流方式，觉得这样即愉快、又有效。

第二，针对有共同问题的学生，可以采用小组面批的形式。在互动式的写作教学中，教师在评改作文时，可以将存在共性问题的学生临时分成几个小组，分组分批的进行面批，共同指导。在面批时，老师与小组学生面对面的互动，教师在评改指导时既有个别的针对性，又有共同的指导性，也有利于带动同学之间的互动。

第三，针对全班学生共性问题，可以采纳集体互动批改形式。笔者的做法是，选取一篇存在典型问题的学生作文，用实物投影的方式，在课堂上与同学们探讨交流，边评析边修改，既可以让学生上台板演修改，也可以教师指导修改。集体互动批改形式是教师与学生集体的阳光对话。显然，这种评改方式，将互动写作阳光呈现。有利于学生习作水平的提升。师生互动评改可以用下图表示：

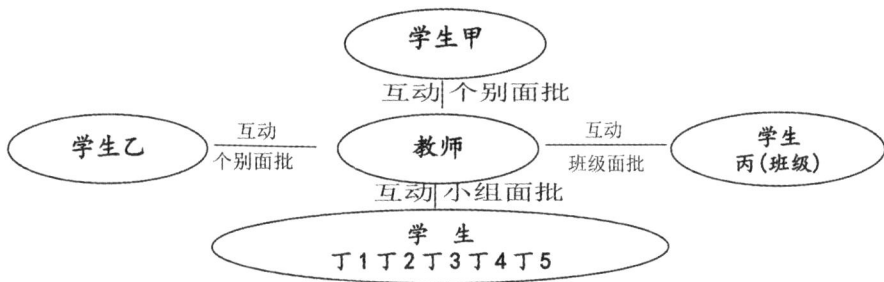

这种师生之间阳光伙伴式的对话，面对面地互动交流，不仅可以了解学生的思维特点，知道他们写作上的"长"与"短"，更有价值的是让他们积极地去想，主动地去做，不断地挖掘他们写作潜能，同时也促进师生之间关系的和谐发展。

三、结束语

新课程改革对教师改进教学方法、提高教学效果既提出了更高的要求，也提供了广阔的领域。英语教师可以放开思路，大胆实践，只有积极探索，勤于实践，才能找到更有效的路子，使作文教学变得充满活力和情趣。实践表明，最能体现语言价值的、先进的、有效的教学途径是要立足学生。因此，我们应本着以教师为主导的原则，充分发挥学生学习的主体作用，大胆创新，综合运用多种评改方式，因文而异，因材施教，求实求活，不断总结，创设各种互动平台，实现作文评改的最优化模式，发挥作文评改在作文教学中的重要实践意义。作文评改的方式是多种多样的，不管采取何种批改方法，都要以调动学生学习积极性、主动性为宗旨，以学生为中心，教师只是引导者、组织者和帮助者，各种不同的批改方法交叉使用可使学生拥有更多的参与机会，可以互相帮助，通过自己的积极思考解决问题。学生通过写与改，在自我评价、同伴评价和教师评价中，不但学会了使用语言进行交流，掌握了基本的语言知识，使语言功能和语言形式有机地结合起来，同时还可以让学生在完成任务的过程中体验成功的喜悦，提高了自身的合作精神和实践能力，使不同层次的学生在每次习作中都有所收获。

"双新"背景下农村普高文言文
阅读能力提升的策略初探

浙江省淳安县汾口中学　陈晓华

摘　要："双新"下的农村普通高中文言文阅读教学应突围应试心理，转变理念，改善教学途径，并充分利用多媒体技术，以趣品字词，浸润文化，激趣践学，等途径激发学生的阅读兴趣，逐步提升学生的阅读能力。

关键词：多媒体技术；激趣践学；浸润文化；阅读兴趣

2017 年版《普通高中语文课程标准》（下文简称"新课标"）指出"学科核心素养"主要包括"语言建构与运用""思维发展与提升""审美鉴赏与创造""文化传承与理解"四个方面；并指出语文学科核心素养是学生在积极的语言实践活动中积累与构建起来，并在真实的语言运用情境中表现出来的语言能力及品质。就文言文课堂教学来说，可以尝试改善教学途径，并充分利用多媒体技术，实现"积极的语言实践活动"和"真实的语言运用情境"的设置，激发学生的文言文阅读兴趣，逐步提升阅读能力。

一、农村高中文言文阅读教学现状

2023 年 9 月 1 号，我对刚入学的高一两个班新生文言文阅读情况做了初步调查，调查结果如下：1% 的学生阅读面较广；90% 以上的学生有阅读，但只限于课内文言文阅读。学生普遍反映文言文阅读枯燥乏味，文言知识记忆困难，任务繁重，不想读。针对这种现状，我认为可以尝试改善教学途径，并充分利用多媒体技术，激趣践学，趣品字词，浸润文化，以导促读等途径激发学生的阅读兴趣，逐步提升学生的阅读能力。

二、提升农村高中文言文阅读教学能力的改善策略

（一）善质疑，趣品字词

最近颁布的《普通高中语文课程标准（2017 年版）》在论及语文学科"核心素养"时的阐述是："思维发展与提升是指学生在语文学习过程中，通过语言运用获得直觉思维、形象思维、逻辑思维、辩证思维和创造思维的发展，以及深刻性、敏捷性、灵活性、批判性和独创性等思维品质的提升"。维果茨基有言："思维和语言在某种程度上用不同于知觉的方式反映现实，两者是开启人类意识本质的钥匙。言语不仅在思维的发展中起主要作用，而且在整个意识的历史成长中也起着重要的作用。言语是人类意识的缩影。"语文教学，尤其阅读教学，必须认识到阅读能力的提升背后是思维能力的提升，语文教学的一个重要功能在培养学生的思维。要促发学生"思维"的"发展与提升"，教师则须善激趣，巧点拨。德国教育家第斯多惠说过："教育在于激励、唤醒和鼓舞"，先贤孔子告诉我们"不愤不启，不悱不发"，在学生"愤""悱"之时加以启发引导，激发学生探究文本的兴趣，获得质疑、解疑的快乐，这无疑能形成阅读教学的良性发展。比如教读必修一的《劝学》时，在学生自我梳理文章大意后加以启发诱导，激发学生探究文本，质疑、解疑，结果有精彩的收获。其中有一段质疑、解疑环节是这样的：

生 1：为什么"蚓""上食埃土""下饮黄泉"，就"用心一也"？而"蟹""非蛇鳝之穴无可寄托者"，就是"用心躁也"？

生 2：因为"蚓无爪牙之利，筋骨之强"，它要"上食埃土""下饮黄泉"，没有恒心是做不到的。"蟹六跪而二螯"，有这么好的条件，却无藏身之处，是因为它浮躁，没有专心地为自己挖洞藏身。

又如引导学生品味"假舆马者，非利足也，而致千里"中的"致"与"故不积跬步，无以至千里"的"至"，有一学生回答道："'而致千里'，是'假舆马者'，借助了外物使其达到；'无以至千里'，是'不积跬步'，主观努力不够造成无法达到：这就是'致'和'至'的区别。"

精彩！我们的学生能充分利用语境这般解读文本，实在是鼓舞人心的！这怎能不激发他们的文本阅读兴趣呢？

（二）浸润文化，提升人文素养

新课标强调，"语言文字是文化的载体，又是文化的重要组成部分；学习语言文字的过程也是文化获得的过程。"而品读经典文言文，就是解读中国古代文化的密码。

在教学《师说》时，

师：思考"彼童子之师"为何"非吾所谓'传其道解其惑者也'"？

生："彼童子之师"，只是教授读书，学习文句，而韩愈要说的'老师'则是要传圣贤之道的，是重道德、做人方面的教育。

师：说得多好！把这个"道"的涵义一下升华了，韩愈说的"师"的宽广的胸襟让我们一下子体悟到了！"古之学者必有师"，古代求学的人追求的是先哲之道、圣贤之道，这种"道"是中华文化之脉！中华文化是一种内省的文化，追求的是道德人生、学问人生，重在精神世界、道德情怀！而韩愈所说的"师"，应该是传承中华文化之脉的人！

这一节课可谓又是一鼓舞人心的课！在接下来的另一个班上这篇课文，师生又有了新的收获："彼童子之师"中的"师"很普遍，就像我们教授读书，学习文句的老师；韩愈要说的"老师"除了上面探讨的结果，可能还指各行各业各领域的有专门研究的人，人生的、技艺的精英，都可以是我们的老师。

另外，还可以充分利用多媒体技术营造历史文化氛围。如在课件中融入相关的文化视频，展示相关历史人物、时代背景、文化习俗等，以增加文言文阅读的吸引力和教育价值，还能帮助学生更好地理解和记忆文言文内容。

通过这样的品读和多媒体情境设置，让学生浸润在文化中，于潜移默化中提升人文素养。

（三）利用多媒体，激趣践学

教学方式方面，利用多媒体根据文言文的具体内容选择合适的多媒体元素，如图片、音频、视频等，以图文、音视频结合的方式展示文言文内容；利用故事化的手法介绍文言文的内容，构建情境、人物对话等，将枯燥的文本转化为生动的故事。在具体的教学中，利用虚拟实境技术为学生营造一个身临其境的环境，让学生更加直观地感受文言文所描述的场景。课程结束后，利用课件中设计的互动问题或小测试，如填空或选择题，让学生在课件中直接参与答题，以此提升学生的参与感和兴趣，还可以引入游戏化教学，设计一些与文言文相关的任务和游戏，让学生在轻松愉快的氛围中学习。

三、结语

以上只是在新课标的触动下所做的些许思考和尝试，农村高中文言文阅读教学可谓任重而道远，我们将继续"上下而求索"。

新课标引领下的思想政治开放性主观题复习策略探究

——以 2023 年 1 月、6 月和 2024 年 1 月浙江选考思想政治开放性主观题为例

浙江省淳安中学　方成贵

摘　要： 教育部发布《普通高中思想政治课程标准（2017 版）》，基于新课标、新教材的浙江思想政治选考题型有了较大的变化，创新了开放性主观题考查，无论是题型创新还是答题要求与能力的提升，学生都面临较大的挑战。针对学生面对开放性主观题解答存在的困惑，笔者在教学中有针对性地对开放性主观题复习策略与方法进行了探究。

关键词： 思想政治；开放性主观题；复习策略

党的二十大报告指出，培养什么人、怎样培养人、为谁培养人是教育的根本问题。育人的根本在于立德。全面贯彻党的教育方针，落实立德树人根本任务，培养德智体美劳全面发展的社会主义建设者和接班人。从 2020 年 9 月秋季高一新生开始，高中思想政治教学开始采用新教材，以《普通高中思想政治课程标准（2017 年版）》为指导，注重学科核心素养的考查，以落实立德树人根本任务。2023 年开始新选考，新课程标准指导下的新选考与以前的教材对应的选考有较大的变化，判断题减少一半，并有取消的趋势；3 分选择题有增加；主观题分值从原先的 30 分左右增加到 40 分以上，并有继续增加的趋势；主观题数量也增加到 9 个；题型也比以前更丰富，出现了分值较大的开放性主观题，难度也有增加，对学生的解读材料、分析材料、运用知识的能力要求有较大的提高。这些变化启示我们要顺应课改趋势与要求，学习新课标，研究新课标，在思想政治教学和选考复习中要贯彻新课程理念，注重对学生的学科核心素养培养，在复习教学中特别注重开放性主观题的教学研究，

采用对应的复习策略。

一、2023 年 1 月、6 月和 2024 年 1 月思想政治选考开放型主观题分析

我们发现 2023 年 1 月、6 月和 2024 年 1 月的选考都有一个开放型主观题，考查范围仍然是选择性必修《当代国际政治与经济》模块，分值没变，仍然是 9 分，由原先的两问变为一问，由原先常见的微观考查转向宏观或中观的开放性考查，对学生的知识运用能力要求大大提高，又注重核心素养的考查。具体见下表：

时间	设问要求	考查范围	存在问题
2023 年 1 月	以美国为首的一些西方国家宣称，中国打着共建"一带一路"的旗号，凭借经济实力上的优势支配他国，掠夺他国财富，搞经济霸权。结合材料，运用《当代国际政治与经济》相关知识，写一篇短文对这一观点加以驳斥。要求：观点正确；知识运用准确；材料提取恰当；论述清晰；论证有力；300 字以内	《当代国际政治与经济》，属于宏观考查。此题综合考查学生对时代主题、我国外交政策、人类命运共同体理念、中国对世界经济的贡献等知识的理解与运用	此题体现了新课标全新的评价理念。学生不明确这一题型的答题要求，误写成一道辨析题或评析题；有些学生归纳提炼材料信息不足，不会灵活运用知识；还有些学生缺乏辩证思维，只讲中国的做法，未批驳美国的做法及其行径的本质
2023 年 6 月	面对各种反全球化思潮，有人认为经济全球化将走向终结。结合材料，运用《当代国际政治与经济》相关知识，写一篇短文对这观点加以评述。作答要求：（1）观点正确；知识运用准确；材料提取恰当。（2）逻辑严密；论证有力；表达流畅；300 字以内	《当代国际政治与经济》，属于宏观考查。本题考查经济全球化的主干知识，辨析国际社会对经济全球化的不同声音，并提出自己的观点	学生不明确这一题型的答题方法，误把写短文理解为回答一道普通的评论题；有些学生知识点运用错误，用了大量的"多极化"知识；也有些学生不能很好地概括性使用材料，行文啰唆、逻辑不畅，字数超要求；也有些学生只是一味强调经济全球化的利与未来，评论不够全面有力

时间	设问要求	考查范围	存在问题
2024 年 1 月	你所在班级将举行一场辩论赛，辩题为"跨国公司促进世界和平／跨国公司阻碍世界和平"。请你选择一方立场，结合材料（可不局限于材料），运用《当代国际政治与经济》中的相关知识，写一篇立论陈词。要求：（1）知识和素材运用恰当；论证路径清晰。（2）观点明确；逻辑严密；条理清晰；表达流畅；300 字以内	《当代国际政治与经济》，属于宏观考查。选择一方立场，考查学生对跨国公司在全球政治与经济活动中的作用、和平与发展、国体等主干知识的理解与运用能力。学生需要通过材料提示跨单元在教材寻求理论支持	学生最典型的问题是对这一题型的答题方法不明确，误把写立论陈词理解为撰写一段普通的小短文；有些学生知识点运用错误，不能逻辑科学、紧密地推导出跨国公司促进／阻碍世界和平而无法立论；也有学生不能很好地概括性使用材料、行文烦琐、逻辑不畅、字数超标；还有学生观点中途倒戈；还有学生一味强调跨国公司的利弊，没有分析利弊与促进或阻碍世界和平的关系

这三次考试开放性主观题命制与考查有以下共同点：

材料设置	都采用两到三则材料表述，并且材料之间存在内在联系
分值	分值相同，都是 9 分
设问要求	观点正确；知识运用准确；材料提取恰当；论述清晰或逻辑严密；论证有力；300 字以内
核心素养	都注重对学科的政治认同、科学精神、公共参与、法治精神等学科核心素养的考查
题型特点	本题最大的特点是开放性，一是知识范围开放，设问只明确了模块范围，没有限定具体的知识；二是材料的开放，学生除了试题中提供的素材外，还可以用自己掌握的其他素材，考查学生的国际视野；三是答案的开放，没有统一的标准答案，只是给评分量表

除以上几个方面的共同点外，还有评价标准也相同，都采用等级制的评价标准，而且分两部分，如下表：

内容部分评分标准

等级水平与评分	等级描述
水平 4（5–6 分）	紧扣主题，观点正确；思路清晰，层次分明；表达准确，语言精练。
水平 3（3–4 分）	围绕主题，观点正确；思路比较清晰，层次比较分明；语言表达比较简洁准确
水平 2（1–2 分）	偏离主题，观点正确；条理性差，层次不明；语言表达较差
水平 1（0 分）	脱离主题，答非所问；仅重复试题内容；没有应答

逻辑部分评分标准

等级水平与评分	等级描述
水平 4（3 分）	逻辑严密；论证有力；表达流畅
水平 3（2 分）	逻辑比较严密；论证比较有力；表达比较流畅
水平 2（1 分）	逻辑混乱；论证乏力；表达不流畅
水平 1（0 分）	应答与试题无关；仅重复试题内容；没有应答

二、学生回答存在的问题分析

我们在复习教学中布置了 2023 年 6 月的这道主观题作业，选取了学生存在的典型问题答案，如图一、图二：

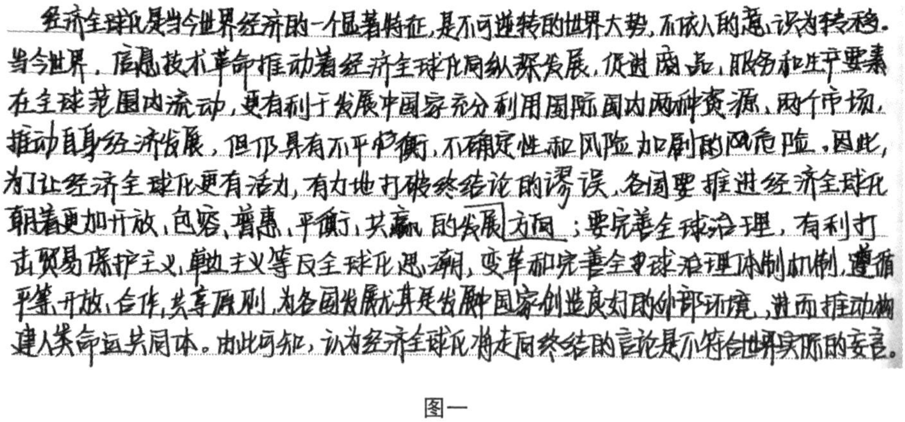
经济全球化是当今世界经济的一个显著特征，是不可逆转的世界大势，不依人的意识为转移。当今世界，信息技术革命推动着经济全球化向纵深发展，促进商品、服务和生产要素在全球范围内流动，更有利于发展中国家充分利用国际国内两种资源、两个市场，推动自身经济发展，但仍具有不平衡、不确定性和风险加剧的风险。因此，为了让经济全球化更有活力，有力地打破终结论的谬误，各国要推进经济全球化朝着更加开放、包容、普惠、平衡、共赢的发展方向；要完善全球治理，有利打击贸易保护主义、单边主义等反全球化思潮，变革和完善全球治理体制机制，遵循平等、开放、合作、共享原则，为各国发展尤其是发展中国家创造良好的外部环境，进而推动构建人类命运共同体。由此可知，认为经济全球化将走向终结的言论是不符合世界实际的妄言。

图一

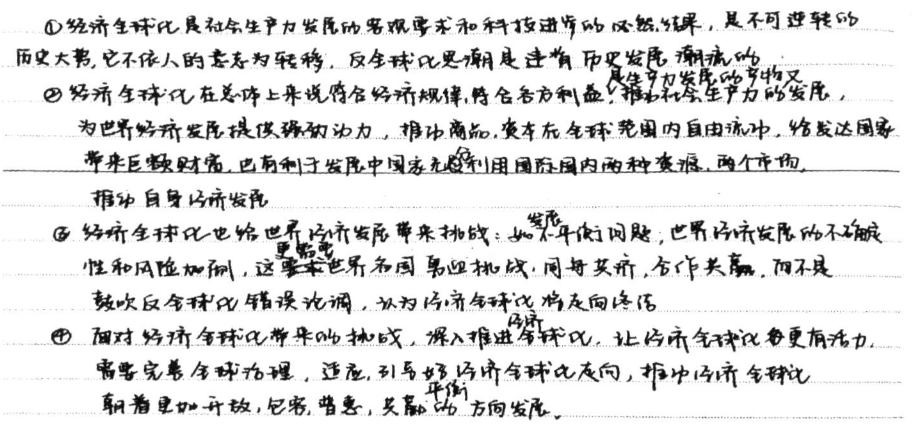
① 经济全球化是社会生产力发展的客观要求和科技进步的必然结果，是不可逆转的历史大势，它不依人的意志为转移，反全球化思潮是违背历史发展潮流的

② 经济全球化在总体上来说符合经济规律，符合各方利益，是生产力发展的产物又推动社会生产力的发展，为世界经济发展提供强劲动力，推动商品、资本在全球范围内自由流动，给发达国家带来巨额财富，也有利于发展中国家充分利用国际国内两种资源、两个市场，推动自身经济发展

③ 经济全球化也给世界经济发展带来挑战：如发展不平衡问题，世界经济发展的不确定性和风险加剧，这更需要世界各国平等迎接挑战，同舟共济，合作共赢，而不是鼓吹反全球化错误论调，认为经济全球化将走向终结

④ 面对经济全球化带来的挑战，深入推进经济全球化，让经济全球化更有活力，需要完善全球治理，适应、引导好经济全球化走向，推动经济全球化朝着更加开放、包容、普惠、平衡、共赢的方向发展。

图二

图一：学生回答知识运用混乱，有的运用了“世界多极化”的知识，逻辑层次不清，没有进行辩证分析，观感模糊。我们班有 20 位学生存在此种问题。

图二：设问中明确要求写“短文”，应像写作文一样分段表述，结果有很多学生用“分点”标序号的写法使短文“支离破碎”，不符合短文书写的格式要求。我们班有 19 位学生存在此问题。

如何解决我们的学生在新选考主观题回答中存在的问题，成为我们在教学中思考研究的重大任务。

三、提升选考开放型主观题解答能力的复习策略

面对新课标、新教材背景下的新选考，对学生注重“获取、处理和分析信息”“灵活调用书本知识”“全面、辩证地观察和分析社会现象”“正确的价值判断与合理的行为选择”等关键能力考查，注重对学生的思想政治学科素养考查，这需要我们在教学中加强对学生这方面能力的提升培养。

（一）研究课标要求，用新课标指引复习教学

在复习教学每一课都先研究新课标，明确教学的课标要求、核心素养目标、知识能力目标，并进行解读，按目标要求进行教学。如在复习《当代国际政治与经济》的第七课“经济全球化与中国”时，设计了表格化的教学目标。

课程标准	核心素养	必备知识
引用实例，说明中国如何推动经济全球化朝着更加开放、包容、普惠、平衡、共赢的方向发展	政治认同：通过学习增强对我国对外开放政策的政治认同 科学精神：中国应采取科学的方法推动经济全球化朝着更加开放、包容、普惠、平衡、共赢的方向发展； 法治意识：遵守世贸规则 公共参与：积极参与经济全球化，为经济全球化做出更多贡献。	1. 推进高水平对外开放的过程 2. 推进高水平对外开放的具体举措 3. 对外开放与自力更生的关系，对外开放坚持的原则和要求 4. 中国对经济全球化的贡献

根据课标要求，我设计了一则实例材料引导学生挖掘材料信息、归纳提炼知识。

材料实例	归纳提炼
材料一：2021 年是中国加入世界贸易组织（WTO）20 周年。20 年来，中国不断扩大开放，激活了中国发展的澎湃春潮，也激活了世界经济的一池春水 材料二：20 年来，中国货物进口量增加约 6 倍，出口量增加 7 倍多，中国成为众多国家的主要出口目的地，中国商品出口为全球消费者带去福祉；中国利用外资稳居发展中国家首位，对外直接投资居世界第一位。目前中国参与全球多边化经济发展已不局限于 WTO 的框架，由我国倡导建立的"一带一路"、亚投行、中欧投资贸易协定等已在全球经济体系中发挥重要作用，区域全面经济伙伴关系协定 也于 2022 年 1 月 1 日正式生效 材料三：中国入世不仅促进了自身的改革开放和经济发展，也推进了世界经济的发展及经济全球化进程。 思考：中国入世 20 年对世界经济发挥的积极作用	①中国改革开放持续推进为开放型世界经济的发展提供了重要动力 ②中国经济快速增长，为世界各国提供了更广阔的市场、更充足的资本、更丰富的产品、更宝贵的合作机会，为全球经济的稳定和增长提供了持续强大的推动力 ③中国同一大批国家的联动发展，使全球经济发展更加平衡

通过实例教学，引导学生从实例中归纳提炼，认识到中国是推动经济全球化的贡献者、参与者、受益者。

（二）选取时事素材，创设情境提升素养

理论与实践相结合的原则是高考命题的基本原则，所以高考命题取材贴近时代、贴近社会、贴近生活。针对开放型主观题知识范围开放、材料开放、答案开放的特点，我们在教学中需要精心创设任务情境、设置议题，让议题承载知识内容，在培养学生综合运用所学知识中提升论证阐释、分析评价、探究解决问题的能力，又潜移默化的培养学生的核心素养。我们在关注书本知识点复习的同时，又要充分重视时政热点、党的方针政策的学习与了解。

在学生层面，为引导学生重视新闻时事，每上一模块知识时，设立知识主题目标，每月一次进行小组合作学习，利用课外、周末的时间，以小组为单位，查阅、学习报刊、网站，如《人民日报》《光明日报》《新华文摘》《半月谈》《新闻联播》及新闻网站等。围绕知识主题，寻找对应的时事材料，大体从"是什么、为什么、怎么办或怎么样"等角度去进行分析说明，在课堂上进行分享。其流程如下：

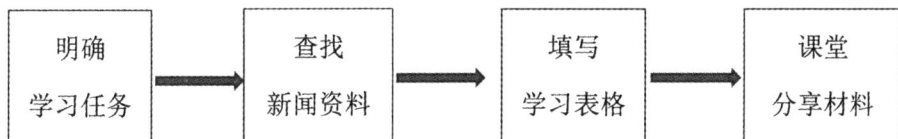

```
┌──────────┐      ┌──────────┐      ┌──────────┐      ┌──────────┐
│   明确   │ ───▶ │   查找   │ ───▶ │   填写   │ ───▶ │   课堂   │
│ 学习任务 │      │ 新闻资料 │      │ 学习表格 │      │ 分享材料 │
└──────────┘      └──────────┘      └──────────┘      └──────────┘
```

例如我在复习"和平与发展"这一课时布置了学习任务，设置了以下表格

知识主题	新闻素材	思考角度	链接知识
和平与主题			

在教师层面，教师指导学生每月一次围绕知识主题收集新闻材料，利用课堂进行分享，并选取合适的材料设置情境进行课堂教学。

（三）指导审题方法，加强训练提升能力

2023届开始的思想政治新选考9分开放型主观题考查是一大命题创新，而学生往往不明确这一题型的答题要求，常体现为观点不明确、材料提取不当、逻辑层次不清、字数不合要求等问题，这就需要加强审题方法指导，并加强此类题型的训练，以提高学生解题能力和培养学科素养。我们根据2023年1月和6月的选考开放型主观题的答题要求设置了以下表格对学生进行了审题指导。

要求	作答启示
观点正确	明确观点，对于材料设问的观点要摆明自己的态度，站在正确的政治立场作为解答的基础
知识运用准确	作为宏观题，知识开放，需要根据材料信息和设问要求去调取书本知识来回答
材料提取恰当	材料分层，根据材料层次（一般设置三则材料可分三层），提炼材料的有效信息，加以概括，作为链接书本知识的依据
逻辑层次严密	对材料信息提取后，回答时可从"是什么""为什么""怎么办"的角度或总分、分总、递进的层次进行作答
论证有力	在明确正确观点后，分层论证写明论点，用材料作为论据或书本知识作为论据进行有力论证。切不可只有论点或只有论据
300字以内	根据字数要求，不要超过300字，也不能过少，如写100—200字，字数过少就难以论述到位

我们还依据选考真题的评分标准进一步要求学生提高回答的精准度。此类开放型主观题回答评分有两个标准，回答内容占6分，逻辑层次占3分。提醒学生注意以下几点：

（1）字数要求300字以内，多一行不扣分，但超过一行扣1分。字数按题目要求写。

（2）标题不给分也不扣分。理由是题目没有标题要求，故具体情况要看设问要求，建议没标题要求的情况，不写标题，第一行写观点。如果明确要写标题则必须写标题。

（3）若有观点判断，不做采分点。判断"观点"是错误的或片面的，后面论证有理照常给分。建议学生开头不需要作观点正或误的判断，只需分段论述即可，注意不要分点写序号回答。

（4）完全抄材料，得0分。启示我们要论点与论据相结合。

在给学生的进行审题指导后加强此类题型的训练，经过一段时间，学生的总体解题水平和能力有了较大的提升。下图是一位学生在训练时的答案，与以前相比，观点明确，论证有力，逻辑也比较清晰，材料也能有效提取，字数也控制得当，进步明显。

三、思想政治开放型主观题复习的反思

我们在基于新课标指引下的思想政治开放型主观题复习研究中探索了一些复习策略与方法，以课标要求为指引，符合新课标、新教材、新选考的要求，有利于明确复习方向，有利于培养学生的学科素养，有利于落实立德树人的根本任务。选取时政素材创设情境教学，有利于拓宽学生的视野，培养学生关心时政和思考、分析、解决问题的思维习惯，有利于提升学生的爱国情怀，在审题指导和加强训练的教学中有效提升了学生的解题能力和水平。

但是，开放型主观题这类题型千变万化，种类繁多，有要求写评论、驳斥短文、小论文、拟发言提纲、提出探究方案等等，具体答题要求也各不相同，还需要我们在教学中进行细化分类，提炼各种题型的共性要求，研究具体的应对方案。我们还需要多研究外省的开放型主观题的考查类型和能力要求，总结答题规律、丰富复习策略、提升答题水平。

作为新时代的思想政治教师，我们应把握时代的脉搏，时刻关注考试形势的变化，不断研究选考题型变化及能力素养考查要求，在教学实践中培育学生学科核心素养，提升学生的综合能力，培养德智体全面发展的社会主义建设者和接班人。

优化通性通法　巧用极点极线：2020 年全国 1 卷理科 20 题的深度剖析

浙江省淳安中学　唐佳萍

摘　要： 本文对 2020 年全国 1 卷理科 20 题第（2）小问进行深度剖析，对学生解题过程中遇到的困难进行整理和优化，培养学生解决问题的能力；同时，高观点下看待圆锥曲线的部分定点、定值问题，从射影几何的视角——用极点极线知识帮助学生抓住问题的本质，快速求得答案。

关键词： 通性通法；极点极线

一、试题呈现

【2020 全国 I 卷理 20 题】已知 A，B 分别为椭圆 E：$\frac{x^2}{a^2} + y^2 = 1(a > 1)$ 的左右顶点，G 为 E 的上顶点，$\overrightarrow{AG} \cdot \overrightarrow{GB} = 8$，$P$ 为直线 $x=6$ 上的动点，PA 与 E 的另一个交点为 C，PB 与 E 的另一个交点为 D。

（1）求 E 的方程。　　（2）证明：直线 CD 过定点。

二、方法探究

第（1）小问：由 $\overrightarrow{AG} \cdot \overrightarrow{GB} = 8$ 求得：$a=9$，故：椭圆方程为 $\frac{x^2}{a^2} + y^2 = 1$；

第（2）小问：证明动直 CD 恒过定点。

思路分析：我们如何表示直线 CD 的方程？选择哪个变量来刻画直线 CD 方程的变化呢？

（一）以 P 点的纵坐标作为变元表示直线 CD 的方程

解：设点 P（6，y_0），则直线 AP 的方程为：

$$y = \frac{y_0 - 0}{6 - (-3)}(x+3)，即 y = \frac{y_0}{9}(x+3)$$

联立直线 AP 的方程与椭圆 E 的方程得：$\begin{cases} \dfrac{x^2}{9} + y^2 = 1 \\ y = \dfrac{y_0}{9}(x+3) \end{cases}$，

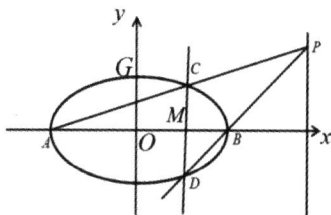

整理得：

$(y_0^2 + 9)x^2 + 6y_0^2 x + 9y_0^2 - 81 = 0$ 解得：$x = -3$ 或 $x = \dfrac{-3y_0^2 + 27}{y_0^2 + 9}$，

由题意知：$x_C = \dfrac{-3y_0^2 + 27}{y_0^2 + 9}$，将 $x_C = \dfrac{-3y_0^2 + 27}{y_0^2 + 9}$ 代入直线，$y = \dfrac{y_0}{9}(x+3)$

可得：$y_C = \dfrac{6y_0}{y_0^2 + 9}$

所以点 C 的坐标为 $(\dfrac{-3y_0^2 + 27}{y_0^2 + 9}, \dfrac{6y_0}{y_0^2 + 9})$，同理可得 D 点的坐标为 $(\dfrac{3y_0^2 - 3}{y_0^2 + 1}, \dfrac{-2y_0}{y_0^2 + 1})$，

所以，直线的方程为：

整理可得：$y = \dfrac{4y_0}{3(3 - y_0^2)}(x - \dfrac{3}{2})$，所以直线 CD 过定点 $(\dfrac{3}{2}, 0)$。

学生思维障碍：学生能够根据题意，选定点 P 的纵坐标作为变元来表示直线 CD 的方程。但是，由 C，D 两点的坐标写出直线 CD 的方程再进行化简的过程涉及大量复杂的运算变形过程，学生在考试规定的时间里，压根算不到底，得不出结果。如何优化？

1. 优化策略1——先猜后证

既然动直线 CD 恒过定点，那就意味着：无论点 P 运动到什么位置，直线 CD 过的是同一个定点。我们不妨取点 P 的两个特殊位置，求得这两个时刻直线 CD 的交点，然后证明这个交点就是任意时刻直线 CD 要过的定点呀！具体解答如下：

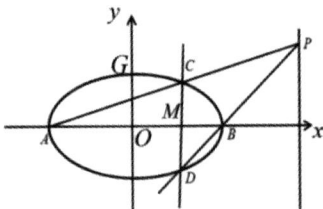

取点 P（6，1），此时：$C(\frac{12}{5},\frac{3}{5})$，$D(0,-1)$，直线 CD 方程：$y=\frac{2}{3}x-1$

取点 P（6，-1），此时：$C(\frac{12}{5},-\frac{3}{5})$，$D(0,1)$，直线 CD 方程：$y=-\frac{2}{3}x+1$

联立：$\begin{cases} y=\frac{2}{3}x-1 \\ y=-\frac{2}{3}x+1 \end{cases} \Rightarrow M(\frac{3}{2},0)$

下证：点 $M(\frac{3}{2},0)$ 为直线 CD 所过的定点：

由于：$k_{CM}=\dfrac{\frac{6y_0-0}{-3y_0^2+27}}{\frac{y_0^2+9}{}-\frac{3}{2}}=\dfrac{4y_0}{-3y_0^2+9}$，$k_{DM}=\dfrac{\frac{-2y_0}{y_0^2+1}-0}{\frac{3y_0^2-3}{y_0^2+1}-\frac{3}{2}}=\dfrac{4y_0}{-3y_0+9}$

所以：$k_{CM}=k_{DM}$，所以：C，D，M 三点共线

即：直线 CD 过定点 $M(\frac{3}{2},0)$

解题感悟：先猜后证的想法，帮助我们找到目标，然后通过代入验证成立即可。这样的做法可以大大地减少运算量，提高解题的效率。

2. 优化策略 2——先定性后定量

因为点 P 是直线 $x=6$ 上的动点，由对称性可知：直线 CD 过的定点一定在 X 轴上。我们不妨设直线 CD 过定点 $M(t,0)$，根据题意所给的条件，列出 t 的方程，从而求出 t 值即可。

由 $k_{CM}=k_{DM}$

得：$\dfrac{\frac{6y_0}{y_0^2+9}}{\frac{-3y_0^2+27}{y_0^2+9}-t}=\dfrac{\frac{-2y_0}{y_0^2+1}}{\frac{3y_0^2-3}{y_0^2+1}-t} \Rightarrow (3-2t)y_0^2-6t+9=0$ 对于任意的 y_0 恒成立，

则：$\begin{cases} 3-2t=0 \\ -6t+9=0 \end{cases} \Rightarrow t=\frac{3}{2}$，所以：直线 CD 过定点 $M(\frac{3}{2},0)$

解题感悟：先定性后定量，可以快速锁定定点 M 就在特殊位置——X 轴

上，这样只需确定点 M 的横坐标即可，变二元方程为一元问题。

（二）设直线方程，以斜率和截距作为变元

解：设 $C(x_1,y_1),D(x_2,y_2)$，直线 CD 的方程为：$x=my+n$，由题意可得 $-3 < n < 3$，

将 $x=my+n$ 代入 $\dfrac{x^2}{9}+y^2=1$ 得：$(m^2+9)y^2+2mny+n^2-9=0$

得：$y_1+y_2=-\dfrac{2mn}{m^2+9}$，$y_1 y_2=\dfrac{n^2-9}{m^2+9}$

由两点式求得直线 PA 的方程为：$y=\dfrac{y_1}{x_1+3}(x+3)$，令 $x=6$，得：$y=\dfrac{9y_1}{x_1+3}$

同理：直线 PB 的方程为：$y=\dfrac{y_2}{x_2-3}(x-3)$，令 $x=6$，得：$y=\dfrac{3y_2}{x_2-3}$

又因为，直线 PA、PB 与直线交于同一点 P，所以：$\dfrac{9y_1}{x_1+3}=\dfrac{3y_2}{x_2-3}$

得：$3y_1(x_2-3)=y_2(x_1+3)$

学生思维障碍：x_1，x_2，y_1，y_2 不对称，无法直接代入韦达定理消元，就此搁笔。

1. 优化策略 1——轮换对称

由图形的对称性，考虑将 $3y_1(x_2-3)=y_2(x_1+3)$ 中的 x_1 与 x_2，y_1，y_2 轮换对称

得：$3y_2(x_2-3)=y_1(x_2+3)$，

然后将 $3y_1(x_2-3)=y_2(x_1+3)$ 和 $3y_2(x_1-3)=y_1(x_2+3)$ 两式相乘，

得：$9y_1 y_2(x_1-3)(x_2-3)=9y_1 y_2(x_1+3)(x_2+3)$，

即：$9(x_1-3)(x_2-3)=(x_1+3)(x_2+3)$，成功地解决非对称韦达定理问题！

解题感悟：轮换对称是解决非对称韦达定理的一种重要方法，若直线与圆锥曲线的两个交点没有位置关系的特殊要求，我们就可以采用这种方法转换为对称性韦达定理问题。

2. 优化策略 2——部分凑齐

由 $3y_1(x_2-3)=y_2(x_1+3)$ 得 $3y_1(my_2+n-3)=y_2(my_1+n-3)$，

即：$2my_1 y_2+3(n-3)(y_1+y_2)-(4n-6)y_2=0$

上式中，可以部分代入韦达定理，得：$2m\cdot\dfrac{n^2-9}{m^2+9}+3(n-3)\cdot\dfrac{-2mn}{m^2+9}-(4n-6)y_2=0$

化简得：$2m(n-3)(-2n+3)-(4n-6)y_2(m^2+9)=0$

考虑到 y_2 的任意性，故只需：$\begin{cases}(4n-6)(m^2+9)=0\\2m(n-3)(-2n+3)=0\end{cases}$

解得：$n=\dfrac{3}{2}$

解题感悟：运用该方法处理非对称韦达定理问题，抓住等式恒成立这一重要线索，学生若能考虑到等式中 y_2 的任意性便能迎刃而解，这要求学生具有很好的数学理解能力和思维品质。

（三）二次曲线系方程

圆系方程在高中数学必修二直线与圆中涉及过，在一些直线与圆锥曲线的交点问题中也可以利用二次曲线系来解。

二次曲线系方程的定义

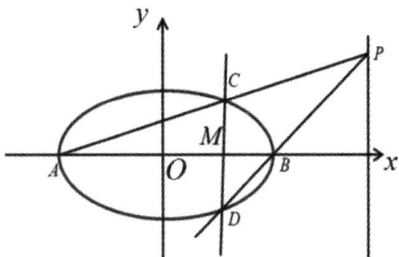

若双直线 $l_1: Ax+By+C=0; l_2: Dx+Ey+F=0$ 与椭圆 $b^2x^2+a^2y^2-a^2b^2=0$ 有四个交点，我们用如下曲线系方程来研究与这四个点有关的问题：

$(Ax+By+C)(Dx+Ey+F)+\lambda(b^2x^2+a^2y^2-a^2b^2)=0$

回到上题：因为 $A(-3,0),B(3,0)$，设 $P(6,t)$

则直线 $PA: tx-9y+3t=0$，直线 $PB: tx-3y-t=0$，

椭圆 E 的方程为：$x^2+9y^2-9=0$，

则经过直线 AC, BD 与椭圆 E 的四个交点的二次曲线系方程可设为：

$(tx-9y+3t)(tx-3y-3t)+\lambda_1(x^2+9y^2-9)=0$（1）

又因为，直线 $AB: y=0$，我们设直线 $CD: Ax+By+C=0$，

则经过直线 AC, BD 与椭圆 E 的四个交点的二次曲线系方程还可以表示为：

$y(Ax+By+C)+\lambda_2(x^2+9y^2-9)=0$（2）

由（1）（2）两式等价可得：

$(tx-9y+3t)(tx-3y-3t)+\lambda_3(x^2+9y^2-9)=y(Ax+By+C)$ （3）

考虑到（3）式右边不含 x^2 项，故（3）式左边 x^2 的系数为 0，即：$\lambda_3=-t^2$，把 $\lambda_3=-t^2$ 代入（3）式，得：

$(tx-9y+3t)(tx-3y-3t)-t^2(x^2+9y^2-9)=y(Ax+By+C)$，

化简得：$y[(27-9t^2)y-12tx+18t]=y(Ax+By+C)$，

所以直线 CD 方程为：$(27-9t^2)y-12tx+18t=0$，即 $-9yt^2+(18-12x)t+27y=0$，

考虑到 t 的任意性，令 $\begin{cases} -9y=0 \\ 18-12x=0 \\ 27y=0 \end{cases}$，得 $\begin{cases} x=\dfrac{3}{2} \\ y=0 \end{cases}$，所以直线 CD 过定点 $M(\dfrac{3}{2},0)$。

解题感悟：曲线系方程是一种重要的数学思想，有利于深入理解和认识解析几何的内涵，使得分析问题更具深刻性、预见性和发展性，视角独特。

（四）平移齐次化

该问题转化为与 C,D 两点有关的斜率问题，平移其次化便可简化过程：

设点 $P(6,t),A(-3,0),B(3,0)$，则 $k_{AC}=k_{AP}=\dfrac{t}{9},k_{BD}=k_{BP}=\dfrac{t}{3}$，

由椭圆第三定义知：$k_{AD}\cdot k_{BD}=-\dfrac{b^2}{a^2}=-\dfrac{1}{9},\therefore k_{AD}=-\dfrac{1}{3t}$，则 $k_{AC}\cdot k_{AD}=-\dfrac{1}{27}$，

将图像向右平移 3 个单位，联立平移后的椭圆与直线 $C'D'$ 方程 $mx+ny=1$：

$\begin{cases} \dfrac{(x-3)^2}{9}+y^2=1 \Rightarrow x^2-6x+9y^2=0 \Rightarrow x^2-6x(mx+ny)+9y^2=0 \Rightarrow (1-6m)x^2-6nxy+9y^2=0 \\ mx+ny=1 \end{cases}$

两边同除以 x^2，得：$9\cdot(\dfrac{y}{x})^2-6n\cdot(\dfrac{y}{x})+1-6m=0$

则 $k_{AC'}\cdot k_{AD'}=\dfrac{1-6m}{9}=-\dfrac{1}{27}$，$\therefore m=\dfrac{2}{9}$，$\therefore$ 直线 $C'D'$ 过点 $(\dfrac{9}{2},0)$，

再向左平移 3 个单位回到原来的状态下，得直线 CD 过定点 $(\dfrac{3}{2},0)$。

解题感悟：平移其次化思想优化了解题过程，简化运算，不易出错。

三、背景溯源

我们可以从射影几何的视角，用极点极线知识来看待上述问题，先了解几个基本概念：

（一）基本概念

1. 极点和极线的代数定义

对于圆锥曲线 $C:Ax^2+Bxy+Cy^2+Dx+Ey=0$，已知点 $P(x_0,y_0)$ 及直线 $l:Ax_0x+B\dfrac{x_0y+y_0x}{2}+Cy_0y+D\dfrac{x+x_0}{2}+E\dfrac{y+y_0}{2}+F=0$，则称点 $P(x_0,y_0)$ 是直线 l 关于圆锥曲线 C 的极点，直线 l 称为点 $P(x_0,y_0)$ 关于圆锥曲线 C 的极线。

2. 配极原则：共线点的极线必共点，共点线的极点必共线

3. 极点极线的几何意义：（以椭圆为例）

设椭圆 $E:\dfrac{x^2}{a^2}+\dfrac{y^2}{b^2}=1$，点 $P(x_0,y_0)$ 的极线 $l:\dfrac{x_0x}{a^2}+\dfrac{y_0y}{b^2}=1$

①当点 $P(x_0,y_0)$ 在椭圆上时，极线 l 就是以点 P 为切点椭圆 E 的切线；（图1）

②当点 $P(x_0,y_0)$ 在椭圆外时，极线 l 就是由点 P 向椭圆 E 所引的两条切线的切点弦所在直线；（图2）

③当点 $P(x_0,y_0)$ 在椭圆内时，极线 l 为经过点 P 的弦在两端点处切线交点的轨迹。此时极线 l 与椭圆相离，且与以点 P 为中点的弦所在直线平行。（图3）

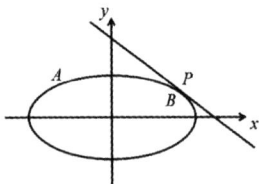

图1

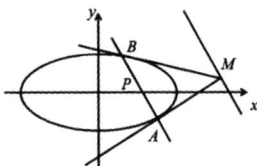

图2

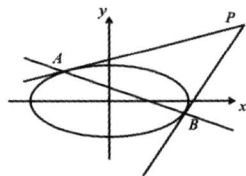

图3

4. 自极三角形

圆锥曲线的内接四边形为 $ABCD$，设对角线 AC 与 BD 交于点 M；两组对边 DA 与 CB、AB 与 DC 的延长线分别交于点 P 和点 Q，则 ΔPMQ 叫作自极三角形。

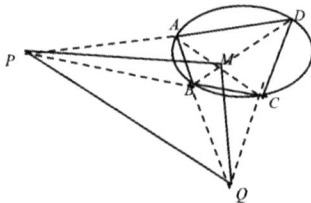

即：若点 P 为极点，则直线 MQ 是它的极线；

若点 Q 为极点，则直线 PM 是它的极线；

若点 M 为极点，则直线 PQ 是它的极线。

5. 调和点列和极点极线

设点 P 关于圆锥曲线 E 的极线为 l，过点 P 任作一割线交 E 于 A，B 两点，与极线为 l 交于点 Q，则 $\frac{PA}{PB} = \frac{QA}{QB}$，我们称点 P，Q 调和分割线段 AB。

6. 调和线束

已知调和线束 MP，MA，MQ，MB，若有一条直线 l 平行于调和线束中的一条，且与剩余三条分别交于三点，那么这三点中的内点平分该线段。

（二）知识应用

下面我们用极点极线知识来解决 2020 年全国 1 卷的理科 20 题：证明：A，B，C，D 四点在椭圆上，我们做出 ΔPMQ 为自极三角形。

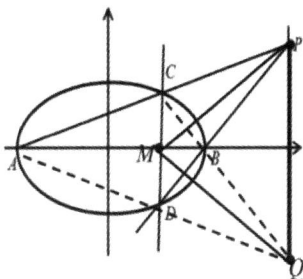

设点 $P(6, y_0)$，则点 P 对应的极线 MQ 方程为：$\frac{6x}{9} + y_0 y = 1$，

$\therefore$ 极线 MQ 恒过定点 $(\frac{3}{2}, 0)$，而这个定点在 x 轴上；

又 $\because$ 对角线 AB 与 CD 的交点既在极线 MQ 上又在 x 轴上，

$\therefore$ 定点 $(\frac{3}{2}, 0)$ 就是直线 AB 与 CD 的交点，

$\therefore$ 直线 CD 恒过定点 $(\frac{3}{2}, 0)$。

解题感悟：高观点、新视野下，直线过定点的本质就是极点所对应的极线过定点。掌握这类问题的背景理论，可以提高解题的洞察能力，先得出结果，然后根据结果合理地规划解题方法。

2023 年全国新高考 Ⅱ 卷、2023 年全国乙卷、2022 年全国甲卷、2022 年全国乙卷等多道解析几何题也是以极点极线为背景命制的：

1. 直线过定点

【2022 年全国乙卷 21 题】椭圆上有两点 $A(0,-2),B(\frac{3}{2},-1)$，过点 $P(1，-2)$ 的直线交 E 于 E,N 两点，过 M 作平行于 x 轴的直线交线段 AB 于 T，点 H 满足 $\overrightarrow{MT}=\overrightarrow{TH}$，证明：直线 HN 过定点。

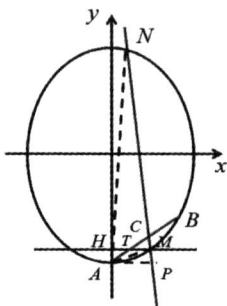

思路分析：设 AB 与 MN 交于点 C，根据极点极线的

代数定义，得点 P 对应的极线为 $l:\dfrac{x}{3}-\dfrac{y}{2}=1$，即为直线 AB。

因此 P，M，C，N 是一组调和点列，AP，AM，AC，AN 成调和线束。

又因为：AP∥x 轴∥MT，设 $MT\bigcap AN=H^{/}$，则 T 为 $M,H^{/}$ 的中点，即 $H^{/}$ 与 H 重合，所以直线 HN 过定点 $A(0,-2)$。

2. 动点在定直线上

【2023 新课标全国Ⅱ卷 21 题】已知双曲线 C 的中心为坐标原点，左焦点为 $\left(-2\sqrt{5},0\right)$，离心率为 $\sqrt{5}$.

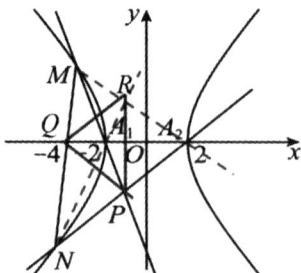

（1）求 C 的方程；

（2）记 C 的左、右顶点分别为 A_1，A_2，过点 $Q(-4，0)$ 的直线与 C 的左

支交于 M, N 两点，M 在第二象限，直线 MA_1 与 NA_2 交于点 P. 证明：点 P 在定直线上。

思路分析：在双曲线上有四个点 A_1, A_2, M, N, 根据自极三角形的做法，画出 $\triangle PRQ$ 为自极三角形；因为点 Q 是定点，所以对应的极线 PR 为定直线，故点 P 在定直线上。

证明：由（1）可知，双曲线 $C:\dfrac{x^2}{4}+y^2=1$，根据极线的代数定义，则点 $Q(-4，0)$ 对应的极线方程为 $\dfrac{-4x}{4}+0\bullet y=1$，即 $x=-1$，$\therefore$ 点 P 在定直线 $x=-1$ 上。

3. 线段（向量）乘积为定值

【2011 年四川理】椭圆有两顶点 $A(-1,0),B(1,0)$，过其焦点 $F(0,1)$ 的直线 l 与椭圆交于 C,D 两点，并与 x 轴交于点 P. 直线 AC 与直线 BD 交于点 Q. 当点 P 异于 A,B 两点时，求证：$\overrightarrow{OP}\cdot\overrightarrow{OQ}$ 为定值。

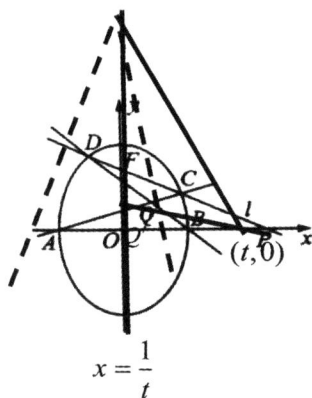

$$x=\frac{1}{t}$$

思路分析：椭圆方程：$\dfrac{y^2}{2}+x^2=1$

设点 $P(t,0)$，则极点 P 对应的极线方程为：$x=\dfrac{1}{t}$，

$$\overrightarrow{OP}\bullet\overrightarrow{OQ}=\overrightarrow{OP}\bullet\overrightarrow{OQ'}=t\bullet\frac{1}{t}=1（定值）$$

四、教学思考

如何引导学生进入解析几何知识的深度学习，带领学生从不同角度分析问题、用不同途径解决问题，实现解析几何"想得到、做到底"的目标，我

的几点思考：

（一）鼓励学生"敢算、能算"

解析几何大题，学生的状态基本是：联立方程、消元整理、韦达定理写出 x_1+x_2 和 $x_1 \cdot x_2$，如果能再前进一小步就算优秀。为什么学生没有往下做的意愿？笔者认为，学生没有树立"敢算、能算"的信心。因此，解析几何的课堂，教师要认真地带领学生算，展示完整的计算过程，让学生明白解析几何的精髓就是通过代数运算来解决几何问题，唯有通过运算才能得到结果，培养学生有毅力运算的品质。

（二）培养学生"有智慧"地学

教学实践中，对于学生的不同思路和想法实施一题多解，对各种思路的解法进行比较和归纳，反思整个解答过程中决定性的步骤是哪些、我们的卡点在哪里、如何突破和优化；分析自己的想法和命题者的意图是否有不同，本题的亮点在哪里、创新点是什么等等，做一个有心人，才能慧眼识英雄，寻找出最优解法。

（三）巧用极点极线指明方向

近几年的高考全国卷解析几何问题多以射影几何为背景，虽然极点极线知识不属于高考范畴，但极点极线是圆锥曲线的一种基本特征，自然成为命题的方向。学生可以了解其中的一些结论和定理，有利于快速地解答解析几何小题；同时用极点极线知识为解析几何大题寻找到方向，为后续的解析法指明前进的道路。

六、加强教学要素的一体化融合

明确目标与教、学、评之间的应有关系，洞悉教师、学生与文本之间的主体关系，把握关键能力、必备品格、正确价值观之间的交融关系，是保障教师教学的关键技术。

基于"教、学、评"一体化的
项目式单元复习教学实践

——以"二氧化碳甲醇化"为例

浙江省淳安中学　何小伟

摘　要："二氧化碳甲醇化"是基于真实化工情境的速率与平衡的复习课设计案例。本案例以"碳中和"这一真实情境引入，选取如何实现碳中和、认识二氧化碳甲醇化反应、探究二氧化碳甲醇化反应三个微项目，自主探究的过程中通过问题链的形式完成速率与平衡主干知识的复习，提升学生解决综合问题的能力，培育学生的核心素养，实现"教学评"一体化的单元复习教学。

关键词："教、学、评"；项目式；单元复习

一、项目选取背景

复习课一直以来对于一线教师来讲都是极具挑战性的。常见的复习课模式有如下两种：一种是教材知识点的梳理——归纳——总结，一种是专题教学中做题——讲题循环，也就是我们大家常讲的一轮复习、二轮复习。不管哪种模式，都是教师占主导，很多时候都是在炒冷饭，难以激起学生的兴趣。而且时不时会听到老师在那里抱怨：这个问题我都讲过多少遍了，怎么还是错误率这么高。知识归纳确实很全面，做过讲过的题目也确实多，但是没有从知识上升为素养，学生所学到的知识碎片化、脱情境化，考试过程中遇到陌生情境对于所学的知识不会迁移应用。

随着双新背景的不断推进和深入，学生的主体地位越来越受到重视，教师为了激发学生的学习兴趣，调动其课堂参与积极性，让学习在课堂真正发生，提升复习课的效率，对复习课教学方式进行着不断地探索。而新课标中"教学评"一体化的理念，要求教师合理组织化学教学内容，要有助于促进学

生从化学学科核心知识向化学学科核心素养的转化，关注知识关联的结构化，认识思路的结构化以及核心观念的结构化。

基于以上思考，联想到笔者多次参与的省市公开课听课情况，项目式教学是当前课堂教学的研究热点，但更多的是应用于新课教学。大概念、大单元复习近两年也成为研究热点，对于单元复习梳理、整合、建构，很好的突破单点复习的壁垒，但是会出现前面提到的脱情境化问题。

笔者尝试将两者有机结合，项目式单元复习教学就是教师根据学生学习情况，选定某一个主题单元作为研究项目，通过创设真实情境，设计驱动学生思维建构的学习任务，完成某一个主题单元的复习教学。单元复习教学不再是突破某一个点，而是由点到面，层层深入，强调学生的自我导向学习，如自主查阅资料、设计方案、项目实施及最终方案评价，提高学生解决问题的能力、发展认知素养。著名教育家顾明远先生认为：学生应该从活动中得以成长，而单元项目式学习具有整体性、生本性、综合性和创造性，非常有益于培养学生的学科思维。本文为速率和平衡的单元复习教学，以探索碳中和之路——"二氧化碳甲醇化"为项目主题，以期完成速率与平衡主干知识的复习。

二、项目教学分析

（一）项目核心素养发展目标

核心素养	教学目标
宏观辨识与微观探析	学会宏观的数据分析、微观的反应机理研究
证据推理与模型认知	探究 CO_2 甲醇化的工业生产条件，构建反应调控的思维认知模型
变化观念与平衡思想	利用热力学中勒夏特列原理分析二氧化碳甲醇化平衡移动方向，探析浓度、压强、温度对化学平衡移动方向和转化率的影响，培育学生探索、求证精神
科学态度与社会责任	了解 CO_2 甲醇化对于碳中和的意义，认识化学学科对社会可持续发展的价值

（二）内容分析

本节课内容是对《化学反应原理》中反应方向、限度、速率、机理等主干知识的复习。以二氧化碳甲醇化这一工业反应为例，通过理论计算和实验数据分析，引导学生分析工业反应条件的选择，在探究的过程中，注重知识的基础性、综合性、应用性和创新性。通过二氧化碳甲醇化项目式单元复习教学设计，和学生共同把必备知识、关键能力、学科素养、学科价值融合于知识结构和思维认知模型中，提升学生的问题解决能力。

（三）学情分析

《化学反应原理》模块一直是学生学习的一个难点，选考试题通常会结合具体化工情境，学生初步掌握了基本原理，但迁移应用能力欠缺，遇到新的问题时不能完整分析。

（四）教学重点、难点

探究 CO_2 甲醇化工业生产条件

（五）教学流程

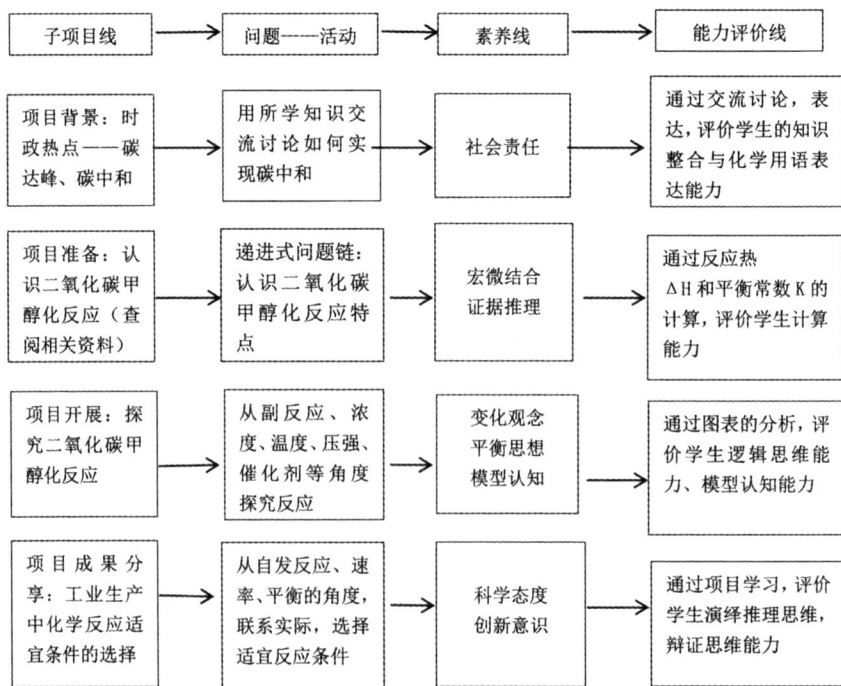

三、项目学习实施

（一）项目一：思考交流——如何实现碳中和？

（设计意图：全球变暖一直是国际社会广泛关注和讨论的话题，习总书记在多个重要场合表明我们的立场：中国力争于 2030 年前二氧化碳排放达到峰值，努力争取 2060 年前实现碳中和，以碳中和真实情境引入项目主题。）

学生交流结果整理：

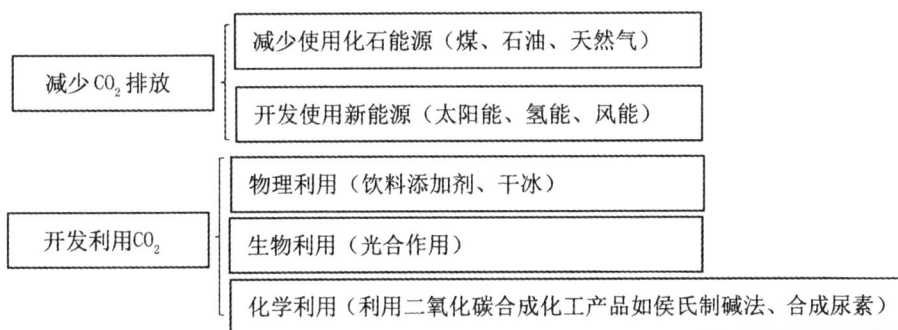

[评价 1] 学生运用生活经验、所学知识从二氧化碳的排放和吸收来讨论如何达到碳中和？评价学生的跨学科理解能力和语言表达能力。

（二）项目二：认识二氧化碳与氢气的反应

问题 1：若用二氧化碳制甲醇，还需要寻找什么物质作为反应物？

问题 2：若用常见的 H_2 或 H_2O 作为氢源，请根据下表计算两个反应的 ΔH

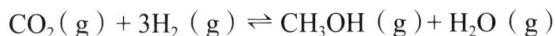

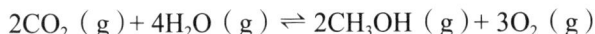

$CO_2（g）+ 3H_2（g）\rightleftharpoons CH_3OH（g）+ H_2O（g）$

$2CO_2（g）+ 4H_2O（g）\rightleftharpoons 2CH_3OH（g）+ 3O_2（g）$

化学键	C=O	H–H	C–H	C–O	O–H	O=O
键能（KJ/mol）	803	436	414	326	464	498

问题 3：请分析哪个反应更适宜于工业生产，并说明理由？

问题 4：你作为该项目的工程师，会从哪些角度思考来制定生产条件？

问题 5：某研究人员想了解该反应限度，进行如下实验：温度 200℃下往

1L 密闭容器中通入 1molCO$_2$ 和 3molH$_2$，充分反应后，平衡时测得气体压强变为原来的 95%，请计算该反应的平衡常数（2.73≈20）。此时的产率是多少（产率是实际产量比上理论产量）？通过计算平衡常数和产率，你对该反应投入工业生产有什么想法？

（设计意图：通过递进式问题链，一步一步引导学生初步认识二氧化碳与氢气的反应，复习核心知识点：反应热的计算、自发反应、产率以及平衡常数的计算。）

[评价 2] 通过学生的回答、学案完成情况评价学生基础知识的掌握情况，学生也可通过交流讨论完成小组互评。

（三）项目 3：探究二氧化碳与氢气的反应

问题 1：为什么二氧化碳的转化率与甲醇产率两条线不重合？

n（H$_2$）: n（CO$_2$）	2	3	5	7
二氧化碳平衡转化率 %	11.63	13.68	15.93	18.71
甲醇平衡产率 %	3.04	4.35	5.96	8.11

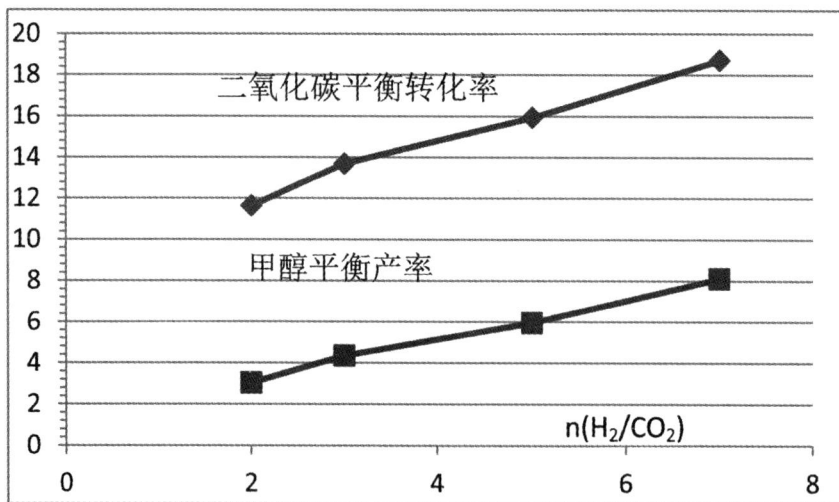

问题 2：利用勒夏特列原理分析压强、温度对甲醇产率的影响。

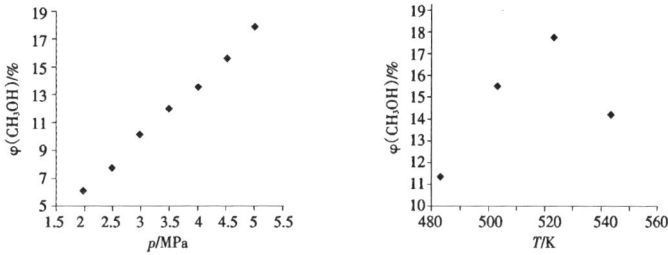

问题3：分析 H_2 与 CO_2 物质的量之比对平衡时甲醇物质的量分数的影响。

$n(H_2):n(CO_2)$	CO_2平衡转化率	甲醇的选择性	甲醇物质的量分数
2	0.2047	0.6566	0.0492
2.4	0.2212	0.6858	0.0514
2.8	0.2555	0.7072	0.0526
3.2	0.2778	0.7235	0.0529
3.6	0.2984	0.7363	0.0528
4	0.3175	0.7467	0.0524

问题4：在催化剂表面发生反应的决速步骤为？试写出总反应的热化学方程式。

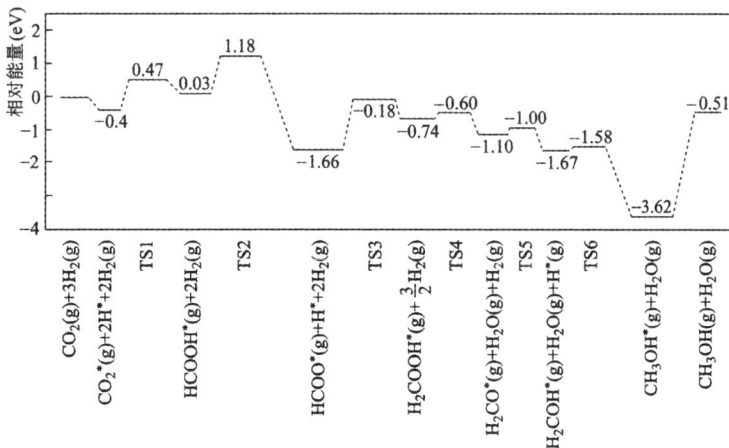

其中 TS 表示过渡态，* 表示吸附在催化剂表面上的物质，括号里的数字，表示微粒的相对总能量（单位：eV，1eV=1.60×10-19J）。

（设计意图：通过图表数据分析 CO_2 甲醇化存在的副反应，利用勒夏特列原理分析温度、浓度、压强对于平衡的影响，利用活化能大小分析反应的决速步骤，培养学生分析解决问题的能力，提升证据推理与模型认知的素养。）

[评价 3] 评价学生运用所学知识的迁移应用能力。

（四）项目四：项目成果分享

成果分享 1：根据前面探究的浓度、温度、压强、催化剂对二氧化碳甲醇化反应速率以及限度的影响，选择二氧化碳甲醇化最适宜的生产条件，并与查阅的目前工业生产中的条件做对比，建构工业生产中的化学反应适宜条件的选择模型。

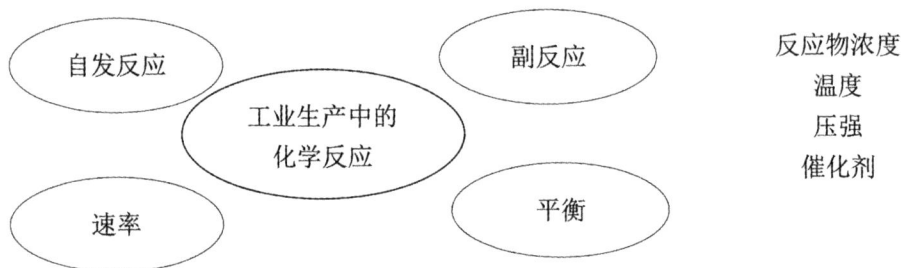

自发反应　　　工业生产中的　　　副反应　　　　反应物浓度
　　　　　　　化学反应　　　　　　　　　　　　温度
速率　　　　　　　　　　　　平衡　　　　　　　压强
　　　　　　　　　　　　　　　　　　　　　　催化剂

成果分享 2：根据课前查阅的相关资料，结合教材分享合成氨的发展历史，二氧化碳甲醇化研究进展，思考二氧化碳甲醇化何时可以大规模投入生产？

1898 年德国弗兰克等人用 N_2、CaC_2、H_2O 制备 NH_3
1902 年德国化学家哈伯开始研究氮气和氢气直接被合成氨
无数次实验，1918 年获诺贝尔化学奖，博施采用高压方法获得 1931 年诺贝尔化学奖
2016 年中国科学院大连化学物理研究所研制了一种新型催化剂，大大降低了能耗

1994 年诺贝尔化学奖得主 George A.Olah 指出，以二氧化碳为原料加氢合成甲醇的循环模式，为化石资源紧缺问题提供新的解决途径
20 世纪 20 年代，BASF 公司最早实现高压合成甲醇工业化，20 世纪 60 年代 ICI 公司实现低压合成甲醇工业化
2012 年，碳循环国际公司 CRI 耗二氧化碳约 5600 吨/年，目前年耗二氧化碳 5 万—10 万吨
2021 年 9 月江苏斯尔邦石化有限公司与冰岛 CRI 公司合作开发二氧化碳绿色甲醇项目，项目设计回收二氧化碳规模为 15 万吨每年

项目小结：一般工业生产主要考虑的四个方面：反应的自发性、有无其他

副反应、反应速率以及反应限度，综合考虑速率以及限度去选择适宜的生产条件，如浓度配比、温度、压强、催化剂等。合成氨为粮食增产做出了巨大贡献，相信二氧化碳甲醇化在不久的将来会以更大规模量产，让我们一起期待 2030 年的"碳达峰"，2060 年的"碳中和"。

（设计意图：评价学生对于化学反应调控认知模型的掌握情况，从合成氨的发展史到二氧化碳甲醇化的发展，引导学生明白科学研究永无止境，学习亦是如此。）

四、项目教学反思

（一）教学内容的逻辑性很强

"碳中和、碳达峰"是社会的热点，国家环境治理的目标，题目很大，内容很广，如何从化学视角分析，如何组织教学内容？很难，弄不好就是泛泛而谈，或者习题课。本堂课从生活导入，感性认识全球温度升高的原因，温室气体二氧化碳开始。从习主席的讲话引出国家治理的目标"碳达峰"和"碳中和"。接着从化学视角—物质角度讨论如何实现"碳中和"。最后重点为化学视角—反应角度、二氧化碳甲醇化反应探究热效应中焓变的计算、化学反应的方向、平衡常数的计算以及平衡移动提高产率，有学科分析，也有工业生产分析和课本联系，学以致用，学了不用等于没用。特别精彩的设计是二氧化碳转化率和产率不重合，思维冲突分析，拓宽了反应视角，CO_2 和 H_2 反应有主反应和副反应，学生思维得到进一步升华。最后小结，工业生产中化学反应分析的四大视角，化学教学内容基本结束。这节课以"碳中和"为载体，探究工业生产的化学视角，为学生后续学习起了抛砖引玉的作用，有四视角肯定有五视角六视角，从而形成一般的思维方式，"怎样想"是学习的第一步，也是最重要的一步。

（二）化学学科的特点之一就是与生活的紧密联系性。

如果不局限于教材，从生产生活中选取典型的素材，并能运用科学的学习方法进行化学核心知识的学习，将会极大地调动学生学习的积极性和情感体验。从生活中发现问题，再把问题带到课堂上来，有利于引导学生关注生活，关注化学学科的社会价值。基于"碳中和"视角的二氧化碳甲醇化一课的设计，立足课本知识结构，而又有所拓展。整个教学设计以核心素养为指导思想，以项目问题为教学的任务，以真实情境为教学的载体，以化学知识为解决问题的工具，教学内容和教学过程与学生认知过程中的思维发展路径相一致，与综合问题解决所需的知识发展脉络相一致。整堂课的教学设计培育化学学科核心素养有三个向度：大情境（碳中和），建构了核心素养培育的体验场；递进式问题链，激发了核心素养培育的动力引擎；探究活动，搭建了核心素养培育的实践平台。学科价值、教学价值、育人价值、生命价值得以体现，这样的教学设计更有利于化学学科素养的落地。

（三）建构认知模型，促进知识和能力的结构化。

一轮复习的知识点复习会侧重知识的梳理，二轮的专题复习容易使学生的思维停留在单点结构、多点结构的水平上，知识关联与抽象拓展的思维能力不够，在解决实际问题时思维的广度和深度难以得到拓展。在高三化学反应原理模块复习中开展"二氧化碳甲醇化"项目式学习，有机整合了热效应、速率与平衡图像、反应的方向、催化剂等核心考点，让学生在真实的化工生产情境中学以致用，自主建构具有迁移价值、应用价值的认知模型，有效促进化学反应原理专题相关知识和能力的结构化。项目式单元复习教学改变了传统高三复习教学教师为主体灌输的状态，突出以学生为主体，以项目化引导学生解决真实的化工生产问题，提高了学生模型认知能力、辩证思维能力和探究创新能力。项目式单元复习教学设计不再是简单的概念辨析或知识的简单梳理，而是指向学科知识脉络以及学科本体价值的问题和任务，这样的教学设计更有利于提高高三复习课效率，有助于学生学科素养的养成和学科能力的提升。

（四）教师要深度备课，将课堂评价向课后作业评价延续

项目式单元复习教学以生为本，思考交流任务为学生创造思维发展提供台阶，关注学生活动中的行为表现，激发了学生良好的学习动机。项目式单元复习教学课堂设计是关键，但除了课堂评价，课后的练习和作业也是至关

重要的。教师要根据学生的课堂表现设计出更有针对性的评价作业，不仅能够再现课堂内容、落实基础知识，还要能够考察学生的迁移应用能力，使"教、学、评"活动有机结合，真正形成合力。让学生不要变成刷题机器，是我们每个教师都想看到的，这也就需要我们每个教师对教材和考试内容的理解既要有广度还要有深度。

指向"师—生—文本"的
"对话式"阅读教学探究

浙江省淳安县第二中学　张清华

摘　要：阅读教学是语文教学的重要部分，新课改的实施也使得教师充分认识到阅读教学是学生、教师、文本之间的对话过程。然而在现实的阅读教学实践中，教师们很容易将对话试题化，将文本虚无化，用考试代替学生的阅读，或者追求所谓的开放性和自主性，把文本弃之一旁。笔者认为这不是真正意义上的阅读教学。教师要实现真正意义上的阅读教学，必须立足学生立场、注重学生的情感体验，实现学生与文本的深层对话。本文将这种对话化式阅读教学称之为体验型对话式阅读教学，并结合阅读心理及阅读教学流程提出了以体验为中心的阅读教学策略。

关键词：体验；对话式；阅读教学；教学策略

一、"对话式"阅读教学存在问题呈现

《高中语文课程标准》明确指出："阅读教学是学生、教师、文本之间的对话过程。"高中教师阅读教学的效度，许多时候取决于对话过程的有效程度。"双新"形式下高中教师都非常注重阅读课堂教学中学生、教师、文本之间的对话。并且在对话的方法、形式等方面进行了研究，也取得了一定的成效。那么当前中学语文对话式阅读教学的实施状况又如何呢？

（一）问题一：对话试题化

在教学实践中，教师在阅读教学过程中，大多会根据自己对文本的理解，整理出几个试题式问题让学生进行讨论，并让这几个环环相扣的问题，引领整个阅读教学的过程。如延边人民出版社出版的《创新课堂设计》一书登载

的一份《〈牲畜林〉教学设计》，这个设计就是由如下几个问题组成：

1. "牲畜林"是个纯朴和谐的地方，这和小说开头日本鬼子的"扫荡"有些不一样的色彩，扫荡表现什么？

2. 为什么逃难的人都带着自己的牲畜（包括家禽）？这真实吗？

3. 阅读教材中战争题材的文章，总是直面战争，呈现战场的血腥与恐怖，本文又是如何呈现的？

4.《牲畜林》的主题表现了人们在反法西斯战争中的乐观主义精神，情节安排上使用了典型的"延迟"手法，作者这样的情节设计对表现文章主题有什么作用？

这个课例可以说代表当前"精心设计课堂提问"的流行倾向。这样的课例，经过认真构思，精心选择突破口，几个问题环环相扣，颇有新意。然而，上述这一类课堂提问的设计，如同一道道考试试题。这样的课堂设计，学生与文本的对话无从谈起。这样的阅读教学过程，与其说是指导学生阅读的过程，不如说是考试过程。这样的阅读教学不是真正意义上的阅读教学。

（二）问题二：文本虚无化

在全国中语会第九届年会阅读教学观摩课中，一位教师认为语文其实是一场沙龙，一场生活化的沙龙，并以此理念将全班同学分成六个小组，按五个沙龙话题来实施李白《将进酒》的课堂教学。

1. 沙龙话题一：我们可以选择生活的时代

师：同学们我们一起来做选择题 A、达芬·奇的文艺复兴时期；B、孔子的春秋时期；C、李白的盛唐时期；D、曹雪芹的清朝时期。你会选择生活在哪个时期？（课堂当堂生成的内容略，以下流程同）

2. 沙龙话题二：穿越时空的对话：你好，李白！

师：我们一起聊聊李白吧，可以用这样的句式表述如：李白，你是诗人。

3. 沙龙话题三：在李白的诗歌世界里调一杯鸡尾酒

师：我们的心中藏了多少李白的诗歌呢？一起来"喷一喷"吧。

沙龙话题四：李白的杯酒人生

师：酒是中国文人的精神故乡，甚至可以说是精神恋人。老师这儿就备了一杯好酒——《将进酒》，让我们举起酒杯，共同品尝李白的诗酒人生。

师：诗句处处流露"酒意"，我们把"李白的诗酒人生"作为沙龙的话题，如何？

沙龙话题五：酒是一根维系命运的红丝带。

师：天才诗人是怎样离开这个世界的？

可以说，这堂课的教学，充分体现了学生的自主性和课堂的开放性，但它却忽视了文本在阅读教学中的意义。在这里，自主性、开放性被无限放大，文本形同虚设，教材完全异化为一种摆设。文本作为对话的载体，是对话的源头，是对话的基石。脱离了文本，阅读教学了就失去了根基。

因而，上述这两种"对话试题化""文本虚无化"的阅读教学不是新课程理念下的真实阅读教学，它说到底只是一种远离真实阅读的"伪阅读"。

二、阅读和阅读教学的理性思考

如果我们认真检讨一下这种"对话试题化""文本虚无化"的伪对话式阅读教学，应该不难发现以下两个很值得深思的问题。

（一）阅读的主体性问题

阅读教学课堂主体只能是学生，教师教学的任务是帮助学生解决阅读过程中存在的问题。而这种"对话试题化"阅读教学，教师在教学过程中牢牢霸占着解读文本的话语权，教师的讲解完全代替了学生的自主阅读。这些问题的设计看起来很巧妙，但由于是教师一厢情愿的设计，许多时候没有充分考虑学生立场，是一种被动的强制性的外在要求。整个教学过程，学生始终被老师牵着鼻子走，失去了对话主动权。

（二）阅读的对象性问题

真正的阅读是一种学生独立的自主阅读，阅读的对象只能是文本。那种沙龙式的所谓"开放式"阅读教学，充斥整个课堂的不是对文本字词句的品析，对文本具体语段的揣摩，而是抓住所谓的开放性、自主性，将文本价值虚置一旁。文本解读流于表面，没有深耕文本。离开学生对文本的对话与体验，任何解读都会变成无本之木，无源之水，是毫无价值的。

三、回归真实对话式阅读的教学策略

要让这种"对话试题化""文本虚无化"的伪阅读教学走上真实的对话式阅读教学，关键的一点就是必须在教学中注重作为读者的教师与学生在阅读中对文本的体验，让学生在与文本对话体验中感悟，在体验中创新。教师不仅需要自身深入文本，体验文本，还需要以此引导学生借助体验进入课文内部世界，与文本进行对话，达成与文本世界的融合。

（一）深入文本，先行体验

在语文阅读教学中，作为一线教师，不能以教参的结论代替自身的阅读和思考。教师是阅读教学的引导者，要学会解读文本。把文本当作认知对象、研究对象和审美对象，教师凭借自己的阅读体验对文本进行"入乎其内"的解读，与之开展超越时空的倾情对话，让自己的心灵与文本撞击。

教师对文本还要进行"出乎其外"的解读，对文本作品进行理智地宏观审视。教师可以运用自己敏锐的语感和高超的教学技巧，捕捉并挖掘出文本作品内部看似平易实则意蕴深厚的共情点，通过这个共情点，架设起学生与文本情感交流的桥梁，唤醒学生强烈的生命体验，使阅读教学进入一个新境界。

鲁迅先生的名篇《祝福》已有许多经典的解读，学生也可多渠道找到许多参考书。教师如何引导学生深入解读文本，读出自己的真实体验。就是教师要思考的关键点。

教师在《祝福》文本体验中会这样的启示：小说《祝福》中反复出现有关"春天"的语句，"她是春天没了丈夫""因为开春事务忙""春天快完了，村上反倒来了狼，谁料到？"教师研读文本时会留意到，文本主要人物祥林嫂命运发展轨迹的每一个重要时刻都在"春天"——"丈夫死于春日，被抢于春日，被逼再嫁于春日，痛失爱子于春日，离开人世也是在人们迎春之日。"教师完全可以抓住"春天"这个时间点，把春天当作一个挖掘点，并要求学生紧扣文本去思考，去质疑"春天与祥林嫂"之间的关系。学生看到这样新颖切口又小的问题立马就有了阅读文本的兴趣。学生与文本之间的对话就顺理成章地展开了。这时的作品就如同一个有着无限魅力的宝藏，"祥林嫂的一生为什么没有春天？""她真的是一个没有春天的苦命人吗？""作者为什么要塑造一个一生都没有春天的悲剧形象？"……学生围绕"春天与祥林嫂"问题层出不穷，随着问题的深入，文本解读自然就深入了。学生与文本的对话层次更高，阅读自然就进入了一个新境界。

生本对话课堂，如果教师能立足学生立场，积极主动摆脱灌输式的教学模式，认真深入地钻研文本，积极创新思维，用教师的探索精神去影响学生，那么"师—生—文本"的"对话"就能实现，师生与文本与作者在课堂交流过程中就有可能达到心灵情感的共鸣。

（二）创设心境，激活体验

学生品读文学作品能不能快速进入欣赏层面，关键在于能不能快速激发起学生与作品的情感共鸣的自我体验。阅读需要一种心境，因而，对话式阅读教学要注意对教学情境的营造。

教学情境是教学过程中师生的情绪状态。大量事实证明，学生的对话愿望总是在一定情境中生发出来的。

教师在教学过程中可以运用多种手段营造情境，如联系生活展现情境，播放音乐渲染情境，运用实物演示情境，以此激起学生对事物的真切感受，并在此基础上形成真实感受和丰富联想，诱发学生的审美体验，为深入文本体验营造心境。

例如，在讲授张若虚的《春江花月夜》时，可以从音乐方面导入。在讲授这一课时，可以先播放这首诗的琵琶曲，先为学生营造一种美的氛围，听着舒缓的音乐，引导他们张开想象的翅膀，脑海中勾勒出一幅江边月夜的图画，提示学生就是诗人，在那种情况下有什么样的感受？有了以上的烘托，学生都写下了内心美的感受，语言拓展就不再是难点。

另外可以通过电影来创设情境。笔者在讲授沈从文的《边城》时就是用电影镜头导入的。开始给学生播放了描写湘西世界中有关自然环境的那一段描写的镜头，学生生活的环境和作家笔下所描写的湘西世界有很大的不同，这种电影镜头很快就吸引了学生的眼球，引起了他们的好奇感，自然他们看的就更投入，看完后要求把湘西的环境用语言表达出来，并且和自己生活环境相比较，谈谈自己的感受，学生就不会无话可说了。

（三）引导体味，情感共鸣

好的文本，一个字，一个词，一句话都要反复咀嚼、深入品味，才能体会作者的良苦用心。当然，品味语言不能篇篇字字细品，这就要求教师要引导学生抓住文本中的关键词句进行作者思想感情的寻觅，从而获得对文意的心领神会，实现与文本与作者的对话。

如《哦，香雪》这个题目中的叹词"哦"就值得学生品味。在教学这篇课文时，笔者设计《哦！香雪》中"哦！"这个叹词的理解与分析这个问题。分三个问题进行文本解读：1.你所理解的语气特征 2.你这样理解的理由 3.这样朗读引发了你这样的思考？学生带着这些问题走进文本，品读文本，与文本进行对话。用一个"哦"字来了解人物形象，用一个"哦"字，读出作者在香雪和其他姑娘身上倾注的情感，用一个"哦"字读出读者对香雪的情感。整篇教学围绕品读"哦"展开，切口小，角度新，学生很感兴趣。在品读"哦"教学过程中，学生的情感随着香雪和她的小伙伴而百感交集。17岁的香雪以及青春期的台儿沟的姑娘们要面对很多现实的问题。面对贫穷，面对大世界的吸引，面对歧视，面对困惑，面对友情，面对爱情，面对许多孩子们该有的小心思。文本通过一个"哦"字的解读与品读，已经拉近了学生与文本的距离，学生青春的心已经跟随香雪她们一起舞动。

（四）激发想象，拓展意境

文学也是一种艺术。文学作品中艺术形象的创造离不开作家的想象，其中充满了对形象的深刻体验和丰富的感情。教师要积极引导学生寻找产生情感体验的契机，就要激发学生的想象力，拓展意境，丰富扩展原作的形象，尤其是主体形象。主体形象往往是一篇作品整体营构的艺术焦点。只有把握主体形象，通过对其加以心灵化的品味、鉴赏、才能启发学生的想象，进而揭示形象中包含的内蕴，达到对文本的更深层的把握。

杜甫的《登高》：风急天高猿啸哀 / 渚清沙白鸟飞回 / 无边落木萧萧下 / 不尽长江滚滚来 / 万里悲秋长作客 / 百年多病独登台 / 艰难苦恨繁霜鬓 / 潦倒新

停浊酒杯。学生边诵边吟，边吟边品，品之妙处，诗中之景物便活了起来：急风，高天，哀猿、清渚、白沙、回鸟、萧萧落木、滚滚长江……纷至沓来，映入眼帘，挥之不去，在头脑中绘成一幅苍凉恢廓的萧瑟浑阔的画面。这就是"再造性想象"的开始阶段。再读再品，景物愈发活灵活现，画面愈发栩栩如生，风想象（急、冷），天想象（高、远），猿想象（啸、哀），落木想象（无边、萧萧），长江（不尽、猿）……顿时一股悲哀、凄楚、忧伤、绝望之情油然而生，满眼萧瑟，泪眼汪汪，哀伤满怀，与作者达到心灵会通，品出了诗情。

语文课堂"对话式"阅读教学一定要注重课堂对话的多样性：师生对话，教师与文本对话，生生对话和学生与文本对话。尤其要关注生本对话。学生沉浸在文本中，通过对字词，句子的感悟、体会，与老师和同伴一起就"文本"进行对话和交流。

"对话式"阅读教学顺利实施，还需要放低教师的教学位置，一切立足于学生，围绕学生学情构建教学模式。用平静的心去倾听，用包容的心去激励，用创新的心去开发，力争让我们的课堂变成一个个性纷呈的赛场。让"对话"点亮我们的课堂，让我们的课堂也成为学生的"达人秀"舞台。

四、结语

阅读教学是指向"教师—学生—文本"之间的平等对话过程。"对话式"阅读教学的实施，改变了长期以来的"独白式"教学和"灌输式"教育传统，充分体现了教学主体性和教学开放性，为语文教学开辟了新时代。我们要避免"对话试题化""文本虚无化"的教学倾向，要注重教师、学生对文本的体验。只有将教学的基本点从对文本的概念化分析或者脱离文本的开放式讨论转移到学生对文本自主性体验和创造性理解上来，以主体体验活动建构文本的意义，实现学生与文本的深层对话，才能实现阅读教学真正意义。

基于三维语法理论的高中
英语语法教学策略研究

浙江省淳安县第二中学　刘珍春

摘　要：《普通高中英语课程标准》（2017 年版，2020 年修订）倡导高中语法教学要提倡"形式—意义—使用"一体化，并提倡在语境中理解、运用和巩固相结合的语法教学。基于这一要求，本文以定语从句关系代词的教学实践，阐述了基于三维动态语法观的高中英语语法教学策略，即多模态语篇中呈现目标语法，总结语法规则；设计有意义的语法训练，促成语法知识内化；多语篇角度拓展，提高语法综合运用能力。

关键词：三维语法；语法教学；形式；意义；运用

一、引言

《普通高中英语课程标准》（2017 年版，2020 年修订，下文简称《新课标》）指出，高中阶段英语语法教学目的是让学生进一步巩固和扩展已有的语法知识，能在具体语境中恰当地运用所学语法知识来理解和表达意思。课标倡导的语法教学观，是指来自黛安·拉赫·弗里曼（Diane Larsen Freeman）以语言输出为导向的三维动态语法教学，即形式、意义和使用。教师在教学中，要重视在语境中呈现新的语法知识，要重视在语境中提高学生对语法知识的注意和观察，重视语法知识产出活动设置的情景化和恰当性。提高学生对语法知识的理解能力，及运用语法知识恰当表达意义。但是，在实际的语法教学中，存在以下几个方面的问题：第一，课堂语法教学不重视情景设置或情景创设不合理；第二，学生接触的语法知识的语言素材不够真实；第三，语法知识讲解过于规则化，学生被动操练多；第四，不重视语境、语篇中呈现语法知识。本文将从理论、实践操作进行分析。

二、三维语法理论

语法不是静态的知识，是一种技能或动态的过程。弗里曼（2007）提出三维语法理论，即"形式—意义—使用"三维体系（见图1）。形式代表了语法如何构成，即准确性；意义表示语法的代表的意思，即意义；使用代表何时或为什么要使用该目标语法。其中，形式包括各种看得见或听得见的语言单位，如语音、符号、句法模型等；意义指脱离了语境的基本的指示意义，是在词典里可以查到的意义；用法研究人们在使用语言时的意图，涉及社交功能和话语模式（图2）。这三方面构成灵活的、相互作用的开放系统。语法教学，不仅要关注语法形式的正确性，还要关注语法知识有意义、恰当。

图1

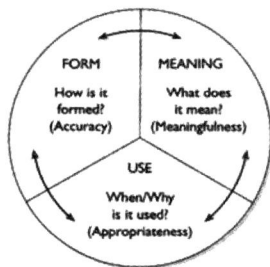

图2

同时，根据教材的单元主题创设语境，将语法知识的理解和使用融入主题语篇和主题意义的学习过程中，给学生提供正确、恰当、得体地使用语法的机会。教学活动中，设计环环相扣、由浅至深的多种学习活动，引导下学生注意语法形式、增强语法传达意义的意识，并重视语法的语用功能。

三、基于三维语法理论的教学策略与实践

三维动态语法观，不仅关注语法形式的准确性，而且能够注重在语境重恰当地理解和传达意义。对于语法教学，具有重要的指导意义。本文以人教版高中英语必修一第四单元语法课为例，从语境呈现、增强练习和产出三个环节，落实三维语法教学观的三个维度，即形式—意义—语法。

本节语法课的教学内容是关系副词和介词加关系代词引导定语从句。目标语法项目较多，也有一定的难度。本单元的主题是 natural disasters，教师根据本单元的主题，依托多模态的语篇创设出目标语法的情景，让学生在层层递进的活动中，准确、恰当地理解、使用目标语法。

（一）呈现目标语法，关注理解

学生要了解语法知识，首先必须有大量、相关的语言输入，并且需要提高语言输入的质量。初中阶段学生接触过定语从句，但基本上是知道 that，which，who 的一些知识，该部分语法知识体系不系统、目标语法概念比较模糊、笼统，并且在初中进行的语法知识的训练，基本上是挖空题目。学生对于定语从句的认识，停留在语法填空，不清楚定语从句的表意功能，更不清楚定语从句的恰当使用。因此，教学起初，呈现目标语法，并建立新旧知识之间的联系。除了关注形式，还要关注新语法知识的表意功能；联系学生，创设目标语法的交际语境，进行语言输入。在教学中采取以下方式进行。

1. 增强输入，引起注意

弗里曼（2007）认为，语法知识的学习，需要引起注意，增强意识，并进行输入加工。这些要在语境中进行，可以通过多媒体，如视频、音频，图片等方式，或者包含目标语法的师生互动，进行目标语法的增强输入，引起学生注意目标语法形式。因此，可以用加粗、标亮、斜体、横线等方式目标语法。

[教学片段 1]

呈现阅读语篇中的定语从句，横线标出定语从句、标亮定语从句 which，that，who，whose 等关系代词。询问学生对这些定语从句的理解，找出定语从句修饰的先行词、关系代词在定语从句中所作的成分；并呈现未使用定语从句的两个简单句，小组形式对定语用法进行观察及总结。

[设计意图]

对阅读语篇中定语从句画横线，关系代词标亮，先行词进行标出，学生能注意到定语从句的功能。并在呈现分析过程中，通过表 2 中对比，理解该语法现象和语法知识背后的原因，让学生从更为理性的角度，去欣赏语法，理解语言使用的逻辑。也促进学习者对语言进行内化、了解另一种语言的构建方式。让学习者参与到遇到的语言问题中，提高学习者询问探究能力。

2. 增强意识，提升理解

对于目标语法的教学，要强化学生的意识。将目标语法融入这些语篇。语法教学中，不一定有趣，但是要让学生参与进来。语法练习，要有意义。与上述文本增强活动相结合，引导学生在自己学习后，进行合作学习和探究学习。用更多的语言材料，归纳和总结语法规则的外显规则。

[教学片段 2]

呈现更多和主题相关、且包含关系代词 that，which，whom，who，whose 的定语从句的材料，学生自行思考，划出定语从句，并找到定语从句和对应先行词之间的关系。完成后，同桌讨论，进行翻译；最后对学生不懂之处，进行解答。接着，引导学生总结定语从句 that，which，who，whom，whose 用法。

[设计意图]

学生自主学习之后进行小组讨论，不仅能够培养学生对新的目标语法的认识，而且从各方面对关系代词引导的定语从句进行讨论，能更好地理解和研究定语从句的知识。同伴讨论，能让学生更多地参与到遇到的语言问题中，提高学习者询问探究能力。学生能够对语法产生更多的好奇，从而更好地理解对于定语从句背后蕴含的逻辑，有利于提高的学生的学用能力，也为下一步的学以致用产出环节做好铺垫。

[教学片段 3]

学生读真实或改编的含定语从句的语篇（选自教材练习册或其他同主题语篇）。学生两人一组或小组形式，找出所有的定语从句。

[设计意图]

从真实或改变自真实语篇的文章，提供语言知识的学习更丰富的语境。选择主题同为自然灾害的语篇，能够让学生能够在更为丰富的语境中，体会关系代词引导的定语从句修饰人或事的表意功能，进一步在语篇中感受定语从句对地震造成巨大危害的描述，次生灾害的描述，及对人类造成巨大损害的描述。此外，能让学生深入对单元主题 natural disasters 的认识，进一步体会人与自然之间的关系。

（二）聚焦意义练习，内化语法知识

弗里曼（2007）指出，语法练习的两大原则：第一，要有意义、让学生参与进来。第二，关注学习难点，形式、意义或运用。因此，可以设计重复的有意义的活动，通过设定特定的场景，进行特定句式的训练，强化对特定句式形式的认识和掌握；对于意义为教学难点的语法，学生需要将语法形式及其本质的意义联系起来，形式的使用有助于两者的连接。

1.训练单句，强化形式

弗里曼（2007）年指出，语法练习的特点：频繁运用、联想、选择来关注语法三个维度的不同方面。采取多维度的教学方法去落实三个维度，可以采取：有意义的重复某个特定句式结构，将形式和意义联系起来。

（1）操练句型，注重结构

语法教学要进行意义为中心的练习，且根据语境需要考虑合适性或得体性，这就是关注三维语法观点中的意义。创设情景，运用结构化的句型操练，能让学生将语法形式和意义结合起来。

[教学片段 4]

每组学生一张主题语境和单元主题相关的词汇，tornado, volcanic eruption, rescue workers, survivor, avalanche, flood, soldier, shelter，给每个小组成员一个主题词汇，要求用所给句式，如 It is a natural disaster that/which _____；It is a place that/which_____；It is a person/someone who/whose____ 进行描述；接着，各小组之间三次交换进行描述猜测，最后全班展示本组的描述。

[设计意图]

通过图片的方式，将班级分成若干小组对该单元的单词用定语从句进行描述，不仅能够加深学生对单元主题词汇的认识，而且能够在使用过程理解关系代词 that，which，who，whose，whom 能够用于描述人与事的表意功能。小组讨论的方式，学生不仅能够对自己的理解进行阐述、分享，而且能够和同组的成员进行交流、借鉴，进一步深化对定语从句的认识。

（2）创设情景，练习造句

弗里曼认为，学生参与学习过程才最有可能继续他们的语言学习，从而达到更高水平的熟练程度。语言学习者的沟通意愿应该是语言教学的基本目标。学生参与，不仅对语言输入有用，而且能够提高语言产出的质量。情景化造句能够引起学生兴趣，让学生更多地参与到语法学习的过程中。

[教学片段5]

呈现教材上三幅图片，让学生用不同的定语从句进行描述，要求用that，which，who，whom，whose中的至少三个不同的关系代词，并将使用的定语从句用横线划出来。然后，再进行小组分享，选出小组最佳的描述，班级进行呈现。

[设计意图]

教材上的相关三幅图片，与单元主题息息相关，让学生用整句话的方式，使用定语从句对三幅图片进行描述，不仅能够考查学生对于关系代词描述人或事的理解程度，而且能看出学生是否能在整个句子中的恰当之处选择定语从句。独立完成后小组进行分享，不仅能够看出学生单独情况下的掌握程度，而且能够再小组分享的过程中，能够看到组员之间不一样的描述，并且在不同的描述中选取最佳的描述，也是深化对that，which，who，whom，whose的表意功能和使用的认识。

2.控制训练，提供反馈

弗里曼（2007）认为，没有足够的练习很难建立新的语言习惯，语言操练有利于提高目标语言形式的流利度，帮助学习者对语言进行重构。因此，语法学习环节中练习不可或缺。形式和意义联系起来，必须在语境中进行，并且学生要对语法选择的合适性进行反馈，比如语篇填空，进行比较。语法形式和规则，在语法学习中有其位置，但是又不能僵化于语法形式及规则。

[教学片段6]

呈现不同句子，用关系代词that，which，who，whom，whose进行填空。完成之后，先同桌之间进行核对，老师在进行核对。完成之后，用关系代词，进行语篇的填空练习。

[设计意图]

选用的练习题目，让学生进行单句的语法填空练习，能够对学生产生的知识了解盲区进行补充和检测，并且通过这种限定类的练习，教师进行的反馈，学生可以直接对应到相应的关系代词上去。句子的单句语法填空完成后，再进行语篇的填空，培养学生在语篇中进一步体会定语从句的用法及表意功能。

3. 合句训练，攻克错点

弗里曼认为，对于语法知识的学习，要设计重复的有意义的活动，并且在目标语法知识教学过程中，对于意义为教学难点的语法，学生需要将语法形式及其本质的意义联系起来，形式的使用有助于两者的连接。弗里曼

[教学片段 7]

学生看例句中的示范，完成教材中练习部分，关系代词 that，which，who，whose，whom 的定语从句合并句子练习；独立完成后，同桌之间进行核对讨论，最后再进行核对、反馈。过程中，对部分同学要强化关系代词代替先行词在定语从句中作主语、宾语的意识，进一步理解定语从句修饰前面名词或代词的表意功能。

[设计意图]

对于定语从句学习过程中，即使是之前有进行过单句的句式操作，会发现学生很容易就把定语从句中的主语或宾语不去掉，将两个句子简单地进行合并。因此，合并句子的练习，能够让学生继续深化关系代词代替先行词在定语从句中作主语、宾语的意识，进一步理解定语从句修饰前面名词或代词的表意功能。

（三）拓展主题语篇，提升综合能力

弗里曼（2007）指出，从语篇层面学习目标语法，能够看到语法起到的另外作用，即组织语篇、让语篇连贯、让语篇完整、形成语篇模式及完成语篇功能。如果单单从句子的层面去理解语法，是不全面的，必须在语篇的基础上，深化对语法的理解和认识。产出任务让学习者注意目标语言的形式。通过产出任务，学生能够认识到存在问题之处，会以更加集中的方式去寻求相关输入。

[教学片段 8]

展示新华网上关于"台风杜苏芮"的新闻报道，根据视频提取关键信息，结合该单元第一课时的听说课，关注自然灾害类报道的基本要素，即时间、地点、灾害名称、造成的破坏及后续救援工作。然后，根据新闻报道语篇的特点，在合适之处用关系代词 that，which，who，whom，whose 写一篇关于"台

风杜苏芮"的新闻报道。

[设计意图]

定语从句在书面语比口语中使用更频，尤其是在小说、学术类文章、新闻类语篇中使用。结合听力灾害类新闻报道语篇的特点，恰当使用定语从句写一篇新闻报道，不仅深化了对单元主题的认识，而且对于掌握自然灾害类的新闻报道的特点及关系代词引导定语从句的形式、意义和使用有更加深刻的认识和了解。

四、结语

语法形式、意义和运用之间相互联系，教师在讲授语法形式时候，也要向学生传递语法的意义及语法运用的重要性，并为语法的意义及使用提供靠近真实或真实的语料和语境，设计层层递进的语法活动：首先，呈现目标语法，关注学生对语法的理解；其次，创设语境，聚焦有意义的练习，如半开放式的填空练习、结构化句型操练，内化语法知识；最后，语篇类的产出活动，提升学生综合运用目标语法的能力。为学生掌握目标语法的形式、意义和使用提供支架，提高语言知识的应用能力，提升学生英语学科核心素养。

整合·拓展·升华：高三历史融通教学中的逻辑构建

——以"甲午战后中国社会的变化（1894-1911）"为例

浙江省淳安中学　潘　玥

摘　要： 历史是一门注重逻辑的人文学科，本文以统编版教材中"甲午战后中国近代社会的变化（1894-1911）"小专题复习为例，通过"整合知识""拓展思维"和"升华价值"三个联通环节，从知识、思维和价值三个角度构建内在逻辑，以实现高效精准的历史融通教学。

关键词： 逻辑构建；高三历史；融通教学

2023年高考是浙江省实施新课标新教材以来的第一年高考，指向"价值引领、素养导向、能力为重、知识为基"的新高考更加突出对学生解决问题能力的考查，教学目标的升级倒逼高三复习课必须更新理念、视角和思路来解决问题，构建符合学科特点的教学逻辑。高中历史的融通教学，是通过历史课程的内部知识、思维和价值融合来实现学科核心素养的达成。本文以"甲午战后中国社会的变化（1894-1911）"为例，融通五本教材中的相关内容，从知识、思维和价值三个方面进行高三历史融通教学的逻辑构建。

一、整合：提取核心概念，构建知识逻辑

《普通高中历史课程标准》明确指出，教师在执教中可以基于学情"对教科书的顺序、结构进行适当的调整，将教学内容进行有跨度、有深度的重新整合……设计出更具有探究意义的综合性学习主题"。因而针对统编版教材知识点密度大且交叉，内容涵盖面广且专业的特点，围绕核心概念对教材进行重新整合是实现融通教学的基础。笔者在复习《中外历史纲要（上）》第五单

元——"晚清时期的内忧外患与救亡图存"时，选择了 2024 届高考备考的周年热点即甲午中日战争爆发 130 周年为切入口，确定教学主题"甲午战后近代中国社会的三重变奏（1894–1911）"，以"救亡图存"为核心概念，并结合五本教材围绕着"救亡""启蒙"和"觉醒"这三个关键词进行"选""必"融通，从而构建完整的知识逻辑，以应对高考评价体系中的"基础性"要求。（图 1）

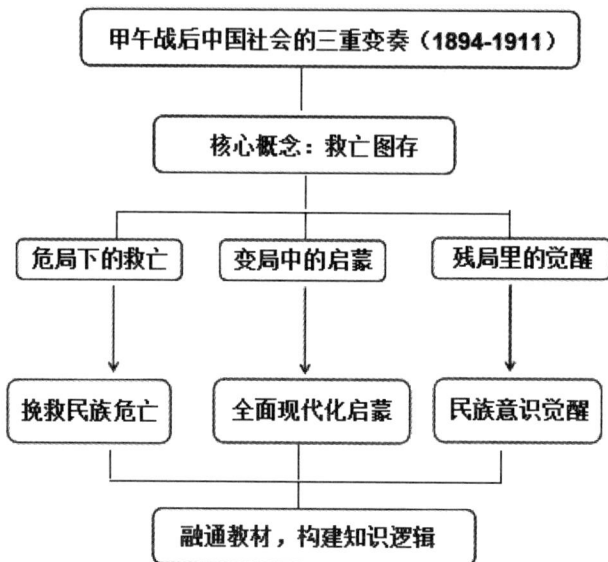

（一）概念选取的适切度

核心概念作为历史的反映，应该是知识结构中不同于历史知识之间联系的纽带和核心。根据课程标准和教材内容，在重建历史知识逻辑的过程中选择和组合不同的知识点，必须考虑到与重新提取出的核心概念之间的适切度。本课涉及的相关知识点分布在纲要上第 17、18 课，纲要下第 9 课，选必一第 4、7 课，选必二第 5、8、12 课，选必三第 1、2、14 课，每本教材从不同角度展现了甲午中日战争后中国社会的变化，构建出一幅国人寻求救国道路与列强加剧侵略相交织的整体画面。在教学中，师生共同提取了历史现象类"救亡图存"这一核心概念，通过结构图将中国近代史中的屈辱、抗争、探索和发展统领在一起，使其居于中心地位。

（二）层级结构的清晰度

核心概念下的子目可能需要不同的层级，它如同一条线横线贯穿于不同的子目中，子目之间也需要建立与核心概念相关联的合理的逻辑关系，从而呈现清晰的知识结构。在"救亡图存"这一核心概念下，设计了第一个层级"危局下的救亡"，即甲午战争后民族危机日益加深，社会各阶层开展了不同形式的救亡斗争；第二个层级"变局中的启蒙"，即甲午战争的失败成为中国社会"变"的起点，开启了全面现代化进程；第三个层级"残局里的觉醒"，即甲午战后陷入列强掀起瓜分狂潮的残局，而中国人的民族国家意识逐渐觉醒。三个并列递进的层级结构设计下，学生理解了甲午战争后中国社会的三重变奏，逐渐建立起有层次的知识逻辑。

（三）核心知识的迁移度

学生对历史的认识局限在每本教材内在微观逻辑上，缺乏对不同教材之间的宏观逻辑构建，宏观与微观两者的融合需要考验学生能否在旧知识理解的基础上完成知识的迁移和运用，能够在所学基础上优化原有的逻辑关联。本课虽有"1894-1911年的中国社会"这一具体的时空定位，但是"救亡图存"的核心概念不仅贯穿整个中国近代史，还适用于世界近代史如"明治维新"。结合五本教材内容，围绕它将中国与世界融通，将晚清与民国史融通，学生能在复习过程中进行知识迁移并融会贯通，构建起合乎逻辑、具有深层因果关系的知识体系。

二、拓展：创设学习任务，提升思维逻辑

融通教学不仅是知识的融通，更是思维的融通。要实现思维融通，在历史课堂中应将学生当作为学习的主体参与到情境中，在完成学习任务的过程中进一步帮助学生剖析历史现象背后的逻辑联系，将历史事件以系统性结构进行解释与呈现。历史学科学习任务的创设应立足于学科本位，基于教学内容，体现课程标准内容，即围绕核心概念，在有具体历史情境中开展探究、在任务驱动中解决问题，从而拓展学生的思维界面。笔者依据课程标准，在

具体教学过程设计了"问题探究""具象论述"和"自主命题"这三组不同类型的情境和学习任务，以此拓展思维的深度、广度和效度，提升逻辑的思辨性，更好应对高考评价体系中"综合性、应用性"要求。

（一）问题探究，提升思维的深度

问题意识是思维的起点，本课利用文字材料情境，根据学生已有的知识，针对学习过程中可能会产生的困惑，将教材知识转化为难易层次鲜明、相对独立而又相互关联的"问题链"。

任务一：阅读材料，回答下列问题。

> 唤起吾国民四千年之大梦，实自甲午一役始也。吾国之大患，由国家视其民为奴隶，积之既久，民之自视亦如奴隶焉……吾国之人视国事若于己无与焉，虽经国耻历国难，而漠然不以动其心者，非其性然也，势使然也……故非受巨创负深痛，固不足以震动之。昔日本当安政间，受浦贺米舰一言之挫辱，而国民蜂起，遂成维新……直待台湾既割，二百兆之债款既输，而鼾睡之声，乃渐惊起，此亦事之无如何者也。
>
> ——梁启超《戊戌政变记》

问题链：
1. 根据材料，分析国人对国事"漠然"的原因。
2. 根据材料并结合所学，写出"国民蜂起，遂成维新"的时间和事件。
3. 结合所学，从社会性质角度分析"台湾既割，二百兆之债款既输"带来的影响。
4. 简述甲午战后至辛亥革命前中国社会各阶级"震动"并"惊起"的表现。

通过一组问题链帮助学生探究甲午战争前后中国社会的变化。第1问通过分析甲午战前国人对国事"漠然"的原因，让学生理解为什么"唤起吾国民四千年之大梦，实自甲午一役始也"。在第3问中设置答题陷阱，学生容易在惯性思维下错误地将此处的"国民"理解为中国人，没有意识到相似国情下的另一场改革日本明治，通过此题让学生区分戊戌维新与明治维新，并将二者进行了横向关联。第3、4问，一方面从社会性质角度让学生认识甲午危局是什么，另一方面让学生构建起甲午战后社会各阶级挽救民族危亡的种种努力，较好契合了本课的第一子目"危局下的救亡"。任务一增进了学生对核心概念"救亡图存"的理解，同时以问题的推进提升了学生思维的深度。

（二）具象论述，提升思维的广度

如果将文字材料转变成更具象化的情境，历史图片能帮助学生更好地理解历史。本课将陈旭麓《近代中国社会的新陈代谢》中的一段文字材料以图片形式呈现，仿照 2023 年浙江高考第 24 题，以小论文形式围绕"变局中的启蒙"进行具象论述。（图 2）

> 甲午战争的失败给中国带来了空前辱国的《马关条约》……但是深重的灾难同时又是一种精神上的强击，它促成了鸦片战争以来中国民族认识的亟变……。所以由失败带来的警悟是理性思维的结果，它可以称为"变"的起点。
>
> ——陈旭麓《近代中国社会的新陈代谢》

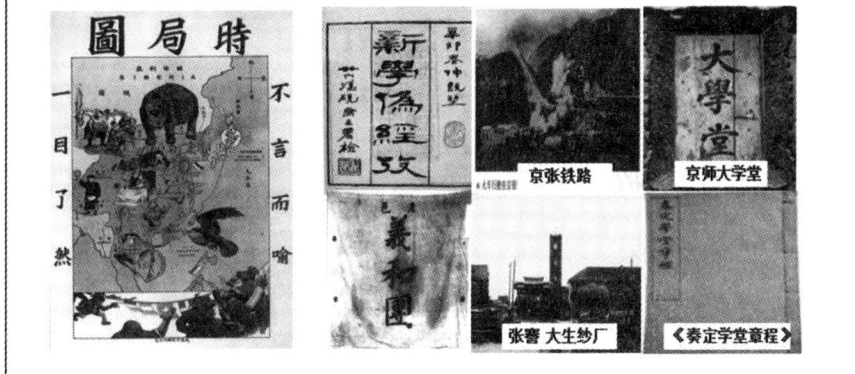

任务二：观察下面两组图片，提取关联信息，自拟一个题目，结合甲午战后至辛亥革命前的相关史实写一篇历史小论文。（要求：立论正确，史论结合，逻辑清晰，表述成文）。

任务二仿照了 2023 年 6 月浙江高考小论文题，选择了甲午战后的两组图片信息，第一组图片反映了甲午战后列强掀起瓜分的狂潮，给近代中国社会带来了沉重灾难；第二组图片分别来自不同的教材内容，从政治、经济和思想文化三个角度展现了甲午战后中国出现的新变化，从而开启全面现代化的启蒙。学生在撰写论文过程中，不仅提升了综合运用相关知识解决考试过程中问题的能力，还从不同角度理解陈旭麓先生提出的"深重的灾难同时又是一种精神上的强击"这一历史解释，同时在具象的史论结合中拓宽了思维的广度。

（三）自主命题，提升思维的效度

高考真题是备考的重要资源，其文本材料的选取体现了专业化、理论化、系统化的特点，问题设计体现了综合性、灵活性和创新性的特征。本课选择了一段关于"京师大学堂"的相关内容，以2023年6月高考真题为模板，让学生根据材料自主设计问题和参考答案，从而加深对变局中教育近代化的认识。

任务三：根据浙江高考命题特点，为下面一段材料设计问题、分值和参考答案。

> 1895年甲午战争失败，维新派疾呼只有变法维新才能救中国。梁启超指出"欲求新政，必兴学校，可谓知本矣。"严复对科举八股制度和旧教育更是深恶痛绝，斥责其有三大害："锢智慧，坏心术，滋游手。"1896年，刑部左侍郎李端棻正式向清政府提出设立京师大学堂的建议。1898年，光绪皇帝颁上谕："京师大学堂，迭经臣工奏请，现在亟须开办。"梁启超起草的《京师大学堂章程》规定"各省学堂皆当归大学堂统辖。"提出教学内容应该"中西并重，观其会通，无得偏废"。京师大学堂的课程参考西方学校的课程，分为普通学十门、专门学十门以及外国语言文字学五门。
>
> ——摘编自王晓秋《戊戌维新与京师大学堂》

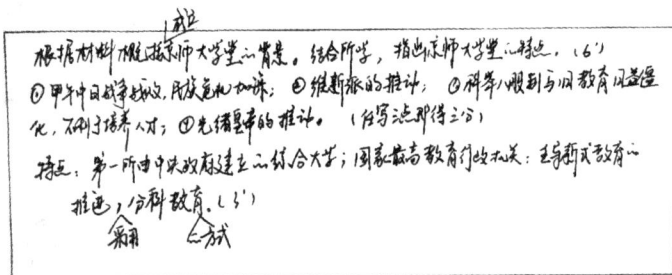

图3　学生"自主命题"展示

任务三通过前期对高考真题"为什么考""考什么""怎么考"和"怎么答"的多角度思考，明确学生复习的"模糊点"，强化知识之间的"联系点"，提升解题的"能力点"。在明晰浙江高考命题的特点基础上，让学生对材料进行问题和参考答案设计，既提高了学生复习的"兴趣点"，又培养了学生思维的全面性和缜密性，拓宽了解题视域，以自主命题方式提升了思维的有效度。

三、升华：强化历史解释，优化价值逻辑

复习课教学知识融通是基础，思维融通体现在学习过程中的能力培养，

而价值融通则是课堂最终输出端。笔者认为历史理解和历史解释离不开价值观，价值融通则是建立在以历史解释素养为核心的贯通理解上，甲午战后中国人民族国家意识的觉醒是本课的最终价值输出，因而在教学过程中依循情感认同、认知认同和价值认同的路径优化历史价值的逻辑构建，从而完成课堂的升华，更好应对高考评价体系中"创新性"要求。

（一）还原历史，生成情感认同

要达成情感认同，需要在特定时空环境和情境铺陈中还原历史现场来实现。历史舞台的主角是人，脱离历史人物的情境必然缺乏灵魂，还原历史既要有明确的线索串联学科知识，也要有隐含的情感串联学生的态度，让学生在了解历史、探究历史和解释历史中形成正确的价值观。陈旭麓先生在《近代中国社会的新陈代谢》中指出"甲午大败，'成中国之巨祸'，中国的民族具有群体意义的觉醒也因此而开始。"本课在教学中，还原百年前的一组人物群像（图），再现时代场景，为历史解释提供史实依据，让学生在特定的时空情境下产生"群体意义的觉醒"的情感认同。（图4）

甲午大败，"成中国之巨祸"，中国的民族具有群体意义的觉醒也因此而开始。这是近代百年的一个历史转机。
——陈旭麓《近代中国社会的新陈代谢》

康有为、梁启超　　张謇　　罗荣光　　义和团　　秋瑾　　孙中山

图4　甲午战后的"历史群像"图

（二）理性分析，实现认知认同

要达成认知认同，需要在理性分析和客观判断中实现，可以通过理性的

历史解释将"知其然"的感性认识上升到"知其所以然"的理性认识。本课在教学过程通过图文转换，将复杂文字材料变成有逻辑关系的思维导图，让学生建立起概念框架体系，从而更清晰地从背景、时间、过程和内容分角度解释民族国家意识发展的特点，以实现学生对民族国家意识觉醒的理性认知。

中国现代民族国家意识的自觉不同于西方国家是由于国家自身原因而发生的，它更多的是迫于外部挑战刺激下的一种被动回应。中国现代民族国家意识萌芽于晚清，甲午战败后，中国的知识精英阶层逐渐觉醒了"我"族意识，他们为中华民族在国际上争取平等地位和民族的独立作了深刻的思考和艰苦的努力；五四新文化运动时期，在知识政治精英的启蒙以及国内外民族危机不断加深的情况下，中国普通民众的民族国家意识逐渐觉醒；抗日战争的爆发，引起了全国人民的民族国家意识高度觉醒，并且参与到维护中华民族领土和主权完整的战斗中，"民族国家"之观念被广泛和深入地传播与接受。
——摘编自谢丹《中国现代民族国家观念发展的历史考察和理论思考》

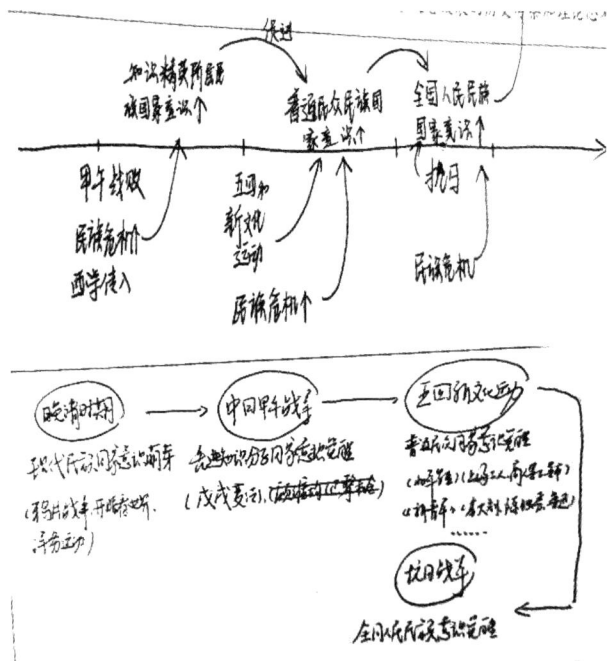

图5　学生"图文转换"展示

（三）重构语境，达成价值认同

价值认同建立在情感认同和认知认同基础上，既是在不断探究历史和解释历史过程中逐渐内化生成的，也是在解决现实问题中不断升华的。在甲午战后的危局、变局和残局里，本课刻画了百年前中国人为民族独立、国家富强而斗争的历史画面，既发挥了历史学科立德树人的化育功能，又引导学生心怀"国之大者"，思考国家命运、民族复兴，体现了使命意识与学科意识的统一。在情感认同、认知认同基础上，重构历史与现实联系，创设贴近时代的生活语境：站在"两个一百年"的历史交汇点上，全面建设社会主义现代化国家的新征程已经开启，面对新的机遇与挑战，我们应该如何来回应新的"中国之问、世界之问、时代之问"。通过纵观中国近现代史，无论是革命年代、建设年代还是全面深化改革新时代，引导学生思考新的"时代之问"，让学生认识到历史从未离开过青年人的责任与担当，以此实现课堂的最终输出端价值认同。

四、结语

综上所述，"整合教材"是融通教学的基础，"拓展思维"是融通教学的重点，而"升华价值"则是融通教学的目标。笔者通过知识、思维和价值三个方面的逻辑构建，将知识立意、能力立意、素养立意和价值立意"融会贯通"，使学生通过历史学习逐步形成了"具有历史学科特征的正确价值观、必备品格与关键能力"，以此构建起精准而高效的高三历史复习课堂。

试论"头脑风暴法"在高中英语
复习教学中的有效运用

浙江省淳安县第二中学　吴玉琴

摘　要： 俗话说："温故而知新"。复习这一环节不仅是对学生已学知识的系统检漏，而且关系到他们临考时的发挥，所以复习课的质量显得尤为重要。实践证明，对复习的形式和内容加以创新，让复习变得高效，已成为促进学生发展的必经途径。"头脑风暴法"一词源于英文"Brainstorming"。它是一种让所有参与者在自由、愉快、畅所欲言的气氛中交换观点，并以此诱发集体智慧，激发学习者创意与灵感的学习方法。本文结合笔者的教学实践，介绍如何把"头脑风暴"应用到词汇，阅读，语法，和写作等复习教学实践中去。

关键词： 头脑风暴；课堂复习教学；创造性思维；趣味性

复习在整个英语学习活动中是个十分重要的环节，它不仅是对已学知识的巩固，也是学习新知识的基础。它是对所学内容进行一个系统地复现、巩固与内化的教学活动，同时又是一个针对性的诊断教学，复习这一环节直接关系到学生的学习效果。而常规的复习大都是以练习为主，缺少对知识的系统梳理。大部分老师在复习时通常采用"老师提问—学生回答—学生做练习—集体校对"的单一模式，千篇一律，俗话说就是"炒冷饭"，教师讲得淡如白水，学生听得更是寡然无味，更谈不上所谓的"温故而知新"了；再者从练习质量上看，也远远达不到预期的效果。不少教师因此常抱怨学生，说讲过多遍的题目还是错，时常为复习课的质量而苦恼。我们是否对自己的复习课进行过反思？通过多年的教学实践，笔者发现在英语复习教学中灵活运用"头脑风暴法"理论，对促进学生的自主学习，激发学生的学习兴趣，增强学生的参与意识，发展学生的听、说、读、写等各方面的能力都能起到积极的作用。

一、头脑风暴法的提出

早在 1939 年，奥斯本（A.F.Osbotn）把杜威创造教育思想付诸实践，提出了著名的头脑风暴法（Brainstorming）。头脑风暴法是指在一定时间内，通过大脑的迅速联想，产生尽可能多的想法和建议。如就某一个问题"讲出你所想到的全部办法"或"列出你所想到的全部事实"等。那么这种方法有什么依据呢？其实，构成我们大脑神经的是神经元，神经元就好像是一棵大树，分出无数的枝权，这些枝权就是神经元的树突，树突越多，就越容易和其他神经元相连，人也就越聪明。头脑风暴思维训练法把我们的思维形成一个思维地图，它模仿了神经元发散型的结构，符合我们自然的记忆模式；同时，它也强调逻辑性。这种将发散性和逻辑性相结合的工具，既可以帮助我们记忆信息、把握灵感；又可以帮助我们通观全局，条理分析。这种方法采用讲练式、互动演练式的教学方式，让学生在教学模拟演练中掌握图形化思维的真谛，锻炼学生的发散思维能力和概括归纳能力。

头脑风暴法是一种激发学生创造性思维的方法，其目的是给学生创设想象和思考的时间和空间，以激活其头脑中各种相关的图式，比如，想法、概念、形象和印象等（王松美，2002）。在采用头脑风暴法时，通常是由教师作为指导者，围绕一个特定的话题展开讨论，从而在这个过程中，让学生相互启迪，畅所欲言。它可以以小组为单位进行，也可以在全班进行。

二、课堂教学中运用头脑风暴法的缘由

从中西方学生发展的现状分析来看，中国教育的优势在于对基础知识技能的掌握，西方教育的优势在于实践能力与学生创造性的培养。最佳的组合就是在扎实双基的同时，培养学生的实践与创造能力。

在新课程环境下，我们要求的是以学生为主体，师生多向交换信息，学生在仿真或现实生活情景下探究式学习的智力教育。构成智力教育的各要素中，思维能力的培养占据着核心地位。由于每个人的知识背景和思维习惯，观察问题的角度和方法都不相同，通过头脑风暴法可以互相启迪，达到思维

的互补性。因此头脑风暴法在英语课堂教学中显得尤为重要。

三、头脑风暴法在英语课堂复习教学中的运用

在当今的英语教学中，枯燥无味的课堂教学窒息了学生的求知欲和学习的兴趣，因此学生学习的主动性和积极性也在一定程度上受到了影响，语言学家克拉申认为学生只有在最佳情感条件下，才会产生真正的习得。头脑风暴法的引入可以在语言教学过程中，对学生进行发散式思维训练，教师可以为学生提供展示其创造性思维能力的机会，帮助他们开阔思路，丰富想象，变被动学习为主动学习，改善学习策略，提高学习质量。

（一）词汇复习教学

很多教师在复习词汇时，就是对照词汇表再读读，然后说英语写中文或说中文写英语的，这样学生很难记住单词也不愿意去学。在单词复习教学中如果引入此方法可极大地调动学生的学习积极性，培养兴趣，改变学习单词的枯燥无味。兴趣是人们力求认识、探究某种事物或从事某种活动的心理倾向。浓厚的学习兴趣是培养发散性思维的重要条件。在学习单词时，要求学生就最近学习过的一个单词发挥联想，让他们写出与这个单词词意有关联的任何单词。

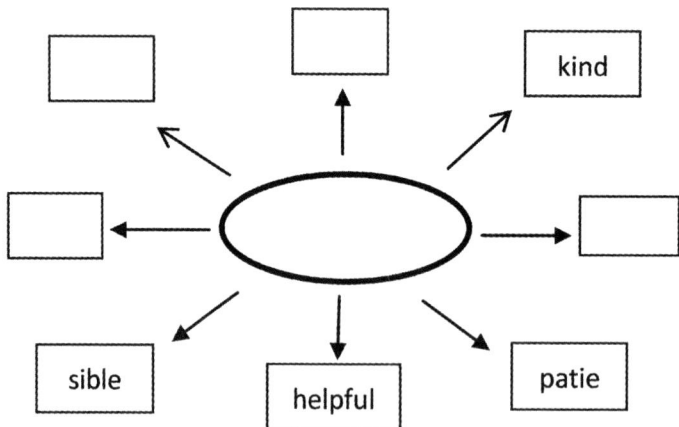

比如在复习 Book I Unit 1 "Friendship" 这个单元词汇中，笔者就采用了头脑风暴法的形式让学生回答这样一个问题："Do you have a good friend？Why would you rather have him or her be your good friend？ What qualities do you think he or she has？"学生会想到很多相关的词汇：

利用头脑风暴法引导学生展开联想是一种有效的词汇复习教学方法。又如，在复习 computer 一词时，由语义场可联想到 mouse，keyboard，screen，disk，printer，software，hardware，data，datebase，password 等相关的词汇。在复习 comfort 一词时，从词性方面可联想到 comfortable，bomfortably，uncomfortable，uncomfortably 等词。还可利用同义或近义联想等，在复习 gain 一词时，引导学生联想到 get，obtain，attain，acquire 等近义词。再如：复习动物类词汇时可同时增加它们在英语中的妙用，如 dog：hot dog，cats and dogs，a lucky dog 等。通过学习，学生丰富了知识，拓宽了思路，扩大了词汇量，了解了西方国家的风俗习惯等。在进行这种练习活动时，可事先给他们一两分钟的准备时间，然后以竞赛的方式进行，看谁想到的单词多，谁就是胜者。然后把相关的词汇一一以投影的方式列出，这种训练方式不仅可以激发学生学习的积极性，还能使他们能在更大的范围内寻找与所给词汇相关联的事物，从而使学生能够活用从书本上学到的英语。

除了这种形式的头脑风暴法，我们还可以采取单词接龙的游戏形式。教师给出一个单词，学生以这个单词的最后一个字母展开联想，想出以这个字母开头的另一个单词，依次类推，学生一个一个地说下去。

如：harvest——tough——hour——rooster… 本人所给的第一个单词是本单元学过的，而且是以句子填词的形式出现，大家一起把这个单词理解并写出，然后学生个体动脑想出下一个单词。学生也最好用本单元的，当然也可以用以前学过的。但时间有限制，看谁能在规定时间内想到的最多。

（二）阅读课文复习教学

在一个单元的课文结束之后，教师也有必要对课文的知识进行复习。复习课文内容也可以采用头脑风暴法。

如复习 M4 unit1 Body Language 中的课文 Showing Our Feelings 时，本人是这样操作的：因为课文的标题就是 Showing Our Feelings，所以我叫学生快速地再看一遍课文，把课文里出现的各种 feelings 找出，并设问 Do they mean the same in different cultures？ 这篇课文较简单，而且已经上过，所以学生无论哪个层次都能说点，气氛可以很活跃。然后继续设问 What can you learn from the passage？ 让学生写出能表达中心的关键词，然后从学生处收集观点并板书在黑板上。最后学生合作，把关键词扩成句子，连成段落。各小组赛一赛，看谁说的好。最后的中心如下：

Body language is a way of communication .However, not everyone can use the same body language to communicate with others. People from different cultures may misunderstand the gestures they use. For example, when we nod at somebody we mean we agree to his opinion. But in some countries nodding one's head means disagreement. We will look at somebody in the eye to show that we are listening to him attentively, which in some body languages even if they live in the same country. Therefore it is very important for you to have a good understanding of the body languages there.

又如在复习 NSEFC Book I Unit 4 "Earthquake" 这个单元的阅读课的教学过程中，笔者通过让学生开展 "Brainstorming" 的活动形式让学生回答 "What strange things happened before the earthquake？" 同时借助一些图片，这时学生都会争先恐后地发言：

a.The well has deep cracks in it, and the water in it rises and falls.

b.Chickens are flying and dogs are barking, pigs and cows are too nervous to eat.

c.Fish jump out of the pond, mice run wildly out of the fields.

d.There are bright lights in the sky.

e.Water pipes crack and burst.

通过这个活动学生对地震有了一定的回顾，然后回到标题 *A Night The Earth Didn't Sleep*，并设问 What really happened that night？然后给学生提供一些关键词，并且板书在黑板上。关键词或词块如下：earthquake, 1976, as if, at an end, in ruins, killed, injured, hospital, 75% of its factories and buildings, 90% of its homes, shocked, that afternoon, another quake, destroy, soldiers, dig out, bury, , shelters, fresh water, slowly. 这个时候头脑风暴法开始发挥作用，学生开始回忆前段时间所学知识，利用关键词或词块组织句子，同桌可以有讨论。学生四人一组，积极讨论，经过大家的共同努力合作，最后派一个代表进行口头表述，看哪个组讲的全面到位。经过组织的 main idea 如下：

On the early morning of 1976, an earthquake happened when people were asleep as usual. Everything began to shake. It seemed as if the world was at an end. In fifteen seconds a large city lay in ruins. A great number of people were killed or injured. It's hospitals, 75% of its factories and buildings and 90% of its homes were gone. People were shocked. Then, later that afternoon, another big quake shook Tangshan. Nearly everything was destroyed. Soon after the quakes, the army sent many soldiers to help the rescue workers. They provide shelters and fresh water to people. Slowly, the city began to breathe again.

（三）词组和句型复习教学

笔者认为在每篇课文内容的复习之中总会把一些核心词汇和句型提取出来，教师可以把这些核心词块板书在黑板上，用"一句多译法"归纳同义的短语及句型。所谓"一句多译"就是将一个汉语句子从不同角度、用不同形式表现出来。

比如在复习 consist of 这个词组的时候，本人要求学生翻译句子：7班是由 54 个人组成的。这个时候头脑风暴法发挥作用了，同学们积极思考，回忆以前学习这个词组时的用法。当同学们把这个句子译成 Class 7 consists of 54 students 后，我再设问：这个句子还可以怎么翻译？可以用其他的什么词组？这个时候的气氛很浓厚，学生积极动脑，举手发言。如，这个句子还可以翻译成 Class7 is made up of 54 students./ 54 students make up Class7.

再比如，复习 come about 这个词组时，可以让学生翻译句子：昨晚发生了一起车祸。学生的翻译为：A car accident came about last night. 然后让学生用"头脑风暴法"联想别的词来翻译这个句子。译文可以是：A car accident happened last night./ A car accident occurred last night.

在复习句型时也可以采用这种方法。如在复习 hardly…when 时可以翻译以下句子：他刚走出家门，雨就开始下了。学生可以有很多种翻译：

（1）He had hardly left home when it began to rain.

（2）Hardly had he left home when it began to rain.

（3）He had no sooner left home than it began to rain.

（4）No sooner had he left home when it began to rain.

（5）The moment he left home, it began to rain.

（6）It began to rain immediately he left home.

又如在复习 not…until 句型时，可以通过翻译这个句子来完成复习巩固：知道他昨天告诉我，我才知道此事。在这个句子中，我们可以把倒装和强调句都复习起来。译文如下：

（1）I didn't know about it until he told me yesterday.

（2）Not until he told me yesterday did I know about it.

（3）It was not until he told me yesterday that I knew about it.

（四）写作教学

笔者认为在复习了课文和核心词汇和句型之后有必要运用头脑风暴法帮助学生创设更多的语言实践机会，开展真实的语言交际活动，引导学生灵活运用新的语言、形式和内容，并加以深化，从而实现从知识到能力的跨越。因此，教师可以设计一些能调动学生真正参与交际活动的开放性练习，指导学生进行改写、辩论等头脑风暴活动。

在"Earthquake"这一单元的复习活动中，笔者结合汶川大地震设计了很多讨论题，让学生通过头脑风暴法的形式讨论。

Topic 1：

What do you want to say to the survivors in Wenchuan？ How shall we help them？

学生的回答让我甚是折服，因为他们基本都能围绕"love and courage"展开讨论，最后笔者把学生的头脑风暴的讨论结果进行了归纳总结：

Facing the catastrophe, what the Wenchuan people need most is confidence and courage. We will show our love to them, because we are brothers and sisters in the big family of China. Let's share their hardships together, and finally, we should cherish our lives. Anyhow, no matter who we are, no matter what our job is, every one can do something to help those who need help.

Topic 2：

What should we do or not do when the earthquake happens？

The possible answers are as follows：

a.Don't stand too close to a building, because it may fall on you if it is weakened by the earthquake.

b.Don't stand under a tree, because it may fall on you.

c.Don't go too close to power lines, because you may be badly affected by electricity if they fall on you.

d.The most important thing is to protect your head！

课后，必须在讨论的结果的基础上，再运用学生已有的写作知识把它写成一篇完整的文章。通过这个阶段的头脑风暴法，笔者不仅为学生搭建了交流的平台，也为学生创设了思维空间，既很好地完成了本单元的情感目标，又完成了知识目标，培养了他们的兴趣，拓展了他们的写作能力。

如果本单元内容不适合写作，要采用课外的知识，也可以采用头脑风暴法。近几年的高考作文很多都是一些辩论性文章，比如在教学 NSEFC Book II Unit 2 "Olympic Games" 这个单元之后，笔者布置了一篇题为 "Whether senior students should take physical exercise？" 的书面表达，在语言输出之前，笔者先在课堂上给他们一些语言的输入，让他们通过头脑风暴的形式展开讨论，把锻炼的利弊分析以头脑风暴的形式进行小组讨论。讨论结果如图：

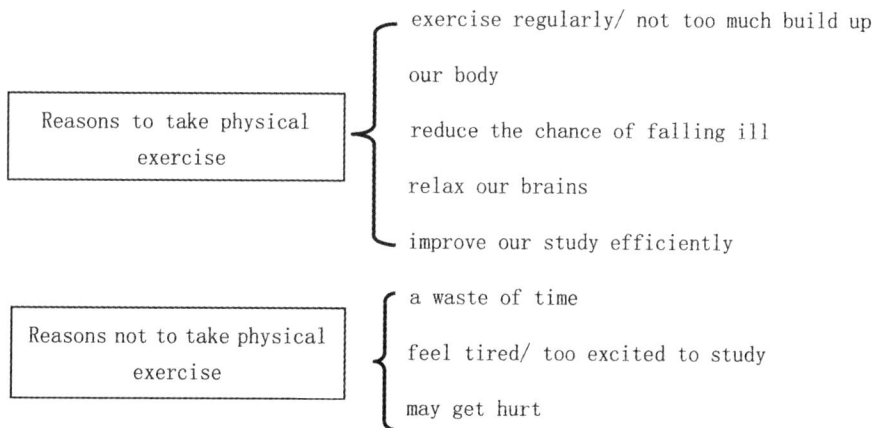

Reasons to take physical exercise — exercise regularly/ not too much build up our body; reduce the chance of falling ill; relax our brains; improve our study efficiently

Reasons not to take physical exercise — a waste of time; feel tired/ too excited to study; may get hurt

这种方式给学生留有充分想象的空间，教师可鼓励每个学生说出自己的见解。在课后对课堂上讨论的问题进行分析，整理。又如，在上完 Book II Unit4 "Wildlife protection" 这个单元之后，笔者布置了题为 "How to protect the wildlife" 的作文，之前在课堂上先通过头脑风暴法的形式让学生先分析了野生动物的生存现状，又非常理性地从"环境保护，国际合作和技术改进"等三个方面进行分析，从而让学生自己悟出国家应采取的相关措施与对策。课后再对课堂上讨论的结果进行整理，修改和润色，这样就是很好的一篇关于野生动物保护的书面材料。总之，英语教师可以在命题作文之前充分发挥头脑风暴法的作用。此外，在复述改写文章时，让学生用头脑风暴法按顺序或段落回忆文章的词组，然后再来复述或改写课文，可起到事半功倍的效果。

（五）语法教学

传统的语法教学一般被认为是枯燥无味的，然而笔者认为在语言点或者语法教学过程中，让学生以头脑风暴法的形式展开小组讨论，共同合作可以让复杂的东西简单化。一个语法项目往往有很多小分枝，一个人很难把它全部说出来，运用头脑风暴法让学生会一点就说一点，想起一个就说一个，可以极大地调动学生的积极性，而且差生也有机会表达自己，增强信心。

如对主语从句引导词的总结：1、what 引导　2、that 引导　3、whether 引导　4、how 引导 5、where 引导 6、when 引导　7、why 引导　8、it 作形式主语。在总结的基础上让学生造句，充分体现了学生为主的教学理念，让学生体会到合作的愉快，集思广益的乐趣。参考例句：

1.What I need is time.

2.That she will succeed is certain.

3.Whether he will come here doesn't matter.

4.How he escaped is a puzzle.

5.Where he has gone is not known to us.

6.When we will hold the party hasn't been decided.

7.Why he was late for school has been found out.

8.It's important that we should learn English well.

又如在复习 NSEFC Book II Unit 1 "Cultural relics" 这个单元定语从句语法教学过程中，笔者让学生以头脑风暴法的形式展开了这样一个游戏：在四张卡片上写下四个学生的名字，让同学们对这四个同学的外表和地理位置进行了研究之后便，每组派一个代表上讲台，然后把卡片贴在他背后，并要求他猜这个人是谁。Ask the students to play this game："Try to guess, who is he？"

Student B has four chances to ask questions to find out who the classmate is. Each question must include an attributive clause. Student A only answers "Yes" or "No".

Sample dialogue：

B：Is he/she a person who likes to play football？

A：Yes.

B：Is he/she sitting in a seat which is close to the window？

A：No.

B：Does he/she have a big blue bag in which he/she carries all his/her books and pens？

A：Yes.

B：Is it Li Hua？

A：Yes. Well done！

这种以头脑风暴法的形式展开的探究式学习，既强调了学生的合作和交流，又培养了学生的探究精神。

四、头脑风暴法的四条教学建议

（一）话题要贴近学生生活的实际，要求要明确

所有问题的设计并不是每个学生都能回答的，所以对于同一个主题，教师要根据学生的实际设计一些贴近学生生活实际的小话题，让学生可以自由发挥进行头脑风暴活动。如果话题学生都不熟悉，课堂气氛肯定无法调动，以学生为中心的教学方法势必变成了以教师为中心了。所以，教师可以设计几个从简单到难的话题，这样让学生有话可说，也不减学生的兴趣。

（二）教师引导头脑风暴法的整个进程，教师是主导，学生是主体

在教学过程中，教师应以学生的发展为宗旨，以培养学生的创新精神和实践能力为重点，发挥学生的主观能动性，但在课前教师应该考虑头脑风暴法的这个话题学生是否有话可说，学生中可能会出现哪些答案及想法，哪些想法学生可能想不到，如何提醒他们等等，教师可以做好充分的准备，这样

才能使头脑风暴法这样的活动开展得更完整。在教学过程中应鼓励学生大胆想象，积极思考，主动探索，尤其是要鼓励那些性格内向的学生。总之，教师要巩固自身的知识结构，要想学生有一杯水，自己要有一桶水。只有不断丰富自身知识，博学广闻，才可能对学生各种疑问进行解答。才能在整个教学过程中起主导作用。

在进行讨论和交流时，教师不应给学生制定任何条条框框。要尽量创造一个可以让所有学生都能放松思想，自由思维，充分交流的氛围，促使学生尽可能多地提出自己独特的设想和主张。

（三）追求数量是头脑风暴法的重要目标和原则

教师要让每个学生尽可能多地展示自己创造性分设想，扩大彼此之间思维火花产生和碰撞的机会，寻求最佳的相关背景知识，找到准确的与课堂内容完美切入的背景知识。为达到一定的数量，教师要采取不同的形式，可根据内容和学生的实际有所变化。通常采用的方法有：任务一给出后，每个学生都可以直接发表自己的看法，或者先进行讨论（Group-work or Pair-work），然后再汇报；也可以通过小组辩论，或男女生竞赛等。完成这些项目，不但考验了学生综合运用英语的能力，而且能发展他们的多元智能，提高他们全面的素质。

（四）在活动结束的时候，教师要进行适当的评价

在头脑风暴法讨论和交流的过程中，教师不应该做出任何评价，这样才能真正体现头脑风暴法的含义——通过无拘无束，自由奔放的发散思维进行信息催化，思维共振，互相启发，互相激励，大量产生各种可能的思想或解决方法。教师的评判会抑制所有学生的创造性思维的形成，破坏了整个场合的气氛，影响头脑风暴法的使用质量。但当头脑风暴的进展速度减慢，回答频率减少时，教师可以提出自己的想法，可以向学生问一些能激发思维的问题。在活动结束的时候，教师要把零散的答案进行整理、归纳和总结，让学生有一个全面的、系统的、清楚的认识，真正达到头脑风暴法的目的。

五、结束语

这种头脑风暴法在高中英语复习教学中的使用可以让所有的参与者在自由、愉快，畅所欲言的气氛中交换观点，并以此诱发集体智慧，激发学生的创意与灵感。头脑风暴法通常围绕一个话题进行，在其过程中，老师作为指导者，鼓励学生积极思考，创造性地思维，并以讨论的形式挖掘各种有用的信息和形成思路。实践证明，头脑风暴法的使用方法十分灵活，它的作用是"激活学生已有的相关背景知识，补充新的背景知识，启发学生对有关话题的思考，同时也为学生吸纳、总结已有的语言知识，如，词汇，句型等作铺垫。所以，当前以课堂教学为主渠道实施素质教育的改革形势下，在课堂教学实践中，积极探索新办法，提高教学质量，必定会提高英语教师的教学能力，同时也能提高学生运用英语进行交际，写作等各种能力，进而达到提高素质教育的目标。而英语课堂中的头脑风暴法是师生共同完成教学任务的创造型活动，为这一目标的实现，它起着一定的推动作用。

后 记

　　"县中崛起师资培育计划"中要著书立作，很多高中老师对其价值的认识并不乐观，毕竟高中教师的重要责任是做好"高考"这篇文章，提出、整理自己的教育主张会消耗教师大量教育教学实践时间，影响学生的管理和教导。

　　面对教师的偏颇观点，我们坚守初心，毅然在高中骨干教师培训课程设计上补上了课题研究、论文撰写的内容。其实在我们看来，这份邂逅，能弥补高中教师教学生涯的缺憾。

　　一个教师要能在教育中找到乐趣、看到价值，除了获得家长、学生、校长、领导的点赞认可外，更持久的动力是让老师看到自己一辈子工作中建立起来的教育哲学变成铅字，流芳百世。一个好教师要有九十九种想象力，静心顿悟是想象力迸发的催化剂，文字梳理、总结的过程是教师想象力孕育的过程，有想象力的教师能根据学生的差异布局教学举措，没有想象力的教师，只会"传授"和"做题"。假如老师的教学只剩下这两样法宝，那么这个教师也将走到了教学生涯的尽头。

　　花一点时间，用文字的方式记录教学经验并不会影响教学质量，相反它会让我们认清忙碌的缺憾，看到教育教学决策的无力，引发教师的个体的反思，助力做出更适合学情的新教学决策。

　　基于此，两年培训，我们做到"成果导向"，鼓励骨干教师肩负起"双新"理念的解读和践行任务，将培训、考察、听课所学融入自己课堂，创生新的阐述和理解，凝练文字载入集子，建构更加丰富的教学策略系统，应对新时代教育的发展。

　　在项目推进中，得到了县域高中校长和教师的理解和响应，得到了各级各类培训专家的悉心指导，收录了三十多篇高中教师的教学成果，在此一并表示衷心感谢！